西北农林科技大学"仲英青年学者"项目（2017001）

THOUGHTS AND ACTIONS
Exploratory Research on China Rural Social Work

西北农林科技大学
农业与农村社会发展研究丛书

思想
与行动

中国农村社会工作探索性研究

郭占锋 等/著

社会科学文献出版社
SOCIAL SCIENCES ACADEMIC PRESS(CHINA)

目 录 CONTENTS

第一章　发达国家农村社会工作*

第一节　农村社会工作在发达国家的
历史演变

一般认为，社会工作发端于西方发达国家，社会工作的理论和方法也都产生于西方。相对于城市社会工作而言，农村社会工作在西方国家的发展经历了一个曲折的过程。但是，农村社会工作实践在西方国家出现得比较早，例如在美国考虑一个工作人员如何在农村社区有效地开展工作对于社会工作专业来说并不是新鲜事。① 早在 1908 年，西奥多·罗斯福总统建立的"乡村生活委员会"就已经证明了这一想法早期在美国的实践，这个机构旨在提倡有助于农村发展的农村生活运动，而此运动一直持续到二战前夕。②

从 20 世纪早期至今，农村社会工作在西方发达国家的发展可谓历史悠久且成就显著。20 世纪早期，许多农村地区最早的社会工作实务是由农庄（grange）、教堂、遗孀养老机构（widows pensions）以及相关公共福利部门等这些当地重要的农村机构来完成的。1933 年，Josephine Brown 在《农村社区与社会个案工作》一书中最早提出了农村社会工作与城市社会工作之间存在差异的观点。当美国卷入二战时，社会工作却没有发挥核心作用，

---

  *　本章内容发表于《中国农业大学学报》（社会科学版）2017 年第 4 期，略有改动。

① Nancy Lohmann & Roger A. Lohmann, *Rural Social Work Practice* (New York: Columbia University Press, 2005), p. 3.
② Davenport, J. A. & Davenport, J., "Rural Social Work Overview," In R. L. Edwards (ed.), *Encyclopedia of Social Work* (19th edition) (Washington, DC: NASW Press, 1995), p. 2082.

Josephine Brown 的大部分研究工作也都停止了，由此导致很多小城镇和农村地区丧失了许多社会工作的项目①。正如 Martinez - Brawley② 指出的那样，到 1949 年之前，关注小城镇和农村地区发展的社会工作实践几乎从专业著作中消失了，在这段时间里农村社会工作的研究和发展几乎处于停滞状态。到 20 世纪 50 年代，多种因素导致社会工作专业的重点逐渐转向城区，其中包括对城市贫困的重新探索。因此，在 20 世纪五六十年代，社会工作日益被理解为一种城市职业，导致农村社会工作的研究和实践进一步被忽视和边缘化。

直到 1969 年，西弗吉尼亚大学社会工作学院 Leon H. Ginsberg 院长的一场演讲才促进了社会工作在农村的复兴，他强调，"农村社会工作教育"要列入社会工作教育委员会的年度计划，并且使之成为当前农村运动的起点，同时引起人们对农村地区的兴趣。他开始将注意力集中在被人们忽视的农村社会工作者的需求上，并号召社会工作教育应该积极回应这种认知偏差，农村社会工作又一次进入研究者的视域中。在他的号召下，一些个体和社会组织开始积极开展社会工作教育项目，这些积极的回应不仅使农村社会工作研究文献开始增多，而且促使"美国农村社会工作与人类服务年会"成立。但是，直到 70 年代中期以后，农村社会工作者才慢慢地成为一支重要的力量，他们必须做好与不同人群和社区开展工作的准备。③ 尽管社会工作实务工作已经在城市开展，但是为流动人群提供服务是农村社会工作的一种形式。④ 1976 年，田纳西大学社会工作学院联合一些机构举办了第一届年会，并为国家农村社会工作核心成员会议（National Rural Social Work Caucus）奠定了基础。由威斯康星大学举办的国家农村社会工作核心成员会议是第二个专业性的研讨会。⑤ 在国家农村社会工作核心成员会议努力工作下还创办了《农村民众服务》（*Human Services in the Rural Environment*）这

---

① Nancy Lohmann & Roger A. Lohmann, *Rural Social Work Practice* (New York: Columbia University Press, 2005), p. 4.

② Martinez - Brawley, E. A., *Seven Decades of Rural Social Work* (New York: Praeger, 1981).

③ Judith A. Davenport & Joseph Davenport, "Encyclopedia of Social Work" (*Rural Practice*, 2013).

④ Davenport, J. A. & Davenport, J., "Rural Social Work Overview," In R. L. Edwards (ed.), *Encyclopedia of Social Work* (19th edition) (Washington, DC: NASW Press, 1995).

⑤ Barry L. Locke, "The National Rural Social Work Caucus: 32 Years of Achievement," *Journal of Contemporary Rural Social Work* 1 (2009); Martinez - Brawley, E. A. *Pioneer Efforts in Rural Social Welfare* (State College, P A: Penn State Press, 1980).

一专业性期刊，不幸的是该期刊在成功发行了几年后，却于 20 世纪 90 年代停刊。① 但是，令人欣慰的是自 1980 年以来，一些研究者开始尝试着去解答农村社会工作实践的独特性，并积极从事农村社会发展和农村社会工作研究，② 这在一定程度上促进了农村社会工作在西方发达国家的发展。

　　然而，在澳大利亚，农村社会工作实务尚未开展全面研究或形成理论体系，气候变化却早已成为澳大利亚社会工作者尤其是农村地区的社会工作者必须努力克服的一个因素。因为极端天气灾害增多，弱势群体的风险就会相应增加，社区将面临未知的挑战。不确定性和碎片化作为后现代主义的特征，已经凸显了社会工作实务当中许多模棱两可且具有争议的本质，并导致了公众对社会工作专业的信任危机。③ 很多学者认为，与澳大利亚、加拿大和美国相比，英国农村社会工作一直处于一种被忽视的实践领域。④

---

① Nancy Lohmann & Roger A. Lohmann, *Rural Social Work Practice* (New York: Columbia University Press, 2005), p. 5.

② Eisenhart, M. & T. Ruff, "Doing Mental Health Work in Rural Versus Urban Places," In J. Gumpert (ed.), *Toward Clarifying the Context of Rural Practice* (Lexington, Mass: Ginn, 1984); Locke, B. L., "Role Expectations for Social Work in Small Towns and Rural Areas," Unpublished Ph. D. dissertation, West Virginia University, 1988. Dissertation Abstracts International 49 (11): 3507 (AAT8905120); Kelley, V. & P. Kelley, "Difference between Rural and Urban Social Work Practice as Perceived by Practitioner," In W. H. Whitakerm (ed.), *Social Work in Rural Areas: A Celebration of Rural People, Place, and Struggle* (Orono: University of Maine, 1985); O'Neil, J. F. & W. C. Horner, "Two Surveys of Social Service Practice in the Northwest: Comparing Rural and Urban Practitioners," In M. Jacobsen (ed.), *Nourishing People and Communities through the Lean Years* (Iowa City: University of Iowa, 1982); Whitaker, W. H., "A Survey of Perceptions of Social Work Practice in Rural and Urban Areas," In S. C. Matison (ed.), *The Future of Rural Communities: Preservation and Change* (Cheney: Eastern Washington University Press, 1984). Whittington, B., "The Challenge of Family Work in a Rural Community," *Social Worker* 53 (1985).

③ Robyn Mason, "Confronting Uncertainty: Lessons from Rural Social Work," *Australian Social Work* 64 (2011).

④ Martinez – Brawley, E., *Rural Social and Community Work in the US and Britain* (New York: Praeger, 1982); Martinez – Brawley, E. E., *Close to Home: Human Services and the Small Community* (Washington, DC: NASW Press, 2000); Cheers, B., *Welfare Bushed: Social Care in Rural Australia* (Aldershot: Ashgate, 1998). Ginsberg, L., *Social Work in Rural Communities* (3rd edition) (Alexandria, VA: CSWE, 1998); Briskman, L. & Lynn, M., *Challenging Rural Practice* (Geelong: Deakin University Press, 1999); Scales, T. & Streeter, C. L., *Rural Social Work: Building and Sustaining Community Assets* (Belmont, CA: Brooks Cole, 2004); Richard Pugh., "Dual Relationships: Personal and Professional Boundaries in Rural Social Work," *British Journal of Social Work* 37 (2007).

大多数英国社会工作研究者在描写城市环境时也同样有盲目的假设，由于相当数量的人仍然生活在广大农村地区，农村社会工作在很大程度上仍是一个未被认可的实务领域。[①]

总体而言，美国、英国等主要发达国家的农村社会工作发展相比城市社会工作而言都是滞后的而且存在许多问题。美国的农村社会工作经历了一个由"盛"到"衰"的发展过程。英国的农村社会工作几乎处于被忽视的状态，直到 2000 年以后，才有少量学者开始关注农村社会工作。

第二节 城市社会工作与农村社会工作
之间的差异争论

对于城市社会工作与农村社会工作实践之间是否有差异的争论由来已久。有学者认为，农村和城市地区的社会工作存在差异，但这些差异主要表现在资源的获取机会、距离阻隔、大范围的地理区域以及有限的资源上，这都将意味着通才模式（generalist model）对于农村社会工作者而言可能是唯一可行的。但在城市，这可能只是众多服务传递模式中的一种而已。[②] 农村社会工作通常被定义为一个实践的领域，旨在与农村社区居民一起工作。虽然许多有关农村社区的定义建立在绝对人口数量的基础上，但这对界定乡村相对性是有益的。农村社会工作的模式通常强调与社区共事，但与所有人口系统工作相关的一个更广泛的基础模式是通才模式。因此，被频繁讨论的城乡二元论很可能过于简单化，大多数社区和人口之间夹杂着一些混合的要素。[③]

相反，有学者认为，农村社会工作和城市社会工作在许多方面并没有本质上的区别。原因是，许多困扰着城市居民的问题，如对老年人的歧视、

① Richard Pugh, "Considering the Countryside: Is there a Case for Rural Social Work," *British Journal of Social Work* 33 (2003).

② Stuart Watts, "A Practice View," In Joyce Lishman (ed.) *Social Work in Rural and Urban Areas* (Aberdeen: Skeneprint Limited, 1980).

③ Michael R. Daley, "Social Work Student Interests in Rural Practice," *Contemporary Rural Social Work* 2 (2010).

贫穷、疾病、残疾儿童保健、种族主义和性别歧视等，这些同样也困扰着农村居民。只是，在不同的农村环境下社会工作有其独有的特征，而这些特征会影响农村居民如何去解决问题以及机构需要如何去应对。其中，有些特征是非常明显的，如农村人口的地理分布会影响规划和服务供给能力。但是其他特征不是那么显而易见，因为它们源自不同的农村社会环境。在城市地区，几乎没有服务对象愿意了解他们的社会工作者，包括社会工作者的居住地、婚姻状况、是否有孩子以及社会关系等。但在农村地区，这些信息可能是农村工作者与其服务对象之间建立关系的一个重要手段。① 正如人们对农村的兴趣高涨一样，同时认识到生活在农村地区的居民也经历了城镇居民遇到的问题，因而反对政府干预的呼声也开始有所动摇。② 农村研究本身就是有机会去了解一般的农村问题和农村社会工作发展现状，对经济和政治进程具有重要贡献。更重要的是，它揭示了研究人员和决策者对农村事务的态度与看法，也反映了理论家和研究者以城市为主导的发展理念且相对忽视农村特有的问题。③ 因此，农村社会问题的研究不能脱离对以下三个方面的理解：一是特定农村地区的经济发展史及其核心关系；二是这个地区的种族构成与当地特殊群体地位的关系，而不是以经济为主导；三是应该认识到影响基层需求的首先是公众认知和情绪，其次是政策制定者的决策，最后是服务提供者回应不同选区民众需求的程度。④

　　然而，要进一步深入了解农村生活环境却存在三个相互关联的障碍：一是有关农村生活所盛行的认知偏差和固执成见；二是农村地区社会和经济形势的复杂性；三是农村地区信息的封闭性与局限性。⑤ Richard Pugh 曾

---

① Richard Pugh & Brian Cheers, *Rural Social Work: An International Perspective* (Bristol: The Policy Press, 2010).

② Greg Lioyd & Siobhan Lioyd, "The Changing Context of Rural Social Work and Service Delivery," In Joyce Lishman (ed.), *Social Work in Rural and Urban Areas* (Aberdeen: Skeneprint Limited, 1980), p. 23.

③ Greg Lioyd & Siobhan Lioyd, "The Changing Context of Rural Social Work and Service Delivery," In Joyce Lishman (ed.), *Social Work in Rural and Urban Areas* (Aberdeen: Skeneprint Limited, 1980), p. 9.

④ Emilia E. Martinez-Brawley, "In Search of Common Principles in Rural Social and Community Work," In Joyce Lishman (ed.), *Social work in Rural and Urban Areas* (Aberdeen: Skeneprint Limited, 1980), p. 71.

⑤ Richard Pugh, *Rural Social Work* (Lyme Regis: Russell House Publishing Ltd, 2000), p. 4.

经撰写过一本关于在农村地区规划和传递服务的著作，试图阐明某些"常识"，让人们不要过于简化乡村生活的复杂性。原因是相当一部分英国人仍然生活在相对偏远的农村地区。但不幸的是，对于那些农村社会工作者来说，关于农村社会工作的一些常见文献不能为之提供很大的支持，即使他们获得了正规训练也不足以使他们充分应对农村实践。[1] 唯一与城市社会工作团队负责人不同的是，农村社会工作团队队长必须了解和处理某些在农村社区成员之间业已存在的互动规则，原因是他们之间也许已经非常熟悉，有生意往来和日常交往，或有亲戚关系。[2] 另外，关于城市社会工作和农村社会工作差异的讨论，不能忽视的一点就是，城市与农村的客观环境存在差异，而城市组织与农村组织之间的差异是造成农村社会工作和城市社会工作不同的主要因素之一。通过对比城市与农村在交通工具、保密性、资源的分配、促进者和聚会地点等方面的差异（见表1-1），也许能够帮助理解农村社会工作与城市社会工作之间的区别。[3]

表1-1　城市社工组织和农村社工组织之间的关键性差异

	城市	农村
交通工具	公共交通工具（例如汽车、地铁）通常是方便的	路线受限制或是不存在公共交通工具
保密性	组织成员不大可能相互认识	组织成员很可能能互相联系；维护保密性面临挑战
资源的分配	多种资金资源可被利用；存在许多机构	缺乏资金资源；机构的覆盖范围受限
促进者	两个社会工作者经常能够去引导组织	主要由一个社会工作者引导组织
聚会地点	通常有可用的匿名区域	很难找到一个匿名的地方去引导组织

由此可知，农村社会工作和城市社会工作之间存在的差异是由其不同的客观地理环境和特殊的社会环境所造成的。因此，农村社会工作与城市

[1] Richard Pugh, *Rural Social Work* (Lyme Regis: Russell House Publishing Ltd, 2000), p. 1.
[2] Michael N. Humble, Melinda L. Lewis, Diane L. Scott & Joseph R. Herzog, "Challenges in Rural Social Work Practice: When Support Groups Contain Your Neighbors," *Church Members & the PTA*, *Social Work with Groups* 36 (2013).
[3] Michael N. Humble, Melinda L. Lewis, Diane L. Scott & Joseph R. Herzog, "Challenges in Rural Social Work Practice: When Support Groups Contain Your Neighbors," *Church Members & the PTA*, *Social Work with Groups* 36 (2013).

社会工作的研究方法和理论以及具体的实务方法都可以相互借鉴。但是相对而言，农村社会工作比城市社会工作要复杂，因此农村社会工作者在掌握城市社会工作实务的基础上，对农村社会要有一个很深刻的认识，并且对农村社区里的权力关系、人际交往关系等要充分地了解，学会与他们如何相处，这些都是非常关键的环节，对所开展的工作有极其重要的影响。

第三节　农村社会工作在发达国家
遭遇的问题与挑战

当前，发达国家"重视城市社会工作，轻视农村社会工作"的发展思路引发了很多农村社会问题，使农村正处于巨大的压力之下；另外，出现了农村社会工作服务供给严重不足以及农村社会工作者面临来自社区的挑战等问题。

（一）发达国家农村社会问题开始凸显

在过去的 30 年，美国一些农村社区已经流失了大部分人口，乡村社会基础设施十分薄弱，一些小型社区不得不反抗附近工厂规模不断扩大所带来的影响。除了人口转移带来的影响之外，当时农村社区正在经历着经济衰退的阵痛，美国各地的农民和他们的家庭被破产击败，"农业危机"确实出现了。[①] 这些综合因素已经让传统稳定的农业家庭付出了巨大的代价。曾经有一项农村研究提出必须为以下这些紧要需求提供服务，才能促进农村社区的恢复和发展，主要包括：工作机会和经济问题；成人及年轻人的酒精与吸毒问题；缺乏有益身心的娱乐项目和娱乐设施的问题；婚姻及家庭问题；个人精神压力、焦虑及沮丧情绪等。[②]

然而，在美国，有 16% 的居民长期居住在农村地区，这些人的基本精

[①]　William Farley, Larry Lorenzo Smith & Scott W. Boyle, *Introduction to Social Work*（London：Pearson Education，2012）.

[②]　William Farley, Kenneth A. Griffiths, Mark Fraser & Lou Ann Jorgensen, "Rural Social Work：Addressing the Crisis of Rural America," In John S. McNeil & Stanley E. Weinstein（eds.），*Innovations in Health Care Practices*（Washington, DC：NASW, 1988）.

神健康服务经常被忽视。① 在加拿大，偏远的农村社区正面临相当大的压力，因为与人口、政治和经济变量有关的压力已经超出了他们的控制能力范围。自 19 世纪 80 年代中期以来，在加拿大相关研究中一直试图将 "偏远农村地区" 的实践理解为根植于殖民、剥削和有意不发展基础上的经济学概念，就连偏远农村地区的实践方法也是北部边缘地带依附于南部腹地的市场、专业技术、投资资本、信息以及普通福利。② 这样便会导致农村地区的区域需求经常得不到承认，并且农村地区常常面临偏向于城市发展的政策制定者所操纵的资源分配匮乏问题。③

20 世纪 90 年代，受长期大宗商品价格下跌、区域化政策，以及服务与全球化、理性化等因素的影响，澳大利亚许多偏远农村社区也遭受了社会和经济迅速变化的负面影响。④ 因此，与城市社区相比，澳大利亚农村社区的健康、教育、住房和金融方面都显得非常落后，也就不足为奇了。⑤ 澳大利亚的农村正处在危机之中，尽管进行了几十年的重建，但是一场具有严重破坏性的干旱让部分内陆农村地区面临重大的社会问题。人口损失、服务和基础设施的减少意味着农村社区人口一度面临精神压力、社会孤立和心理健康等问题。与此相反的是，联邦政府和州政府却在很大程度上忽视了农村社区发展，认为农村人口必须要注重自力更生，⑥ 这无疑又进一步加剧了农村危机。

---

① Chiotakis, S., "U. S. Census: Only 16% Live in Rural America [Podcast]. Marketplace Business," 2011. (http://www. marketplace. org/topics/business/us – census – only – 16 – live – rural – america#. Tt1 A8evE12w. email); Michael N. Humble, Melinda L. Lewis, Diane L. Scott & Joseph R. Herzog, "Challenges in Rural Social Work Practice: When Support Groups Contain Your Neighbors," *Church Members & the PTA*, *Social Work with Groups* 36 (2013).

② R. Bodor, "The Future for Social Work and Mental Health in Rural and Northern Canada," Rural Society 19 (2009).

③ Collier, K., *Social Work with Rural Peoples: Theory and Practice* (2nd edition) (Vancouver, BC: New Star Books, 1993).

④ Alston, M., "Rural Poverty," *Australian Social Work* 53 (2000); Cheers, B., "Globalisation and Rural Communities," *Rural Social Work* 6 (2001); Harris, J. & McDonald, C., "Post – Fordism, the Welfare State and Personal Social Services: A Comparison of Australia and Britain," *British Journal of Social Work* 30 (2000).

⑤ Cheers, B., "Rural Disadvantage in Australia," *Australian Social Work* 43 (1990).

⑥ Alston & Margare, "Forging a New Paradigm for Australian Rural Social Work Practice," *Rural Society* 15 (2005).

在英国，交通问题、主观臆断（unsupported assumptions）、较高的服务费用、较低的资金利用率和其他较弱的支持性基础设施服务都是造成农村居民生存相对劣势的原因。但在一些国家，比如美国，公共服务供给历来都不是全部覆盖的，而在类似于澳大利亚和英国这样的国家，公共服务的市场化则导致了许多当地政府机关已经退出了直接提供服务的领域。① 苏格兰农村社区正面临特殊的挑战，就提供社会工作服务的意义而言，其重要性已经体现在如下几个领域：一是农村住房危机；二是农村地区的低收入和贫困；三是变幻莫测的农村经济；四是人口老龄化；五是交通问题扩大了地理上的隔离。② Colin Turbett 还认为偏远的苏格兰农村社会工作实务所开展的主题也应该关注可预见的社会排斥，讨论服务、儿童照顾、家庭工作、儿童保护和种族歧视等方面。③ 尽管围绕农村社会服务的具体活动资料非常有限且区别也很大，但其中许多问题并不限于苏格兰而是欧洲社会公认的共同挑战。④

英国农村地区的社会工作并不是一种常见的实务，虽然偶尔有点贡献，但没有持续研究农村社会工作实务的传统。⑤ 一般来说，英国的农村政策往往倾向于关注经济和农业问题，最近才转向关注更广泛的社会福利和农村问题。⑥ 其实，当代英国农村生活的现实情况要比一些过于简单的假设更为复杂。不同于其他欧洲国家（诸如法国），大多数英国人已经脱离农村生活，往往是几代人都没有在农村生活的亲身经验。⑦ 在过去的 20 年，有关农村社会工作的著作大量涌现出来。但是，这些著作都只是针对某一特定

---

① Richard Pugh & Brian Cheers, *Rural Social Work：An International Perspective*（Bristol：The Policy Press, 2010）, pp. 119 - 120.

② Turbett, C., "Tensions in the Delivery of Social Work Services in Rural and Remote Scotland," *British Journal of Social Work* 39（2009）.

③ Colin Turbett, *Rural Social Work Practice in Scotland*（Birmingham：Venture Press, 2010）.

④ Colin Turbett, "Book Reviews," *International Social Work* 54（2010）：16；Manthorpe, J, & Livsey, L., "European Challenges in Delivering Social Services in Rural Regions：A Scoping Review," *European Journal of Social Work* 12（2009）：19.

⑤ Richard Pugh, "Considering the Countryside：Is there a Case for Rural Social Work," *British Journal of Social Work* 33（2003）.

⑥ Woods, M., "Redefining the 'Rural Question'：The New 'Politics of Rural' and Social Policy," *Social Policy and Administration* 40（2006）.

⑦ Richard Pugh, *Rural Social Work*（Lyme Regis：Russell House Publishing Ltd, 2000）, p. 4.

的国家（如加拿大、美国和澳大利亚），并不具备国际适用性，尽管农村社会工作的国际适用性问题也常常被指出超出固定的人群。① 但这个领域里受人尊敬的两个研究人员，分别来自英国和澳大利亚的 Richard Pugh 与 Brian Cheers，开始冒险进入新的且具有前途的研究领域，从国际比较的视野，来关注英国和澳大利亚的农村，以打算回应国际读者的需求。② 由此可知，农村社会工作在发达国家经历了曲折的发展历程。但近年来，伴随发达国家农村社会问题的凸显，农村社会工作又一次进入研究者的视域中。

（二）农村社会工作服务供给严重不足

农村社会工作在当前西方国家的发展仍面临许多挑战，诸如招聘、保留（retention）、教育和培训等方面，如果不加以解决将会使许多农村地区服务短缺的弊端加剧。③ 同样，这也是大多数农村社会工作者都会面临的困难。农村社会工作者需要在农村环境中"参与持续、综合的农村社区评估和干预以满足社区成员的需求"，而这些潜在的困境和挑战将会给农村社会工作者职能的发挥带来挑战。④

社会工作者与其他专业服务人员的不确定性流失一直困扰着农村社区、雇主、雇员和他们的家庭，并且产生了很高的经济和人力成本。历时两年的一篇研究报告分析了 1994～1997 年 194 个澳大利亚农村社会工作者经历的高流失问题。通过回归分析表明，过早离开社会工作行业与雇主密切相关，而社区和个人因素则会明显影响工作期限问题。⑤ 不幸的是美国从事农村社会工作的专业人员似乎正在逐渐减少，正如美国社会工作者协会指出

① Pugh, R. & B. Cheers, *Rural Social Work: An International Perspective* (Bristol: Policy Press, 2010).
② Colin Turbett, "Book Reviews," *International Social Work* 54 (2010).
③ Richard Pugh & Brian Cheers, *Rural Social Work: An International Perspective* (Bristol: The Policy Press, 2010), p. 177.
④ Riebschleger, J., "Social Workers' Suggestions for Effective Rural Practice," *Families in Society: The Journal of Contemporary Social Services* 88 (2007): 206; Michael N. Humble, Melinda L. Lewis, Diane L. Scott & Joseph R. Herzog, "Challenges in Rural Social Work Practice: When Support Groups Contain Your Neighbors," *Church Members & the PTA, Social Work with Groups* 36 (2013).
⑤ Bob Lonne & Brian Cheers, "Retaining Rural Social Workers: an Australian Study," *Rural Society* 14 (2004).

的那样，招募和留住农村社会工作者是目前面临的一个主要问题，人员短缺同时会导致专业水准降低（declassification），不得不违反法律规定，使一些几乎无专业训练背景的人充当了社会工作者。此外，在更多特殊的实务领域内，有专业技术的社会工作者在地理分布上也是不均的。只有3%的持证老年社会工作者和2%的健康社会工作者，以及2%的行为健康社会工作硕士在农村地区开展服务工作。①

农村社会工作实务面临严峻的问题，专业的农村社会工作人才在制定职业发展规划和选择就业地区时往往也是"偏向城市而避开农村"。美国进行了一项由师生联合团队共同实施的研究，该研究以半结构化访谈的方式对美国中西部两个州的农村社区督导进行调查，以便为社会工作专业学生提供开发农村伦理监督实务的指南。② 同时，为了回应国家农村社会工作者匮乏的问题，美国研究人员调查了115位社会工作专业的学生（97个社会工作学士和18个社会工作硕士），来了解他们的职业发展规划以及对农村社会工作实务的看法。尽管一半以上的学生在他们高中毕业时就生活在农村社区，但是超过70%的人倾向在城市或邻近城区开展社会工作。学生明确表示，多种激励措施将会吸引他们去做农村社会工作，而且提出如何从社会服务、立法、社区和教育这些方面去提供激励措施，以此促进和支持农村社会工作实务发展。③ 农村社会工作不仅在实务上面临困境，实务课程开发也面临诸多争论。Barney等人④通过对美国新墨西哥州立大学社会工作学院122名社会工作专业本科生和研究生的调查，发现有93%的学生认为社会工作者应该在农村社区进行实践，22%的学生只想在一个农村社区内开展实践工作，这表明学生是大力支持农村社会工作实务和相应的农村课程

---

① National Association of Social Workers, Center for Workforce Studies *Assuring the Sufficiency of a Frontline Workforce：A National Study of Licensed Social Workers*（Washington, DC：National Association of Social Workers, 2006）.

② Blue, Kutzler & Fuller, "Ethical Guidelines for Social Work Supervisors in Rural Settings," *Contemporary Rural Social Work* 6（2014）.

③ Amy Phillips, Andrew Quinn & Thomasine Heitkamp, "Who Wants To Do Rural Social Work？Student Perceptions of Rural Social Work Practice," *Contemporary Rural Social Work* 2（2010）.

④ Barney et al., "Social Work Student Interests in Rural Practice," *Contemporary Rural Social Work* 2（2010）.

的。此项调查主要涉及学生对农村社会工作实务和农村社会工作实务课程的态度、顾虑与兴趣，最初对其进行概念化并进行基础数据收集以支持农村社会工作实务成为一门辅修课程，与此同时，该研究还讨论了农村社会工作实务课程更加广泛的含义。

然而，在偏远农村的社会工作实践中，最新通信技术已经具备了应对诸如专业资源稀缺、专业隔离、监督和专业发展受限等方面的能力。通过对 37 名专业医师进行深度访谈，旨在了解通信技术对加拿大偏远农村地区社会工作实务的影响。结果发现，对通信资源的运用，例如网络、远程医疗和远程精神病治疗，似乎在解决农村和北部一些问题时起到了积极作用。虽然通信技术作为应对距离限制和缺乏专业资源等问题的一种手段将得到进一步发展，但是这同时也强化了人们在"城市中心论"背景下对偏远农村社会工作实践认知的偏见风险。①

（三）农村社会工作者面临来自社区的挑战

整个行业历史上大多数学者都认为在小城镇和农村地区实践的社会工作者需要以通才为导向，即成为通才社会工作者（generalist social workers）。② 一般要求通才社会工作者具有如下特点：孤身作战；熟知社区；独自面对社区；能处理好与机构的关系；从事志愿服务；充分运用农村资源；能处理资金问题；能应对预防性工作；能理解家庭问题上的差异性等方面。③ 但是，现在的社会工作实践取向是要符合职业认证标准。社会工作教育发生了一些变化，通才社会工作的教育核心是一个社会工作者具备与个人、家庭小群体、组织和社区一起工作的技能并且试图满足他们的社会需求。④ 而要想理解和满足农村社区居民的社会需求就需要熟知和理解农村环境，理解农村环境的关键是熟悉它的文化，也就是说社会工作者需要了解

---

① Keith Brownlee, John R. Graham, Esther Doucette, Nicole Hotson, & Glenn Halverson, "Have Communication Technologies Influenced Rural Social Work Practice?" *British Journal of Social Work* 40（2010）.

② Brown, J. C, *The Rural Community and Social Casework*（New York：Little and Ives, 1933）.

③ Harold J. Matthews, "Special Problems of Rural Social Work," *Social Forces* 6（1927）.

④ Nancy Lohmann & Roger A. Lohmann, *Rural Social Work Practice*（New York：Columbia University Press, 2005）, p. 6.

社区居民的文化渊源、习俗与传统是怎样发展的。[1] 但是，美国农村地区的文化具有多样性，这对农村社会工作者提出了更高的要求和严峻的挑战。[2]

　　农村社会工作者的专业标准和入职要求不断提高，他们不仅需要了解在小型农村社区开展社会工作的积极因素，同时还要熟知消极因素。重要的积极因素主要包括：开放的交流体系、跨部门的合作与社区意识。而在农村社区开展社会工作的消极因素主要有：地理隔离、人员隔离和服务隔离。[3] 然而，通才实践（在英国是整体实践）往往意味着对于微观和宏观目标都有一个综合的方法，可以给各种层面的工作者提供参考。[4] Lohmann 等人[5]认为，如果你作为美国农村社会工作者能够有效地开展工作，那么你可以在任何地方开展工作，因为你已经学会了"足智多谋和创新"。[6] 在澳大利亚，城市社会工作者可以通过观察以及与农村社会工作者在一起工作学到很多知识，原因是这些农村社会工作者已经能自如应对气候变化和全球化对农民生计带来的影响，这些影响有些是可知的，有些却是不可知的。[7] 农村社会工作者已经清楚应对不确定性的专长会妨碍他们嵌入社区、回应

---

[1] Ginsberg, L. H., *Social Work in Rural Communities* (New York: Council on social work Education, 1976); Ginsberg, L. H., *Social Work in Rural Communities* (3rd edition) (Alexandria, Va: Council on Social Work Education, 1998); Johnson, H. W., "Rural human Services: A Book of Readings," *Journal of Education for Social Work* 17 (1981). Neale, N. K., "A Social Worker for All Seasons: Rural Social Work in the 1980s," In L. A. B, 1982; Locke, B., B. Garrison & J. Winsip., "Generalist Social Work Practice: Context, Story, and Partnerships," *In Pacific Grove* (Calif.: Brooks/Cole, 1998).

[2] Nancy Lohmann & Roger A. Lohmann, *Rural Social Work Practice* (New York: Columbia University Press, 2005), p. 9.

[3] William Farley, Larry Lorenzo Smith & Scott W. Boyle, *Introduction to Social Work* (London: Pearson Education, 2012), pp. 344 – 345.

[4] Emilia E. Martinez – Brawley, "In Search of Common Principles in Rural Social and Community Work," In Joyce Lishman (ed.), *Social work in Rural and Urban Areas* (Aberdeen: Skeneprint Limited, 1980), p. 75.

[5] Lohmann, N. & Lohmann, R. A. (eds.), *Rural Social Work Practice* (New York, NY: Columbia University Press, 2005).

[6] Lohmann, N. & Lohmann, R. A. (eds.), *Rural Social Work Practice* (New York, NY: Columbia University Press, 2005).

[7] Capetola, T., "Climate Change and Social Inclusion: Opportunities for Justice and Empowerment," *Just Policy* 47 (2008).

社区环境与鼓励可持续解决方案的过程。[①] 虽然关于伦理与农村社会工作实践研究的文献很多,[②] 但社会工作者在农村社区的实务中依旧面临许多独特的和具有挑战性的问题。这些问题主要包括与邻居、教会成员和同事之间潜在的双重关系（dual relationships）以及保密性挑战。在进行农村社会工作实践的过程中,社会工作者可能更看重这些亲密的个人关系圈。这些关系圈可能是农村人的优势和保护性因素,事实上农村人口应该受益于那些在乎这些紧密关系以及用一个普通人的眼光去看问题的农村社会工作者。[③]

由于农村地区的社会工作者经常在他们服务的社区里生活和工作,所以他们与服务对象之间具有这种双重关系。但是,社会工作者和服务对象之间在工作时间之外的联系却会引起一些复杂的问题,如社会工作者如何一方面开展社区工作实践,另一方面又与社区村民交往。在农村的社会工作实践中,绝对的保密观念和客观中立的专业立场将面临挑战。[④] 尤其需要指出的是两种相互关联的特点:社会工作者和服务对象的关系越显私人化,他们之间的社会能见度就越高。社会工作者和服务对象之间私人化原则的基础有许多因素,最明显的因素有三个:一是他们相互的接触将会提高建立专业关系的可能性,也就是说,人们将会在日常生活中有更多的机会了解对方和接触到对方;二是农村地区许多服务对象有"接近"社会工作者的想法,希望社会工作者可以考虑他们自己以及与其相关的人,同时也希望社工可以帮助解决他们的疑惑和提供帮助,这在城市社会工作的服务对象中是很少见的;三是在一些小型社区,一种与他人互动的规范模式就是

① Robyn Mason, "Confronting Uncertainty: Lessons from Rural Social Work," *Australian Social Work* 64 (2011).

② Daley, M. R., & Hickman, S., "Dual Relations and beyond: Understanding and Addressing Ethical Challenges for Rural Social Work," *Journal of Social Work Values and Ethics* 8 (2011); Ginsberg, *Social Work in Rural Communities: A Book of Readings Paperback* (Council on Social Work Educ, 1976); Lohmann, N. & Lohmann, R. A. (eds.), *Rural Social Work Practice* (New York, NY: Columbia University Press, 2005); Martinez - Brawley, E. E., *Close to Home: Human Services and the Small Community* (Washington, DC: NASW Press, 2000).

③ Michael N. Humble, Melinda L. Lewis, Diane L. Scott & Joseph R. Herzog, "Challenges in Rural Social Work Practice: When Support Groups Contain Your Neighbors," *Church Members & the PTA, Social Work with Groups* 36 (2013).

④ Richard Pugh, "Dual Relationships: Personal and Professional Boundaries in Rural Social Work," *British Journal of Social Work* 37 (2007).

友好的日常交往而非保持严谨中立的专业化契约模式。①

　　其实，大多数情况下我们都是在浪费精力去证明为什么城市社会工作方法不能直接移植到农村地区。实质上，我们更需要有一个清晰的认识：因为农村问题的广泛性，在处理农村社会问题时可能需要多种介入方法。如果一个城市社会工作者具有自我调适和高瞻远瞩的非凡能力，训练对他而言似乎没有必要。② 但是，有学者提倡农村社会工作者需要一种完全不同的训练方式，并且认为训练有素的个案工作者、公共卫生护士和文娱项目主管将永远难以在广阔的农村和小城镇里找到用武之地。农村需要社会工作者站在农村的角度，理解农村且富有同情心，但是农村真的不需要没有经过训练或者只接受过部分训练的社会工作者，因为所有的社会工作技能和知识在农村社会工作中都是需要的。③

　　农村社会工作者虽在西方发达国家的发展面临巨大挑战，但他们仍然在农村社区发展方面发挥着积极的作用。Ginsberg 认为，应对农村社会工作者提供五个重要方面的回报：一是独立，社会工作者在农村社区自治程度高和经常性地独立实践；二是快速进步，社会工作者会迅速地从直接的监督实践过渡到机构督导；三是明显的成果，农村地区的社会工作者可以看到他们的实践成果；四是个人回报，因为他们经常在农村地区独立实践，工作者通常因为自己的付出而得到别人的感激；五是接纳，农村社会工作者会被社区接纳为重要的有机组成部分④。

　　总而言之，当前农村社会工作所做的努力是试图探寻社会工作的普遍实践原则，但这些原则可能更适用于农村偏远地区，而不具有普适性。⑤ 原因在于大多数关于农村社会工作的著作都是以一个特定的国家为背景，很少照顾到国际读者群体。当然，它们也有可能为其他地区提供可行的、有价值

---

① Richard Pugh, "Dual Relationships: Personal and Professional Boundaries in Rural Social Work," *British Journal of Social Work* 37 (2007).

② Jesse Frederick Steiner, "The Basis of Procedure in Rural Social Work," *Social Forces* 4 (1926).

③ J. B. Gwin, "Rural Social Work," *Journal of Social Forces* 3 (1925).

④ Ginsberg, *Social Work in Rural Communities: A Book of Readings Paperback* (Council on Social Work Educ, 1976).

⑤ Emilia E. Martinez-Brawley, "In Search of Common Principles in Rural Social and Community Work," In Joyce Lishman (ed.), *Social work in Rural and Urban Areas* (Aberdeen: Skeneprint Limited, 1980), p. 89.

的信息和想法。通过研究国际农村社会工作理论与实践，至少可以实现三个目标：一是建立多样的农村实践环境；二是在农村地区传播有关干预措施和实践模式的信息；三是倡导农村社会工作者教育，提倡实践发展与包容性视角在农村社会工作实践中的应用。[①] 这些努力将在一定程度上有效应对农村社会工作在西方国家发展过程中出现的问题与挑战。

第四节　发达国家农村社会工作研究视角转向
及对中国的启示[*]

（一）发达国家农村社会工作研究的新视角

发达国家农村社会工作研究已出现视角转向，即由社区视角转换到文化或生活方式视角。实际上，在理解农村人口问题和形塑农村社会工作实践方面，文化或生活方式等因素比物理环境更加重要。[②] 因此，应该用"人处于环境中"的视角去考察人类行为和农村问题，并且将农村的社会问题视为物理环境、社会文化或农村生活方式多重作用下的产物。[③] 同时，需要重新定义农村社会工作的概念框架，图1-1所展示的是农村社会工作的新框架。其中，三角形的每一个角都代表了农村社会工作中的一个关键要素或概念，这个模型中的第一个要素就是多元系统和"人在环境中"的视角，农村居民深深地陷入了身边的环境和包含着这种环境的社会系统中；第二个要素就是"社会交换"的概念，因为农村居民也深深地嵌入了社会系统网络之中，因此人与系统交换的性质对评估问题就显得尤为重要；[④] 第三个要素便是优势视角，农村社区和农村居民的典型特征集中在正式资源匮乏

---

① Richard Pugh & Brian Cheers, *Rural Social Work: An International Perspective* (Bristol: The Policy Press., 2010), p. 5.

* 本节内容发表于《中国农业大学学报》（社会科学版）2017年第4期。

② Michael, R., Daley & Freddie L. Avant. "Rural Social Work: Reconceptualizing the Framework for Practice," In T. Laine Scales, Calvin L. Streeter (ed.), *Rural Social Work: Building and Sustaining Community Assets* (Belmont, A: Brooks/Cole/Thomson Learning, 2004).

③ Fareley, O. W., Griffiths, K. A., Skidmore, R. A. & Thackeray, M. G., *Rural Social Work Practice* (New York: Free press, 1982).

④ Collins, R., *Theoretical Sociology* (Washingtons, DC: Harcourt Brace Jovanovich, 1998).

方面，在关于农村社区和农村居民的社会工作中，了解农村和农民的能力体系至关重要，这两套体系不仅关系着他们能否获得正式资源，也关系着他们为获得所需资源而采取的非正式手段。他们所拥有的资源短缺情况能对有效社会工作产生阻力。①

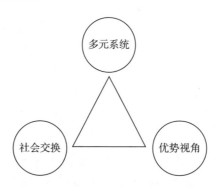

图 1 - 1　Michael R. Daley 等人提出的农村社会工作框架

同样，在澳大利亚，农村社会工作实务的新模式提倡社会工作者要发挥关键性的作用，去回应当地农村需求，利用农村人口和社区的独特优势，为农村社区及居民提供领导力培训、政策建议、咨询、社区发展、倡导、社会规划和项目管理等多方面支持。这种模式提供了追求社会目标的可能性，摆脱了福利改革政策框架所提倡的，诸如竞争加剧、管理主义、市场优先、私有化以及有偿服务制度等经济目标。此模式对支持选择居住在农村社区的人们而言是非常成功的，尤其在发挥地方文化方面。它可以给社区赋权以便争取资金和主导有益于个人、家庭以及社区福祉的发展项目。②除此之外，农村社会工作的实践领域也不断拓展。Richard Pugh 认为，如果从反歧视和反压迫实践的发展角度来设定农村社会工作的实践领域，则需要考虑六个关键因素：一是对弱势的社会结构形式的认可，诸如年龄、残疾、种族、社会性别和生物性别等；二是基于社会正义与平等观念的价值承诺；三是意识到专业干预并不总是产生有益的影响；四是承诺发展以需

① Michael R. Daley & Freddie L. Avant, "Rural Social Work: Reconceptualizing the Framework for Practice," In T. Laine Scales, Calvin L. Streeter (ed.), *Rural Social Work: Building and Sustaining Community Assets* (Belmont, A: Brooks/Cole/Thomson Learning, 2004).

② Alston & Margare, "Forging a New Paradigm for Australian Rural Social Work Practice," *Rural Society* 15 (2005).

求为主导的服务提供方式，即服务提供者试图回应服务对象的特殊问题，而不是让服务对象简单地接受那些有用的服务；五是通过提高服务对象参与评估、规划、实施和决策过程的能力，承诺赋权于服务对象；六是承认人类所有的服务工作都是一种若隐若现的政治活动。也就是说，这种活动既可以加强和固化现有的社会结构，又可以挑战现有的社会结构。① 到目前为止，农村社会工作者的工作领域有八个方面：一是国家社会的宏大叙事层面；二是工作组织的结构性政治环境（structural - political context）；三是社区领域，包括社区居民和社区；四是地域方面；五是个体方面，由实践者的个人、社会、文化背景构成；六是专业领域，包括知识、价值、伦理、教育以及社会化；七是各种实务领域的叙事，如儿童保护、心理健康或社区发展；八是实务指南，或是即刻能应用到实务情境中的专业知识。另外，当农村社会工作者们开展工作时，这些众多领域之间的矛盾会成为一种持续的压力。②

（二）对中国农村社会工作发展的启示

上文回顾和述评了发达国家农村社会工作的发展历程、农村社会工作与城市社会工作之间的差异，同时也对发达国家农村社会工作面临的现实问题与挑战进行了讨论。总体而言，发达国家农村社会工作也是经历了一个复杂的发展过程，并曾呈现边缘化的态势。但是，近年来，伴随英国、澳大利亚等国家农村社会问题的日益凸显，农村社会工作再次进入研究者的视域，新的研究视角开始出现，并呈现良好的发展势头。而当前中国农村社会工作的发展尚处于起步阶段，并处在非专业化向专业化过渡的关键时期，与城市社会工作相比，农村社会工作不仅研究文献较为缺乏，而且覆盖领域和专业程度相对滞后，没有形成独立的学科门类。③ 同时，社会工作自恢复重建以来便呈现一种政府主导下的专业弱自主嵌入状态，农村社

---

① Richard Pugh, *Rural Social Work* (Lyme Regis: Russell House Publishing Ltd, 2000), p. 5.

② Cheers, Brian, Darracott, Ros, Lonne & Bob, "Domains of Rural Social Work Practice," *Rural Society* 15 (2005): 9 – 22.

③ 杨发祥、闵慧：《中国农村社会工作发展探析》，《福建论坛》（人文社会科学版）2011 年第 1 期；张和清、杨锡聪、古学斌：《优势视角下的农村社会工作——以能力建设和资产建立为核心的农村社会工作实践模式》，《社会学研究》2008 年第 6 期。

会工作更是如此。面对这种发展状态，社会工作在发展过程中出现了很多问题，其中表现之一就是"缺乏承认"，而这一现象在农村社会工作领域表现得尤为明显，尚未获得社会工作群体的自我承认和政府（社会）的广泛承认。① 显然，当前中国农村社会工作在发展过程中也出现了被边缘化、研究文献缺乏、"理论外借"、工作方法单一以及"缺乏承认"等诸多问题。面对中国农村社会工作现阶段的发展现状和特征，通过透视发达国家农村社会工作的发展历程，可以得到以下几点有益于中国农村社会工作发展的启示。

首先，发展农村社会工作是为了更好地回应农村社会问题。当前中国农村社会工作应该聚焦新的农村社会问题，拓展农村社会工作的研究领域和实务工作领域，发挥农村社会工作在基层社会治理中的积极作用。② 回顾发达国家农村社会工作的发展历程，发现农村社会工作的出现、发展和繁荣，都与政府、社会对农村社会问题的回应息息相关。而越来越多的西方政府也开始认识到农村问题不能被忽视，同时城市规划专家对农村社会环境性质的预测也不应该被忽视。这种转变最明显的是决策者和规划者逐渐顾及了来自"农村视角"的需求。随着政策的发展和实施，政策制定者应该系统地考虑农村是否会存在显著差异的影响，如果存在这些影响，评估它们的可能性，并考虑调整或补偿措施以适应农村环境。③ 中国自古以来就是一个农业大国，同时也是农民大国，"三农"问题一直是党和国家高度关注，并致力于解决的一个战略问题。而当前，要想解决好"三农"问题，必须多方联动和综合谋划，高度关注农村社会发展中出现的各种新问题，重视农村社会工作的发展，拓展农村社会工作的研究领域和实务领域，应用农村社会工作独特的理论视角和专业方法解决农村社会问题，发挥好农村社会工作在基层社会治理中的积极作用。

---

① 王思斌：《中国社会工作的嵌入性发展》，《社会科学战线》2011 年第 2 期；王思斌：《走向承认：中国专业社会工作的发展方向》，《河北学刊》2013 年第 6 期。
② 杨发祥、闵慧：《中国农村社会工作发展探析》，《福建论坛》（人文社会科学版）2011 年第 1 期；王思斌：《社会工作在创新社会治理体系中的地位和作用——一种基础 - 服务型社会治理》，《社会工作》2014 年第 1 期。
③ Countryside Agency. "Rural Proofing the Deliverychain. Cheltenham, UK: The Countryside Agency," 2004, http://www.ruralcommunities.gov.uk/publications/crn76ruralproofingthedeliverychain.

其次，发达国家农村社会工作正在探索新的研究视角和多元化的专业实践模式。面对公众和管理者的双重压力，西方农村社会工作界的回应策略则构成了一个多元化的发展格局。① 因此，面对中国农村社会工作发展现状，应该竭力促进研究视角转换与实务模式转向，同时考虑中国的国情，突破传统"问题为本"的扶贫模式，同时超越"缺乏视角"和"工作者为本"的社会工作介入模式，走向"以能力建设和资产建立为核心的优势视角下的社会工作介入模式"。② 在实现了研究视角转换和实务模式转向之后，应该积极构建多元合作关系，实现优势互补，促使农村社会工作快速发展，需要处理好以下四种合作关系：一是要与服务使用者之间构建合作关系；二是要与非正式支持网络之间构建合作关系；三是要与志愿者和非政府组织构建合作关系，在许多国家，政府已经表示与非政府组织构建合作关系成为促进农村服务发展的关键途径；③ 四是同其他服务提供者构建合作关系。④ Edwards 等人认为，构建合作关系有四个关键要素：一是时间、资源、提供便利的培训和加强社区参与；二是有理解不同合作伙伴的文化与期望的意识；三是确保有充足的时间并提供资源以建立信任；四是长时段内稳定的项目资金。⑤

最后，应该秉承"人本主义"理念，从农村社区居民的真实需求出发，尊重农村社区发展的主体地位和自主权，积极回应农村社区的发展需求，建立明确的农村服务标准，培育农村社区的自我发展能力。事实上，社区能力建设、赋权和创造性的社会工作已被纳入了个人化议程，成为英国社会政策的一个主要目标。⑥ 这将有助于帮助个人和社区自身去发现社会照顾

---

① 郭伟和：《后专业化时代的社会工作及其借鉴意义》，《社会学研究》2014 年第 5 期。

② 张和清、杨锡聪、古学斌：《优势视角下的农村社会工作——以能力建设和资产建立为核心的农村社会工作实践模式》，《社会学研究》2008 年第 6 期。

③ Edwards, B., Goodwin, M., Pemberton, S. & Woods, M., "Partnership Working in Rural Regeneration," *Rowntree Research Findings*. York：Joseph Rowntree Foundation, 1999.

④ Richard Pugh & Brian Cheers, *Rural Social Work*：*An International Perspective*. Bristol：The Policy Press, 2010, pp. 108 – 116.

⑤ Edwards, B., Goodwin, M., Pemberton, S. & Woods, M., "Partnership Working in Rural Regeneration," *In Rowntree Research Findings*（New York：Joseph Rowntree Foundation, 1999）.

⑥ Lohmann, N. & Lohmann, R. A.（eds.）, *Rural Social Work Practice*（New York, NY：Columbia University Press, 2005）.

问题的解决方案,而不是因缺乏选择而被迫接受严格的公共供给。[①] 城乡平等供给问题的解决途径就是建立可能的绩效指标,以评估预期发展目标或核查服务提供者的实际绩效。[②] 英格兰和威尔士在 2000 年开始使用这种方法,当时政府建立了一个农村服务标准以便"让农村居民更好地了解他们所期盼得到的服务",[③] 这种农村服务标准适用于范围广泛的公共服务,而且包含了一些活动和要求,如收集可用于开发农村标准和目标的证据;努力获得有用的服务信息,尤其是通过互联网应用;努力提高自我服务能力;对负责农村问题的政府部门划定明确的责任范围。[④]

总之,面对当前中国快速的社会转型所引发的农村社会问题,发展农村社会工作是一种有力且有效的回应策略。中国是发展中国家,相比这些西方发达国家,城镇化程度不高,有几乎一半人口居住在广大农村地区。因此,中国农村社会工作的专业化发展是非常紧迫的事情,要从发达国家农村社会工作的发展历程中,不断汲取经验教训,探索中国本土化农村社会工作的理论与实践方法,以便深入推进中国农村社会工作的专业化发展。正如王思斌、阮曾媛琪[⑤]所说,当前中国正在经历着快速的社会转型与社会变迁,社会问题的复杂化与和谐社会的建设任务为农村社会工作的发展创造了条件,专业农村社会工作在和谐社会建设中将会发挥重要作用。然而,它的发展遇到了结构性张力,只能嵌入性发展,因此,专业性农村社会工作与行政性农村社会工作的互构性演化才是建设符合中国实际需要的社会工作的必经之路。

---

① Colin Turbett, *Rural Social Work Practice in Scotland* (Birmingham: Venture Press, 2010), p. 1.

② Richard Pugh & Brian Cheers, *Rural Social Work: An International Perspective* (Bristol: The Policy Press, 2010), p. 107.

③ Countryside Agency, "The Rural Services Standard: Second Progess Report," 2003, p. 2. (http: www. countryside. gov. uk. p. 2.)

④ Countryside Agency. "The Rural Services Standard: Second Progess Report," 2003, p. 2. (http: www. countryside. gov. uk. p. 2.)

⑤ 王思斌、阮曾媛琪:《和谐社会建设背景下中国社会工作的发展》,《中国社会科学》2009 年第 5 期。

第二章　中国农村社会工作发展[*]

第一节　中国农村社会工作的发展历程

农村社会工作是中国本土社会工作实践的产物。一般认为，社会工作产生于西方，社会工作的理论与方法也都产生于西方。实际上，我国在社会工作方面也有其贡献，如20世纪30年代开展的华北平民教育运动和乡村建设运动即为突出的例证，这些运动是有丰富的经验和教训可以总结的，并对当前发展农村社会工作具有重要的参考价值。[①] 那个时期一些社会思想和实践孕育着现代农村社会工作的雏形，一些社会活动家和著名学者开展的乡村社会建设运动即为现代农村社会工作实务的早期实践。中国农村社会工作实践大致上经历了五个发展阶段，即民国前期（1926年之前）、民国发展时期（1926~1948年）、行政主导发展时期（1949~1977年）、半专业化发展时期（1978~1989年）和专业化发展时期（1990年至今），下面将分别对农村社会工作各个发展阶段的内容和特点进行概述。

一　第一阶段（1926年之前）：缺乏专业性的农村社会工作

农村社会工作虽是一个现代名词，但人类赈灾、养老、善举和义诊等救灾活动自古以来就已存在。传统中国是一个农业大国，其经济基础是自给自足的小农经济，历史上缺乏专业的社会工作。[②] 但是，中国社会工作思

---

[*] 本章内容发表于《华东理工大学学报》（社会科学版）2017年第2期与《社会建设》2017年第2期，略有改动。

[①] 王思斌：《中国社会工作的经验与发展》，《中国社会科学》1995年第2期，第97—106页。

[②] 钟涨宝、万江红、张翠娥：《农村社会工作》，上海：复旦大学出版社，2011，第28页。

想却源远流长，早在春秋战国时期，农村社会工作思想便蕴藏于诸子百家学说之中，如《礼记》有云："大道之行也，天下为公，选贤与能，讲信修睦。故人不独亲其亲，不独子其子，使老有所终，壮有所用，幼有所长，矜寡孤独废疾者皆有所养。"① 孔子所描绘的"大同社会"与社会工作所追求的目标是一致的，诸子百家思想中早已蕴含着对弱势群体的关怀思想。② 我国在文化传统上推崇儒家思想，同时又深受道家和佛家思想的影响，这些思想中蕴含的对社会弱势群体的关爱和救助思想，与现代社会工作的助人理念有相似之处。③ 同时，在古代社会，政府有组织地进行赈灾活动，实行仓储制度（如常平仓④、义仓⑤和社仓⑥）以及采取"以工代赈"⑦ 的措施来保障农村灾民的基本生活，并设立社会敬老养老机构对弱势群体进行救助，社会个体也常常会有救助他人的"善举"。如上所言，中国古代对农村所实行的社会工作政策和措施不能被称为专业的、系统的和完善的现代意义上的社会工作制度。但是，其中蕴含的思想和所进行的实务工作表明中国古代社会救济、社会福利等事业历史久远，已经孕育着现代社会工作的雏形。⑧

---

① 原文："大道之行也，天下为公，选贤与能，讲信修睦。故人不独亲其亲，不独子其子，使老有所终，壮有所用，幼有所长，矜寡孤独废疾者皆有所养，男有分女有归。货恶其弃于地也，不必藏于己；力恶其不出于身也，不必为己。是故谋闭而不兴，盗窃乱贼而不作，故外户而不闭，是谓大同。"语出《礼记·礼运》。

② 张和清：《农村社会工作》，北京：高等教育出版社，2008，第34页。

③ 王思斌：《中国社会工作研究》（第一辑），北京：社会科学文献出版社，2003，第7页。

④ 常平仓：汉昭帝时，大司农中丞耿寿昌"遂白令边郡皆筑仓，以谷贱时增其贾而籴，以利农，谷贵时减贾而粜，名曰常平仓"。参见《汉书·食货志》。

⑤ 义仓："平见天下州县多罹水旱，百姓不给，奏令民间每秋家出粟麦一石已下，贫富差等，储之闾巷，以备凶年，名曰义仓。"参见《隋书·长孙平传》。

⑥ 社仓：鉴于常平仓和义仓"皆藏于州县，所恩不过市井惰游辈，至于深山长谷力穑远输之民，则虽饥饿濒死而不能及，朱熹于乡村地区设立社仓"。参见《晦庵集·建宁府崇安县五夫社仓记》。

⑦ 以工代赈："以工代赈"举措始见于北宋仁宗朝，简称工赈，是一种通过让灾民参加工程建设获得救济的有偿救灾办法。通常的做法是官府或地主组织工役，招募灾民兴修工程，既帮助灾民度荒，又发展了生产，一举两得。参见杨世利《宋朝以工代赈述论》，《中州学刊》2005年第3期，第202—204页。

⑧ 张和清：《农村社会工作》，北京：高等教育出版社，2008，第36—41页。

二 第二阶段（1926～1948 年）：专业农村社会工作的初步尝试

20 世纪二三十年代，近代中国本土化的社会工作开始萌芽，首先在农村表现出来，当然其中有西方社会工作的影响。① 民国政府统治区、中国共产党领导下的根据地和解放区，都开展了各种形式的农村社会救济工作，主要承担了战争救护、战后救济和难民安置工作。② 同时，乡村建设学派在农村地区开展了大量的社会调查和教育实验，这些具体的农村工作实践被认为是农村社会工作专业化的初步尝试，乡村建设运动更被视为民国时期社区社会工作的开端，为后期农村社会工作的发展积累了宝贵的经验与教训。③ 国民政府在 20 世纪 20～40 年代，相继颁布了一系列关于社会救济、社会福利的法律法规，如 1937 年抗战爆发后，国民政府行政院通过的《非常时期救济难民办法大纲》、1943 年国民政府公布实施的《社会救济法》以及 1945 年和 1947 年相继颁布的《管理私立救济设施规则》和《赈灾查放办法》等，而 1943 年颁布的这部救济法是中国历史上第一部国家救济大法。④ 这些救助法律的颁布和实施，说明民国政府在推进农村社会工作发展上做出了一定贡献。与此同时，中国共产党在根据地和解放区也深入农村基层开办难民厂，组织生产自救，建立难民教养院和向解放区农民、灾民提供救助，开展农村基层文教、卫生和农村妇女解放等工作，并制定《解放区临时救济委员会组织和工作条例》等规章制度。中国共产党在农村基层开展了大量农村工作实践，为农村社会工作的发展积累了丰富的实务经验。⑤

20 世纪二三十年代的中国，政局动荡、军阀混战，农村沦为战场，农业生产遭到严重破坏，农民流离失所，为救活农村、改造农村和改变当时

---

① 孙志丽：《民国时期专业社会工作的发展研究》，博士学位论文，华东理工大学，2011，第138—142 页。
② 钟涨宝、万江红、张翠娥：《农村社会工作》，上海：复旦大学出版社，2011，第 32 页。
③ 孙志丽：《民国时期专业社会工作的发展研究》，博士学位论文，华东理工大学，2011，第139 页。
④ 钟涨宝、万江红、张翠娥：《农村社会工作》，上海：复旦大学出版社，2011，第 32 页。
⑤ 钟涨宝、万江红、张翠娥：《农村社会工作》，上海：复旦大学出版社，2011，第 33 页。

农民的生存状况，一些民间爱国人士和知识分子也积极从事农村发展活动，探寻农村社会的出路，开展了一场影响深远的乡村建设运动。[①] 其中，以晏阳初、梁漱溟、雷洁琼和杨开道等为代表的一批知识分子以"救活农村""复兴农村"为己任，发起和设计并亲自实践的乡村建设运动，是中国知识界施行的、具有一定专业性质的社会工作实践活动，虽然因战争等原因，这些实践活动没有取得预期的结果，但它们在世界社会工作发展史上仍具有重要的意义。[②] 由此看来，民国时期的农村社会工作发展具有外部嵌入与自我生成、以社区为先导、理论零散，以及农村社会工作教育与农村社会工作实务并行等特点。[③]

一般认为，现代意义上的专业社会工作产生于 19 世纪末 20 世纪初的西方发达国家，社会工作的理论和方法也产生于西方。而在同一时期的中国，西方传教士也将社会工作思想和理念带到了中国，社会工作开始在中国萌芽和发展。1917 年，由沪江大学创建的沪东公社开始在上海进行宗教慈善活动、宣教事业和社会文化教育活动，这些活动在当时的上海社会产生了很大的影响，其意义已经超越了大学教学实践的层次。尽管沪东公社在创建之初，创办者和主持者的宗旨是践行基督教的福音思想，不可避免地带有浓厚的宗教色彩。但是，在当时的历史环境和社会现实下，其宗教色彩在社会服务实践中被逐渐淡化，它所从事的慈善救济、社会改良和大众教育活动无不体现出西方社会工作的思想。[④] 但是，在当前仍有很多人认为社会工作只是最近 20 年才被首次引入中国的，实则不然，早在 1917 年沪东公社在中国创办之后，刚刚兴起于西方的社会工作也开始在中国萌芽，并在葛学溥等人的推动下获得了一定程度的发展。[⑤] 本章旨在梳理沪东公社从 1917 年创办到 1949 年初院校调整时结束，这 30 多年里，从事的主要社会

[①] 孙志丽：《民国时期专业社会工作的发展研究》，博士学位论文，华东理工大学，2011，第 139 页。

[②] 王思斌：《中国社会工作研究》（第一辑），北京：社会科学文献出版社，2003，第 7 页。

[③] 孙志丽：《民国时期专业社会工作的发展研究》，博士学位论文，华东理工大学，2011，第 138—142 页。

[④] 马长林：《基督教社会福音思想在中国的实践与演化——以沪江大学所办沪东公社为中心》，《学术月刊》2004 年第 3 期。

[⑤] 彭秀良：《近代中国社会工作史研究的两重意义》，《博览群书》2012 年第 2 期。

服务活动，以及开展社会服务时所秉承的价值理念、工作思想和工作方法，总结它的历史经验和教训，以期对当代中国社会工作的发展有所启发。

（一）对社会弱势人群的关照：建立中国第一家社区服务机构

1. 沪东公社简介及其发展历程

沪东公社源于沪江大学。1900 年，美国南北浸礼会在上海召开会议，决定通过创建大学来扩大其影响力，在上海杨树浦郊区购置土地兴建校舍，并于 1906 年筹划创建了神学院"浸会神学院"。后来逐渐发展壮大，于 1908 年正式成立"浸会大学"，成为拥有中文、外文和社会学等 12 个系科的一般性大学，由美国传教士柏高德出任校长。1912 年神学院被大学兼并，魏馥兰继任校长，并于 1915 年更名为"沪江大学"。[①] 沪江大学曾在中国近代新式高等教育的历史上创造了很多先河，如美国布朗大学在此设立中国第一个社会学系、第一个在制度上实行男女同住的大学等。[②] 1914 年在沪江大学创办社会学系之初，仅有 1 门课程，由美国年轻的传教士葛学溥主讲，到 1915 年课程增加到 5 门，包括社会学、社会病理学和社会调查等，此时改称"社会科学系"。葛学溥在向学生讲述"社会调查"这门课程时，组织和指导学生在上海郊外的杨树浦东部地区开展社会调查，内容主要涵盖人口、工业、教育和宗教等方面，调查结束后组织学生将材料整理成文，并绘制图表。[③]

葛学溥在这次社会调查中发现，杨树浦地区的人口密集，工人和农民的生活条件极其恶劣，且社区内部社会矛盾突出。这次实地调查的经历引发了他的社会关怀，坚定了他创办社会服务事业的信念，随后他在校内创办了"沪江社会服务团"，实施慈善救济活动，希望通过深入研究和开展社会服务活动而达到改正社会不良风气的目的。[④] 沪江社会服务团在开设之初分成若干个小组，主要面向平民开展社会服务工作，如开展平民教育、文

---

① 周淑利、彭秀良：《沪江大学和沪东公社》，《兰台世界》2009 年第 12 期。
② 张琳、王勇：《教会大学的校园景观及其场所精神——以沪江大学校园为例》，《建筑与文化》2010 年第 12 期。
③ 周淑利、彭秀良：《沪江大学和沪东公社》，《兰台世界》2009 年第 12 期。
④ 张琳、王勇：《教会大学的校园景观及其场所精神——以沪江大学校园为例》，《建筑与文化》2010 年第 12 期。

化服务等活动，而葛学溥在创办沪江社会服务团之初，也主要是受到基督教福音思想的驱动，在一定程度上是为传播基督教福音思想。但是，在当时的历史条件下，伴随社会环境和服务对象的不断改变，以及社会服务实践的不断深入，它的宗教色彩逐渐被淡化，社会救济和社会服务的功能不断凸显。1917年，葛学溥为进一步扩大社会服务范围，在校外设立了一个社区服务中心，英文名字为"The Yangtze‐poo Social Center"，直译为"杨树浦社区中心"，而葛学溥却赋予了它一个更加能够凸显其服务理念的中文名字："沪东公社"。① 沪东公社是由沪江大学创建的中国第一家社区服务机构，它开启了近代中国社会服务事业的先河，也是西方社会工作思想与理念在近代中国实践的产物。

2. 沪东公社开展社会服务的主要内容

沪东公社作为沪江大学创办的中国第一家社区服务机构，开展的社会服务内容主要集中在教育领域，同时还在社会服务、宗教事业等领域为民众提供了丰富多彩的服务，具体内容主要包括大众教育、社会改良和慈善救济三个方面。

（1）大众教育

1917年沪东公社建立之后，"下设智育、体育、群育、救济和社会研究五个部门，并在杨树浦地区先后设立了职工补习学校、中学、小学、托儿所和平民女校等多种类型的学校"，以满足不同人群接受教育的需要。经过沪江大学师生的不懈努力，沪东公社逐渐建立起拥有医院、图书馆、全日制小学、初中和夜校的相对完整的社会服务和社会教育体系。② 西方传教士这样不遗余力地在中国发展文化教育，难免会带有文化侵略和布道色彩，但它也在客观上促进了西方先进文化在中国的传播，为中国带来了西方先进的思想、技术和理念，从这方面来讲，沪东公社的创办还是具有进步意义的。如果从专业教育的视角来看，沪东公社提供的大众教育主要可以分为两个部分：一是提供从小学到大学的正规教育；二是在杨树浦社区内部

---

① 彭秀良：《近代中国社会工作史研究的两重意义》，《博览群书》2012年第2期；周淑利、彭秀良：《沪江大学和沪东公社》，《兰台世界》2009年第12期。
② 周谷平、孙秀玲：《挑战与应对：近代中国教会大学的社会服务》，《华东师范大学学报》（教育科学版）2007年第4期。

开办成人教育班、职工补习学校、纺织补习学校、平民女校和短期扫盲班等社区教育形式，也包括以社区居民为对象的宣传教育活动等。而后者便可被看作社区社会工作在中国的雏形，这些实践积累了丰富的历史经验，为后来社区工作的专业化发展奠定了基础。①

（2）社会改良

沪东公社除了开展大众教育以外，还针对当时低下的国民素质和落后的社会风气开展了社会改良活动。沪江大学于1913年设立民众图书馆，通过募捐的形式增加图书数量，前来看书的民众逐渐增多，并在图书馆处设立民众代笔处，帮助不识字的人书写信件。在民众娱乐方面，沪东公社也开始将西方的各种球类运动介绍到中国，并尝试设立各种球类俱乐部，丰富工人的业余生活，同时尝试着将西方的文化理念、生活方式和娱乐方式传播给工人和民众。这种民众同乐的俱乐部，不仅组织民众开展娱乐活动，还针对民众进行公民教育，通过开展民众歌咏会、学徒联欢会等活动，对参加者施以公民教育，以开启民智，这在当时促进人民权利的觉醒，为争取民主权利而斗争起到了一定的推动作用。同时，沪东公社还搭建了沪江大学校外社会实践平台，"如1937年4月的一个星期六举行民众同乐会，邀请大学部教育系民众教育班同学参加，并进行节目表演"，② 进一步加强了沪江大学师生与普通民众的互动，提高了沪江大学的影响力。此外，沪东公社还开展了社区宣传教育、乡村建设等一系列带有社会改良性质的活动。

（3）慈善救济

沪东公社的社会服务内容没有停留在大众教育和社会改良层面，而是走向了更加多元化的服务。针对贫民和社会弱势群体，沪东公社开展了慈善救济活动，对贫民和难民进行救济和抚恤。例如，沪东公社开办施诊所，对社区内部及周边地区的"贫苦而无钱就医者"进行义诊，每天下午2时至5时，开门应诊，上门求医者分文不取，并动员社会力量捐助患者治疗所需的药物。同时，积极组织青年服务团，不定期举办德育演讲，开设夏令营，招收未受过教育的学龄儿童，进行启蒙教育。除此之外，沪东公社还

---

① 林顺利：《民国时期社会工作引入和发展的路径》，《河北大学学报》（哲学社会科学版）2013年第3期。

② 周淑利、彭秀良：《沪江大学和沪东公社》，《兰台世界》2009年第12期。

积极参与难民救济，如 1937 年抗战爆发后，上海沦为战区，几十万名难民因战争而流离失所，众多慈善机构都开办了难民救济所对难民进行救济，沪东公社也积极参与其中，在开办难民收容所时，还帮助其他难民收容所解决难民救济问题，如相继接收了复兴收容所、道德收容所的难民，对其进行收容救济，① 这些都体现出了沪东公社在不遗余力地践行着其创办之初的理念和思想。

（二）关注时代变迁与社会问题：服务对象与领域不断扩展

葛学溥在创办沪东公社之初就非常关注和重视社区发展过程中存在的主要社会问题，开展社会服务活动的主要目的是改善杨树浦地区民众的生活环境、缓解社会矛盾。20 世纪 30 年代，伴随时代的变迁和新社会问题的不断出现，它的服务对象、服务领域和范围也在不断扩展，从关注杨树浦地区普通民众的生活疾苦到关注流离失所的战争难民，从关注杨树浦社区到关注整个上海社会，乃至更加广泛的区域。

1917 年，沪东公社在创办之初，主要是为了改善杨树浦地区工人的生活环境，解决工人社区的社会矛盾和社会问题。而 1937 年"八一三事变"爆发之后，上海很快沦为战区，社会局势发生了深刻的变化，因战争而流离失所的难民突然增多，沪东公社及时转换视野，关注新社会问题下的战争难民，其服务对象和服务领域也因此而发生了较大变化，最主要的表现就是直接参与到当时的难民救济当中，并面向学徒开办夜校。"1938 年 1 月 15 日，沪东公社接收了复兴收容所，收容难民 600 余人，后来又接收了道德收容所的 300 余名难民"，② 这说明沪东公社在当时的社会背景下仍然能够坚持最初的问题取向，以解决社会问题、缓和社会矛盾为己任，不断扩展服务对象和服务领域。沪东公社在收容难民时，不仅对其进行衣食救济，还对难民进行分组教育，将所有的难民按照成人、少女、儿童进行分组，以方便管理，教难民认字，组织难民进行生产活动，直到 1939 年 5 月才结

---

① 彭秀良：《上海沪东公社》，《团结报》，网址：http://epaper.tuanjiebao.com/html/2013－06/27/content_8090.htm。

② 彭秀良：《上海沪东公社》，《团结报》，网址：http://epaper.tuanjiebao.com/html/2013－06/27/content_8090.htm。

束难民事务。① 在开办难民收容所对难民进行收容救济期间，沪东公社考虑到战争结束后难民的发展与生计问题，积极组织筹建职业培训班，为难民中的成年人提供学习生存技能的机会。并于 1938 年联合上海慈善会开办汽车专科学校，在 1940 年增设高级机械和驾驶班，培训班制定严格的规章制度，在授课和实务操作上对学员严格要求，确保学员的培养质量，历届毕业生都得到社会一致好评。到 1941 年太平洋战争爆发前，汽车培训班累计培训学员 260 余人，大部分学员后来转战内地开展服务运输事业。② 此外，沪东公社在上海的孤岛时期，其工作重心也发生了转移，其教育对象从工厂工人转变成商店学徒，陆续举办了 7 所夜校，高峰时期人数竟高达 1100人。由此可见，沪东公社在 20 世纪急剧变迁的社会环境下，仍然能够做到与时俱进，关注时代的变迁和新的社会问题，不断扩展它的服务对象和服务领域，这也为日后社会工作的发展奠定了一定的基础。

总体而言，葛学溥等人创办的沪东公社在上海地区所开展的社会服务，一定程度上集中体现了西方社会工作思想在近代中国的萌芽、发展与实践的过程。尽管沪东公社在创办之初带有浓厚的宗教色彩，但在日后的社会服务和具体实践过程中，宗教色彩逐渐淡化，其社会服务功能得到了进一步凸显。更需要强调的是，沪东公社的历史经验可以为目前中国社会工作者开展社会工作服务，尤其为农村社会工作者开展农村社会工作服务提供经验借鉴。

（三）三位一体：实务工作、专业教育和学术研究紧密结合

尽管慈善救济活动在东西方都由来已久，专业意义上的社会工作却来源于西方，它的专业化和职业化则是伴随资产阶级革命和资产阶级工业革命实现转型的，并以高度的社会分工为基础。鸦片战争以后，资本主义的殖民统治和国内民族资产阶级的兴起推动了中国社会的转型，诸多仁人志士也开始寻求救亡图存的道路，学习和借鉴西方先进的文化、技术和思想，而社会工作也是在这样的背景下被引入中国的。社会工作伴随西方传教士

---

① 彭秀良：《上海沪东公社》，《团结报》，网址：http://epaper. tuanjiebao. com/html/2013 – 06/27/content_ 8090. htm。

② 彭秀良：《上海沪东公社》，《团结报》，网址：http://epaper. tuanjiebao. com/html/2013 – 06/27/content_ 8090. htm。

的慈善活动和教会大学的创建被引入中国，最初带有浓厚的宗教色彩，但因这一专业的工作理念和工作方法有利于解决当时的社会矛盾和社会问题，反而很快得到了其他社会进步组织的认可和借鉴。同时，社会工作被纳入了高等教育的课程设置之中，民国时期主要的教会大学，如沪江大学、燕京大学、东吴大学和圣约翰大学等基本上都设置了与社会工作有关的课程，或直接开展社会工作服务实践。① 其中以沪江大学创办的沪东公社最为著名，通过沪东公社这一平台，沪东大学基本上做到了实务工作、专业教育与学术研究的结合，即以大学为依托，把人才训练和社会服务结合起来，实现了所谓的"产学研"一体化的办学模式，这种发展模式对今天中国的社会工作发展而言，是具有深刻的指导和借鉴意义的。

1. 社会工作实务

社会工作实务是指以社会工作目标和价值为指导，运用专业社会工作知识、方法和技巧来帮助有需要的人群解决各种社会问题。② 但是，这里所讲的社会工作实务应该是指广义上的社会工作实务，因为在民国时期，西方社会工作实务也尚未形成今天这般专业化的实务操作体系，况且当时刚刚引入中国不久的社会工作，还带有一定的宗教色彩，但这些都不影响沪江大学对中国社会工作发展做出的历史贡献，尤其是在社会实务方面积累了丰富的历史经验。从广义的角度来讲，沪江大学或者说沪东公社开展的社会工作实务主要包括三个部分：一是慈善救济活动；二是社会改良性质的道德和教育活动；三是综合性质的社区服务和乡村建设活动。上文已经提到了沪东公社开展社会服务的主要内容，从内容上便可看出，基本上涵盖了这三个部分的实务工作，而且其中影响最大的是在杨树浦地区开展的社区服务实践活动。在提到的这些社会工作实务中，大部分属于广义层面的社会工作，但其中也不乏接近或属于狭义的专业社会工作。③ 例如，它所开展的各类球类俱乐部、民众歌咏会等团体活动，则在一定程度上带有今

---

① 孙志丽、张昱：《中国近代教会大学与社会工作》，《华东理工大学学报》（社会科学版）2011 年第 2 期。
② 朱眉华、文军：《社会工作实务手册》，北京：社会科学文献出版社，2006，第 34 页。
③ 林顺利：《民国时期社会工作引入和发展的路径》，《河北大学学报》（哲学社会科学版）2013 年第 3 期。

天小组（团体）工作的性质；开展的针对不同群体的夜校，对其进行专门辅导，则带有个案工作的性质；而在杨树浦地区开展的社区服务实践则是最能体现社区工作的典型。尽管这样划分，难免会被批评过于机械和不严谨，但可以看出在当时的社会背景下社会工作实务在化解社会矛盾和解决社会问题上还是得到了一定的应用，并且逐渐得到了社会的认可。

2. 社会工作专业教育

社会工作专业教育的发展在一定程度上可以反映整个社会对社会工作的需求，近代以来中国面临的各种社会危机和社会问题，也在呼唤专业社会工作的出现，但是至今中国还尚未形成一套成熟的社会工作教育体系。近年来，尽管国家已经开始重视和发展社会工作专业教育，但由于后发劣势和积累不足，社会工作专业教育在发展中也遇到很多问题。但是，社会工作教育在中国的发展有一段历史了，早在1913年沪江大学建立国内大学的首个社会学系之初，就已经开设了与社会工作有关的课程，主要包括社会病理学、社会组织、社会调查和社会研究等专业必修课，同时开设社会工作、社会行政、婚姻与家庭和人口问题等专业选修课，[①] 形成了较为完善的课程体系。此外，在社会工作专业教育方面，沪江大学特别注重对学生社会实践能力的培养，在杨树浦地区创办了沪东公社，作为社会学系学生进行社会工作实习和社会调查的基地，"它将人才训练与社会服务相结合，开创了我国大学服务社会的先河"。[②] 沪江大学不仅建立了相对完备的全日制人才培养体系，还在校外开展社会工作培训，以期培养更多的社会工作人才为社会服务，如1940年在得到国民政府经费资助之后，开始对社会行政人员中从事社会福利工作的人员进行培训，以期他们更好地服务社会民众。沪江大学在20世纪三四十年代所从事的社会工作专业教育代表了当时专业教育发展的成就，即使是放到当前的中国，这种专业教育的培养模式也是不落伍的，反而有更多值得学习和借鉴的地方。

---

① 孙志丽、张昱：《中国近代教会大学与社会工作》，《华东理工大学学报》（社会科学版）2011年第2期。
② 罗国芬、周嘉颖：《沪江大学社会学系师生的学术贡献略论》，《上海理工大学学报》（社会科学版）2016年第1期。

3. 学术研究与本土化的探索

社会工作的发展跟社会学的学科发展是相互交叉的，社会工作研究也是从社会调查开始的。[①] 实质上，沪东公社的建立本身就是基于葛学溥的一次社会调查，沪东公社在建立之后，不仅成为沪江大学社会学系师生进行社会服务的主要社区，也成了社会学系师生进行社会调查和社会实验的主要场所。在葛学溥建立沪江大学社会学系之初，就非常注重社会调查，他从基督教社会服务的观点出发，认为当时中国面对大量社会问题，迫切需要对社会状况进行研究，在研究的基础上找准问题所在，对症下药开展社会服务工作，才能解决问题。在民国时期，开展社会调查的三股力量分别是宗教和民间组织、高校学者和科研机构、民国政府有关部门，在社会调查基础上，为推进社会工作实务和社会工作教育的开展，社会工作研究和本土化的探索也在同步进行。[②] 沪江大学和沪东公社在这方面的探索和努力也从未停止过，1949年在其创办的《沪东》双周刊的创刊词中写道："沪东双周号今天诞生了。沪东公社是杨树浦工业区唯一的社会工作中心，三十年来它帮助了无数的劳工们获得知识，砥砺品格，更帮助了无数的贫苦者解决衣食，觅得职业，它是劳工们和贫苦者的朋友，并且永远是他们的朋友……我们呼出我们的困难和需要，使社会人士予我们以同情合作，使我们能做更多有益人群的工作……我们热诚地接受任何善意的批评和指望，使本刊能逐渐接近读者们理想的境地。"[③] 在民国时期，其他社会工作者也在社会工作理论和方法本土化方面进行了探索，如蒋旨昂的《社会工作导论》、步济时的《社会工作方法》等都在社会工作理论的建构与方法的层面进行了思考，并取得了一些成果。

（四）沪东公社的历史经验对当前发展社会工作的启示

回顾我国社会工作的发展历史，发现社会工作在20世纪前半期开始萌芽并取得了一定成就，也曾在20世纪50~60年代中断，直到20世纪70年

---

① 林顺利：《民国时期社会工作引入和发展的路径》，《河北大学学报》（哲学社会科学版）2013年第3期。

② 林顺利：《民国时期社会工作引入和发展的路径》，《河北大学学报》（哲学社会科学版）2013年第3期。

③ 沪大档案，Q242-454，第18页。转引自马长林《基督教社会福音思想在中国的实践和演化——以沪江大学所办沪东公社为中心》，《学术月刊》2004年第3期。

代末社会学在中国恢复重建以来，社会工作才得到了缓慢的发展。进入 21 世纪以来，社会工作步入了快速发展阶段，并迎来了历史性的发展机遇，2006 年中共十六届六中全会在《中共中央关于构建社会主义和谐社会若干重大问题的决定》中提出了"建设宏大的社会工作人才队伍"的战略部署，社会工作在国家层面得到认可，逐渐步入制度性建设阶段。但是不得不承认，中国的社会工作起步晚，长期以来的嵌入性发展，使中国当前的社会工作仍然存在诸多问题，如理论外借、分析视角单一、专业人才匮乏等，难以满足社会的需求。上文回顾和总结了沪东公社在社会工作方面取得的主要成果，在今天仍然具有非常重要的参考价值，尤其是对当前农村社会工作建设具有重要意义，从沪东公社的历史经验中可以获得如下启示。

1. 积极回应社会问题，扩展服务对象与服务领域

西方社会工作的产生最初遵循的也是解决社会问题的思路，社会工作的产生正是为应对和解决资产阶级革命和工业革命引发的一系列社会问题。"一般而言，社会工作与一定范围内社会问题的出现直接相关，当个人、家庭、社区遇到某种问题需要帮助时，社会工作就有了用武之地。"① 沪东公社在建立之初，只关注了杨树浦地区工人恶劣的生活环境和社会矛盾，伴随新社会问题的不断出现，如战争带来的难民、民众文化水平低下等，它的视野不断扩大，服务范围不断扩大到整个上海，服务对象也逐渐由工人扩展到难民，直至普通大众。社会工作领域会随着新社会问题的出现和社会进步而不断扩展，社会进步是人类永恒的追求，人类对生活质量的关注将会促使社会工作的领域不断扩大。在当前中国社会转型过程中，遭遇的各种社会问题，如农村的留守问题、农民工的城市融入问题、反贫困等一系列社会问题，都呼吁社会工作的介入。社会工作可以通过专业的服务理念和方法为这些人群提供服务，如留守老人的居家养老服务、农民工的维权服务和贫困群体的资源链接等多维度的服务，来提升这些群体的生活质量，解决他们的生存困境；同时，进一步扩展社会工作的服务领域和服务对象。因此，可以说社会工作在当前中国社会转型背景下，既面临挑战，又迎来了历史性的发展机遇。

---

① 王思斌主编《社会工作概论》，北京：高等教育出版社，2003。

2. 做到理论与实践并重，实现"产学研"一体化发展

沪江大学在创办社会学系之初，就非常重视社会调查和社会服务，1913年创建社会学系，葛学溥就带领学生前往杨树浦地区进行社会调查，1917年又建立沪东公社，在杨树浦地区从事社会服务工作，践行教学、研究、服务一体化的办学模式，为培养专业人才、服务社会起到了良好的示范效应。[①] 当前中国社会工作专业教育的发展也有一段时间了，但就目前的情况而言，似乎是理论与实践相互割裂，教学和研究尚未结合，更别提"产学研"一体化发展了。据笔者观察，发现目前社会工作理论研究并没有得到国内社会工作界的重视，几乎处于空白地带，社会工作者并没有认识到理论的重要性，大家似乎只关注社会工作实务，总结了各种社会工作的实务模式，编写了多本社会工作实务手册，却很少从社会工作实践中提炼和总结出属于中国的社会工作理论。在市面上能够见到的几本社会工作理论读物，也基本上是西方社会工作理论的译著或者是大篇幅引用西方的"外借理论"读物。由此可见，社会工作理论研究与社会工作实务在中国是严重脱节的，理论研究尚未跟上社会工作实务的进展，而中国社会工作尚处于初步发展阶段，面临诸多的问题和挑战，若这一问题不能引起当前社会工作学界的重视，必将影响社会工作的长足发展。

3. 挖掘本土学术资源，发展中国特色社会工作

通常大家会认为专业社会工作起源于西方，中国的社会工作完全引进于西方，但实际上中国对社会工作的发展亦有贡献。20世纪30年代，当社区社会工作还尚未被西方人广泛熟知时，晏阳初、梁漱溟等人早已在乡村社区有计划、有目标地开展了乡村建设，虽最终因战争等原因而失败，但留下了宝贵的历史经验，得到了国际认可，[②] 对当前中国社会工作的发展具有极为重要的参考价值。近年来，也有不少学者对晏阳初、雷洁琼、梁漱溟和袁方等人的社会工作思想与实践进行了梳理和研究，试图挖掘传统社会工作的价值，尝试着从中找到中国本土化社会工作的发展路

---

① 罗国芬、周嘉颖：《沪江大学社会学系师生的学术贡献略论》，《上海理工大学学报》（社会科学版）2016年第1期。

② 王思斌：《中国社会工作的经验与发展》，《中国社会科学》1995年第2期。

径，① 这些探索对推动中国社会工作发展无疑是具有重要意义的。沪东公社的运作模式和历史经验，如积极回应社会问题、理论与实践并重和"产学研"一体化发展的专业教育模式，对当前社会工作发展具有重要的参考价值。当前中国的社会工作应该注重挖掘这些本土化的学术资源，并在实践中不断提炼总结本土化的理论与方法，从而为构建中国特色社会工作奠定基础。

三　第三阶段（1949～1977年）：行政性非专业化的农村社会工作

新中国成立后到改革开放前的计划经济时期是行政性非专业化社会工作模式的形成阶段。② 新中国成立之后，我国建立了社会主义制度，为加速发展工业化和加强对社会的组织动员能力，国家实行计划经济，并实行单位制，所有的资源全部控制在政府手中，政府成为解决各种社会问题的负责人，于是政府变成了"全能政府"。在这种体制下，政府通过其代表者——各种社会组织与单位，并通过国家干部，以行政程序与手段向人们提供生存资源与力所能及的帮助，从而形成靠行政框架解决社会问题的行政性非专业化的社会工作模式。③ 在这种模式的指导下，农村社会工作自然也以一种以政府为主的行政性模式在农村广泛开展。这一时期，国家在农村开展了一系列的工作，主要包括农村合作医疗制度、"五保"供养制度和文化建设等，这些制度和措施虽在一定程度上促进了农村的发展，但是使农村的自治和组织能力都受到了明显的抑制，农村社会工作的发展处于被动地位。④ 由上可知，这一时期农村社会工作表现出政府负责（行政主导）和非专业化的发展特点。

---

① 郭占锋、杨萍：《晏阳初乡村工作理念对当前农村社会工作的启示》，《社会工作》2012年第11期；王思斌：《雷洁琼的社会工作思想与实践》，《社会工作》2004年第9期；李卓、郭占锋：《梁漱溟乡村建设理论及其启示》，《新西部》（理论版）2015年第14期；王思斌：《袁方教授的社会工作教育思想与学科建设实践》，《社会工作》2014年第2期。

② 李晓凤：《社会工作在中国未来发展的前瞻》，《科技进步与对策》2000年第7期。

③ 王思斌：《中国社会工作研究》（第一辑），北京：社会科学文献出版社，2003。

④ 钟涨宝、万江红、张翠娥：《农村社会工作》，上海：复旦大学出版社，2011，第35—36页。

四　第四阶段（1978～1989 年）：半行政化的农村社会工作

由于长期以来中国实行高度集中的计划经济体制，并实际上以政治运动作为国家生活的中心，积累了大量矛盾和社会问题，"文化大革命"把国家推到崩溃的边缘，1978 年底中国共产党决定实行对外开放和对内改革的政策。[1]这场改革的总思路是高度集中的计划经济体制向社会主义市场经济体制过渡，是由政府责任和权力独揽向政府和社会分权及责任分担的有限责任制转化，这是一个责任和利益重新划分的过程。这一时期农村社会工作由行政主导向半行政化方向转变是受国家体制改革的直接影响的，企业、单位职能趋向专业化，逐渐将部分职工福利及服务的提供转交给社会，民办社会服务设施逐渐发展起来，民政部支持和倡导的城市社区服务业也取得了蓬勃发展。在这一时期，官方牵头和社会参与举办的具有社会工作性质的社会服务和社区服务，表明这一时期农村社会工作发展已具有半行政性的特点。[2]

五　第五阶段（1990 年至今）：农村社会工作的专业化发展时期

专业性社会工作是以专业培训和专业认证制度为标志的。[3] 80 年代中期，民政部为了推进民政工作和社会工作的开展，在发展民政教育的同时，支持北京大学开办社会工作与管理专业，可以认为这是社会工作专业教育的开端。接着，90 年代初中国人民大学、吉林大学和厦门大学等高校相继开设社会工作与管理专业，社会工作专业呈现加速发展的势头。[4] 截至 2017 年，国内开设社会工作专业的院校已有 200 多所，其中社会工作硕士（MSW）办学院校有 105 所。当代中国农村社会工作的实践主体已经逐渐走向多元化和专业化，主要包括政府组织、非政府组织和高校教育机构。[5] 20世纪 90 年代以来，先后有一批国际非政府组织进入中国农村开展儿童、妇女

---

[1]　王思斌：《中国社会工作研究》（第一辑），北京：社会科学文献出版社，2003，第 8 页。

[2]　王思斌：《中国社会工作的经验与发展》，《中国社会科学》1995 年第 2 期，第 97—106 页。

[3]　周勇：《国内外社会思潮对我国社会工作开展的影响研究》，载《"下一代的教育：东西方的经验"国际研讨会论文集》，北京：北京师范大学，2010，第 268—274 页。

[4]　王思斌：《中国社会工作的经验与发展》，《中国社会科学》1995 年第 2 期，第 97—106 页。

[5]　杨发祥、闵慧：《中国农村社会工作发展探析》，《福建论坛》（人文社会科学版）2011 年第 1 期，第 156—160 页。

和扶贫工作，如国际计划、国际行动援助组织等在中西部农村开展的一些农村工作，主张以"参与式"的方法在农村开展工作，调动村庄居民的积极性、提升参与者的自决能力，这与农村社会工作提倡的案主自决理念相符合。近年来，一些高校师生在中西部农村贫困地区，运用专业的社会工作方法与技巧，开展了一系列富有创新性的扶贫与农村社会建设工作。① 同时，社会工作专业教育、研究机构和团体相继建立，如 1991 年民政部牵头成立的中国社会工作者协会和 1994 年社会工作院校联合成立的中国社会工作教育协会等专业性学术组织。与此同时，民间一些社会工作服务机构、咨询中心相继成立，尝试用社会工作的专业方法开展服务，专业社会工作发展呈现前所未有的繁荣。② 2015 年全国农村社会工作专业委员会和灾害社会工作专业委员会的成立，又进一步促进了农村社会工作向专业化方向发展。

改革开放以后，农村社会工作在延续新中国成立以来的农村社会工作外，又开创了新的领域，主要开展扶贫活动、兴办农村福利工厂和敬老院以及建立农村社会保障制度，进行的农村社会工作实务主要包括农村社会救济、农村社会保险、农村社会优抚和农村社会福利等。③ 而进入 21 世纪以来，农村社会工作的领域随着新的社会问题的出现而不断扩大，人们开始用新的发展观来看待社会进步，不仅注重经济增长，更看重社会、环境和经济的协调可持续发展，所有伤害人、漠视人的尊严和平等、压抑人发展的现象都将被社会工作者反对，并成为社会工作的对象。④ 伴随城市化和工业化进程的不断加快，农民工问题逐渐进入社会工作研究和实务工作者的视野，农村地区出现的三种人群（儿童、老人和妇女）的留守问题也逐渐成为农村社会工作者关注的重点问题。实践证明，把农民工服务和农村三种留守人群纳入社会工作专业视野，积极拓展农民工服务领域，既是新型城镇化赋予社会工作专业的神圣使命，也是中国特色社会工作专业发展

---

① 杨发祥、闵慧：《中国农村社会工作发展探析》，《福建论坛》（人文社会科学版）2011 年第 1 期，第 156—160 页。

② 张敏杰：《二十世纪中国社会工作的学科发展进程》，《浙江学刊》2001 年第 2 期，第 62—66 页。

③ 张和清：《农村社会工作》，北京：高等教育出版社，2008，第 34 页。

④ 王思斌：《中国社会工作研究》（第一辑），北京：社会科学文献出版社，2003，第 8—10 页。

的现实选择。在农民工融入城镇问题的解决方法上，社会工作的直接服务与间接服务都具有重要的社会意义。[①]

从上述的几个发展阶段来看，中国农村社会工作逐步呈现工作方法专业化、实践主体多元化、农村社会工作教育专业化、工作领域扩展化等显著特点。

第二节　中国农村社会工作研究与发展现状

通过梳理西方社会工作的研究文献，笔者发现有关农村社会工作的研究所占的比例很低，而且存在不少历史发展的真空阶段。[②] 同样，在梳理中国社会工作研究文献时，笔者也发现关于农村社会工作研究的文献数量很少，而且存在发展的真空阶段。在"中国知网期刊论文数据库"（CNKI）中分别以"社会工作"和"农村社会工作"作为检索词，时间区间设为"1990 年 1 月 1 日～2014 年 12 月 31 日"，按照"主题"检索分别获得 9751 篇和 108 篇研究论文，然后通过阅读文章标题、关键词、摘要甚至全文，剔除无效文献，对上述有效文献刊发年度进行统计得到图 2 - 1。

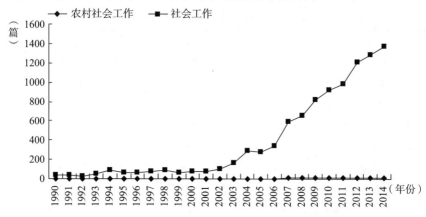

图 2 - 1　以主题"农村社会工作"和"社会工作"
检索获得的研究论文数量

① 谢建社：《新生代农民工融入城镇问题研究》，北京：人民出版社，2011。
② 张和清、杨锡聪、古学斌：《优势视角下的农村社会工作——以能力建设和资产建立为核心的农村社会工作实践模式》，《社会学研究》2008 年第 6 期，第 174—193 页。

　　由图 2-1 可知,1990 年以来有关"社会工作"的研究没有间断,20 世纪发文量较少;进入 21 世纪以来,发文量增长迅速;从 2007 年开始发文量有了进一步增长,大多数年份保持在 500 篇以上。但是,关于"农村社会工作"的研究文献相当稀少,从 1990 年 1 月 1 日至 2014 年 12 月 31 日统计到的有关"农村社会工作"研究文献的数量一共有 108 篇,年平均发文量仅为 4.3 篇,只占这一时期内社会工作研究论文数量的 1.11%。这说明自 20 世纪以来社会工作的研究得到了进一步发展,而农村社会工作的研究却几乎处于停滞状态,甚至出现了研究的真空阶段,如从 1990 年至 2002 年,在"中国知网期刊论文数据库"中以主题"农村社会工作"进行检索,获得的研究论文数量为 0,说明农村社会工作曾出现过研究的真空阶段。

　　对检索到的 108 篇关于"农村社会工作"的研究文献,再以关键词"农村社会工作本土化研究"、"新农村发展研究"、"理论与方法研究"、"农村社会工作实务模式研究"、"农村扶贫研究"、"农村养老研究"、"农民生计研究"、"农村留守儿童研究"、"妇女发展研究"和"农村残疾人研究"为主题分类进行统计,通过阅读文章标题、关键词、摘要甚至全文,对上述有效文献分具体的研究主题进行统计获得表 2-1。

表 2-1　对 108 篇"农村社会工作"研究文献分主题统计

研究主题	文献数量(篇)	百分比(%)
农村社会工作本土化研究	23	21.30
新农村发展研究	21	19.44
理论与方法研究	14	12.96
农村社会工作实务模式研究	12	11.11
农村扶贫研究	6	5.56
农村养老研究	4	3.70
农民生计研究	3	2.78
农村留守儿童研究	2	1.85
妇女发展研究	1	0.93
农村残疾人研究	0	0
其他相关研究	22	20.37
合计	108	100.0

由表 2 - 1 可知，在检索到的关于"农村社会工作"的研究文献中，大部分研究主要集中在农村社会工作本土化研究方面，占所有文献的比例为 21.30%，其次是关于农村社会工作的其他相关研究，所占比例为 20.37%，关于新农村发展研究的文献所占比例为 19.44%，关于农村社会工作理论与方法研究的文献所占比例为 12.96%，关于农村社会工作实务模式研究的文献所占比例为 11.11%，关于农村扶贫研究、养老研究、农民生计研究、留守儿童研究、妇女发展研究和残疾人研究的文献所占比例分别为 5.56%、3.70%、2.78%、1.85%、0.93% 和 0。由此可见，目前国内关于农村社会工作的研究文献相对较少且研究主题相对分散，从现有的文献研究来看，大部分研究主要集中在农村社会工作本土化研究、新农村发展研究、农村社会工作理论与方法研究和实务模式研究等方面。下面将对这些具体的研究主题进行分类述评，以期获得对国内农村社会工作研究与发展现状的宏观了解和整体把握。

1. 农村社会工作本土化研究

一般认为，社会工作是西方发达工业社会的产物，是西方资本主义国家的一种保护性社会制度安排，是社会"安全阀"机制的重要组成部分。而专业社会工作作为舶来品，其在中国本土化的过程是一个文化互动与调适的过程。社会工作的个别化原则、中外社会文化体系的差异、中国统一的多民族国家的国情等使本土化成为必然。[①] 因此，社会工作本土化一直是学术界关注和研究的重要问题之一，农村社会工作作为我国社会工作本土化的切入点与突破口，也一直受到国内学者的高度关注。在我国社会工作发展史上，以高校师生为主要参与力量的"学院派"社会工作占据着重要位置，它开启了社会工作本土化征程。尽管 1917 年上海成立的沪东公社开启了社会工作本土化的先河，但历史上第一次以"社会工作"的名义从事本土农村社会工作的应该是燕京大学于 1930 年开始开展的"清河实验"。[②]

---

① 何乃柱、王丽霞：《专业社会工作的中国本土化研究》，《求索》2013 年第 10 期，第 229—231 页。

② 清河实验：燕京大学于 1930 年成立清河实验区，下设经济、卫生、服务、研究四个股，实验包括乡村合作、家庭个案服务、农业推广、乡村调查等工作。"清河实验"也有"清河实验区""清河试验所"等称谓，统称为"清河实验"。参见颜芳《燕京大学乡村建设实验及其现实启示》，《教育史研究》2010 年第 2 期，第 51—55 页。

它不仅推进了清河农村社区发展，而且造就了一批社会工作人才，推进了乡村建设运动。[1] 近年来，农村社会工作的本土化研究也取得了一些成就，如史铁尔等人从社会工作专业教育的角度对如何培养中国本土化的社会工作人才进行了探索，并提出了由课程实践、隐性课程实践、认知实习、综合实习和农村社会工作实习构成的一个社会工作专业实践教学模式。[2] 有学者对当代农村社会工作实践的江西"万载模式"[3] 经验进行总结，并运用访谈法和文献法对农村社会工作本土化的路径选择及其影响因素进行了深入探讨。[4] 也有学者指出，"中国农村社会工作发展的制度性条件和方式，不存在人们善良期望的互补关系，必须处理必要的制度性撞击和互相调适"。[5] 但关于农村社会工作本土化研究不仅仅停留在理论探讨的层面上，更有学者积极深入农村地区开展专业的农村社会工作实务。21 世纪初，一批高校的社会工作专业师生在中西部农村贫困地区，运用社会工作理念与技巧，开展一系列富有创新性的扶贫与农村社会建设工作，逐步形成了云南绿寨经验、湖南湘西探索和江西万载模式三种实务模式。[6]

2. 新农村发展研究

中国正在经历快速的社会转型与社会变迁，社会问题的复杂化、社会主义新农村建设及和谐社会建设的时代任务为社会工作的发展创造了条件，尤其为农村社会工作的发展创造了条件。[7] 社会工作作为一个社会的"安全阀"，对缓解社会冲突与社会矛盾，维护社会稳定与良性运行具有重要作

---

[1] 张学冬：《"清河实验"的启示》，《中国社会科学报》2015 年第 1 期。

[2] 史铁尔、刘静林、朱浩：《探索社会工作专业实践教学模式培养中国本土化社会工作人才》，《长沙民政职业技术学院学报》2004 年第 4 期，第 9—12 页。

[3] 江西万载模式：主要基于农村家庭结构变化、农村文化发展需要、农村社会综合治理需要而发端的一种以行政组织为主导、以公益社会组织为辅助、以社会互助为补充的本土化农村社会工作方法。自 2007 年开始探索以来，该模式取得明显的成效。参见民政部社会工作司编《农村社会工作研究》，北京：中国社会出版社，2010，第 425 页。

[4] 李永敏：《我国农村社会工作的本土化路径研究：江西万载县的实证分析》，博士学位论文，复旦大学，2011。

[5] 郭伟和：《体制内演进与体制外发育的冲突——中国农村社会工作的制度性条件反思》，《北京科技大学学报》（社会科学版）2007 年第 4 期，第 15—21 页。

[6] 杨发祥、闵慧：《中国农村社会工作发展探析》，《福建论坛》（人文社会科学版）2011 年第 1 期，第 156—160 页。

[7] 王思斌、阮曾媛琪：《和谐社会背景下中国社会工作的发展》，《中国社会科学》2009 年第 5 期，第 128—140、207 页。

用，同时作为新农村建设的一个新领域而受到广泛关注。探索农村社会工作的专业性、技术性和科学性及其在广大农村的适应性对新农村建设与和谐社会建设具有重要的理论价值与现实意义。因此，应该充分发挥社区工作方法、小组工作方法与个案工作方法在解决农村宏观、中观与微观问题中的作用，既可以推动新农村建设与和谐社会建设的发展，也可以促进农村社会工作本土化的发展。① 同时，应该积极发挥农村社会工作在农村社区公共服务与培育农村社区居民自我发展能力等方面的功能与作用。② 秉承"助人自助"的价值理念，通过专业服务来整合社会资源和提供专业的服务与支持，推动农村社区的弱势群体走向"自救、自立、自助和自强"，有效缓解农村劳动力转移效应带来的不和谐因素，促进转移劳动力家庭的和谐，实现农村社会的和谐。③ 在具体的农村社会工作实践中，农村社会工作者需要依据不同理论与现实进行角色选择，主要应该发挥好社会照顾或社会服务者、冲突调解者与社会调谐者、另类发展促进者以及农村居民自治的践行者与推动者的角色。④

3. 社会工作理论与方法研究

"改革开放以来，社会急剧变迁，随着社会的进一步开放和社会问题的不断复杂化，原有的国家社会福利组织已经无法解决各种社会问题，无法满足市民的多元化需求，承担着各种社会服务的政府部门、半官方机构和新兴的非政府部门也越来越意识到专业社会工作的重要性。"⑤ 在此背景下，专业社会工作迎来了新的发展契机，并伴随西方专业社会工作的引入与中国自身的不断探索，城市专业社会工作在理论研究与方法研究方面都取得了重要进展，但农村社会工作的理论研究与方法研究相对滞后。就现实情

---

① 张华、李小容:《试论我国农村社会工作的现状及其在新农村建设中的作用》,《西南农业大学学报》(社会科学版) 2010 年第 8 期, 第 88—91 页。

② 纪文晓:《农村社区公共服务与农村社会工作: 需求与应答》,《社会工作》2009 年第 9 期, 第 35—37 页。

③ 唐萍萍、李世平:《农村劳动力转移效应和谐化研究——基于陕西省的实证分析》,《经济体制改革》2012 年第 2 期, 第 86—89 页。

④ 陈涛:《农村社会工作及其主体角色定位》,《湖南农业大学学报》(社会科学版) 2014 年第 3 期, 第 6—9 页。

⑤ 古学斌、张和清、杨锡聪:《专业限制与文化识盲: 农村社会工作实践中的文化问题》,《社会学研究》2007 年第 6 期, 第 161—179 页。

43

况来看，农村社会工作理论的发展主要依赖于外部知识的进展，"理论外借"是我国农村社会工作乃至整个社会工作理论建构的一个重要特征。① 目前，在对农村社会工作实践经验与实践模式进行总结的基础上，应用的主要分析视角有优势视角、比较分析视角和文化分析视角，"外借理论"主要有增能（赋权）理论、优势视角理论、底层视角理论和生态系统理论。② 在农村社会工作方法研究方面，主要是将城市专业社会工作方法引入农村社会工作实务中，有学者提出将个案社会工作、小组社会工作、社区社会工作和社会行政工作分别应用到农村特殊人群帮扶、留守儿童健康成长、村庄公共事务管理与群众工作中去，发挥农村社会工作方法的专业性，促进农村基层社会管理创新。③

但是，在看到个案、小组和社区三大经典专业社会工作方法解决农村社会问题所具有的优势时，也应该认识到目前农村社会工作所处的发展阶段，传统的行政性工作方法在一定的场域下仍具有较强的适应性，农村社会工作行政与民政社会工作方法在较长的一段时间内仍将并存发展。因此，在具体的实践中应该发挥两种工作方法的优势，加强社会资源整合，更好地促进农村社会工作发展。④

4. 农村社会工作实务模式研究

在农村社会工作发展史上，最早以"社会工作"名义开展农村社会工作实务模式探索，进行乡村建设实验的应该当属燕京大学于 1930 年开展的

---

① 杨发祥、闵慧：《中国农村社会工作发展探析》，《福建论坛》（人文社会科学版）2011 年第 1 期，第 156—160 页。

② 杨发祥、闵慧：《中国农村社会工作发展探析》，《福建论坛》（人文社会科学版）2011 年第 1 期，第 156—160 页；聂玉梅、顾东辉：《增权理论在农村社会工作中的应用》，《理论与探索》2011 年第 3 期，第 80—83 页；张和清、杨锡聪、古学斌：《优势视角下的农村社会工作——以能力建设和资产建立为核心的农村社会工作实践模式》，《社会学研究》2008 年第 6 期，第 174—193 页；万江红、黄晓霞：《底层视角下的农村社会工作实践反思——以 E 社工站为例》，《社会工作》2014 年第 1 期，第 68—73、153 页；林森：《生态视角下乡土文化传承的整合社会工作——一个广州从化乡村项目的个案研究》，《社会工作》2012 年第 4 期，第 35—39、43 页。

③ 祝平燕、吴雨佳：《农村社会工作方法介入黔西北 Y 村社会管理创新研究》，《社会工作》2014 年第 6 期，第 28—35、152 页。

④ 杨发祥、闵慧：《中国农村社会工作发展探析》，《福建论坛》（人文社会科学版）2011 年第 1 期，第 156—160 页。

"清河实验"。① 之后，关于农村社会工作实务模式的探索和研究在曲折中不断向前发展。进入 21 世纪后，社会工作在国家的推动下迎来了新的发展契机，农村社会工作本土化研究、理论研究与方法研究均取得了进一步发展，实务工作和服务领域也得到了新的拓展。一批关注农村发展的高校研究机构和非政府组织开始在农村建立研究基地，开展新一轮的农村社会工作实务模式的实验，如香港理工大学与中山大学联合建立的绿耕城乡互助社，分别在云南平寨、四川映秀和广东从化三个村庄开展农村社会工作实务模式的实践，取得了一定的成果。② 史铁尔等人在湖南湘西开展的农村社会工作实践，以社区治理为视野，以城乡公平贸易为平台，以社会工作服务站为载体，以生态合作社为基础，采取文化引导的策略，应用社会工作的专业方法，重新建构农村社会互助的支持网络，为农村弱势人群提供专业的社会工作服务，提升他们的生活质量。③ 当然，在推进新农村建设的背景下，江西万载县也开创了农村社会工作实践的新模式，逐渐形成了"党政主导、政策扶持、社工引领、农民参与、法治保障、和谐共建"的"万载模式"。从总体来看，万载县对农村社会工作的探索是成功的，但是也存在政府过度干预、村民参与不足和社会组织缺乏活力等缺陷。④ 以上农村社会工作的实践模式是目前国内影响较大，实践较为成功的农村社会工作实务模式，这些实践对农村社会工作本土化和农村社会工作实务的发展具有重要的促进作用。

5. 农村扶贫、农民生计与农村留守人口研究

人文贫困一直是困扰人类社会最严重的社会问题之一。我国农村人口居多，农村人文贫困直接影响社会的可持续发展。社会工作作为一种服务社会的专业助人活动，在介入农村反人文贫困方面可发挥重要作

---

① 张学冬：《"清河实验"的启示》，《中国社会科学报》2015 年第 1 期。

② 杨锡聪、张和清、古学斌：《绿耕农村社会工作探索之路》，《中国社会工作》2013 年第 6 期。

③ 史铁尔、蒋国庆：《社区营造视野下的农村留守人员社会工作服务》，《中国社会工作》2014 年第 2 期，第 17—19 页。

④ 陈晓平：《新农村建设中的社会工作创新——以江西"万载模式"为例》，《江西社会科学》2014 年第 6 期，第 218—222 页。

用。① 同时，应该调整农村扶贫工作的思路，把农村和农民看作发展的主体，以农民自身能力建设为核心，提升农民的内源发展动力，改善干群关系，消除新型贫困。② 尤其要关注农村三种人群的发展，即留守老人、留守妇女和留守儿童的可持续发展。随着青壮年劳动力大量外出务工，农村地区的留守老人不断增多，在日常生活中留守老人面临多种困难，如生病时无人照料、传统养老面临困境和情感难以寄托等问题，而通过农村社会工作的方式却可以有效地弥补传统养老方式的缺陷。③ 农村留守妇女作为农村社会的弱势群体，面临劳动强度高、精神负担重和缺乏安全感"三座大山"，而前两者"劳动强度高"和"精神负担重"都会成为留守妇女缺乏安全感的原因。安全感是支持农村留守妇女进行生产、生活和维护家庭团结最坚实的精神支柱，由此农村社会工作介入农村留守妇女社会支持网络的构建，帮助其成功应对家庭结构变迁和自身角色转变就势在必行。④ 农村留守儿童在快速的社会流动与社会转型中成长环境和发展环境发生变化，农村青少年犯罪问题和留守儿童安全问题日益突出，而农村社会工作的介入则可有效解决这些问题。因此，加强和培育农村社区组织，既可以为农村留守儿童发展提供一个健康的成长环境，也可以为社会工作人才提供一种组织载体，为农村发展提供一种智力上的支持。⑤

6. 农村社会工作的其他相关研究

目前，国内关于农村社会工作的研究除了以上提及的几个研究主题之外，还涉及了农村社会工作人才队伍建设和农村社会工作教育方面的研究。农村社会工作专业人才队伍作为新型农村社区建设的一支新生力量，能够

---

① 东波、颜宪源：《农村社会工作介入农村反人文贫困的可能性探讨》，《西北农林科技大学学报》（社会科学版）2010 年第 4 期，第 103—107 页。
② 闫伟、同春芬：《村庄的张力与挣扎：基变视角的农村社会工作》，《青岛农业大学学报》（社会科学版）2011 年第 1 期，第 28—31 页。
③ 谭春霞、浦加旗：《文山边境地区农村留守老人的生存现状与对策思考》，《文山学院学报》2014 年第 3 期，第 74—78 页；罗劲博：《解决西部农村老年人养老问题的一种新观点——基于社会工作的视角》，《新西部》（下半月）2009 年第 20 期，第 22、24 页。
④ 孙可敬、博琼：《农村社会工作与我国留守妇女社会支持网的建构——基于农村留守妇女的安全感解析》，《江西农业大学学报》（社会科学版）2010 年第 9 期，第 30—34 页。
⑤ 姜立强：《农村青少年犯罪与农村社会工作》，《山东省青年管理干部学院学报》2007 年第 5 期，第 18—21 页。

发挥社会工作专业优势，配合农村基层政府解决和处理各种社会问题，做好农村社会各项公共服务工作。但由于社会工作在农村地区的认同度不高和现有农村社会工作人员无法满足服务对象需求等限制，农村社会工作专业化和职业化进展缓慢。因此，农村社会工作专业人才队伍建设势在必行，应逐步形成政府主导、社会参与和社工引领的互动模式，共同推动农村社会工作人才队伍建设。[①] 农业高校在专业农村社会工作人才培养上，应立足农业院校的使命和学科优势，以农村社会发展需求为导向，重点培养学生的实践能力，坚持理论与实践相结合，强化实践教学育人功能，探索培养高素质农村社会工作人才。[②] 在基层农村社区中应该积极动员和吸纳当地青年参与农村社会工作，建立科学的用人机制、职业岗位、培训制度和薪资机制，进而建立一支职业化和专业化程度都较高的农村社会工作人才队伍。[③] 同时，应该加强农村社会工作人才队伍职业化建设中具体制度的建设，加强社会工作人才队伍继续教育制度建设，逐步探索建立社会工作终身教育体系。[④]

第三节　当前中国农村社会工作存在的问题[*]

回顾西方社会工作的发展历史，可以看到西方专业社会工作的发展也曾出现过"重视城市，轻视农村"的发展阶段，导致农村社会工作发展被边缘化。至今，几乎在全世界范围内，主流的专业社会工作已经变成了城市社会工作的代名词，农村社会工作不仅研究文献缺乏，而且没有发展成

---

① 秦永超：《农村社会工作专业人才队伍建设的困境与出路》，《河南师范大学学报》（哲学社会科学版）2014 年 11 期，第 125—127 页。

② 范召全、赵晓霞、朱雨欣：《农业高校社会工作专业本科生实践能力培养探索》，《社会工作》2009 年第 2 期，第 22—24 页。

③ 梁莹：《发展中的农村青年社会工作人才队伍建设——成长困境与反思》，《中国青年研究》2013 年第 1 期，第 36—40 页。

④ 徐道稳：《社会工作者继续教育制度研究》，《广东工业大学学报》（社会科学版）2012 年第 6 期，第 5—11 页。

* 本节内容发表于《社会建设》2017 年第 2 期。

为独立的学科门类。① 而中国农村社会工作的发展也同样面临被边缘化的问题。目前国内进行的专业社会工作研究和实践，也受到西方主流社会工作发展的影响，重点关注城市专业社会工作的发展。农村社会工作不仅研究文献缺乏、理论视角缺乏和工作方法单一，而且存在承认问题——农村社会工作尚未获得政府和社会的广泛承认。② 高校课程设置和专业研究方向主要集中在城市社会工作上，仅有部分农业高等院校开设了农村社会工作课程，开展了农村社会工作的研究和教学工作。但是，培养出来的农村社会工作人才最终都流向了城市，不愿走进农村基层开展专业的社会服务工作，农村社会工作人才匮乏也是当前农村社会工作发展面临的主要困境之一。中国是一个多民族的国家，少数民族的情况比较复杂，居住相对分散，问题也表现为多元化，既有个别问题，也有族群问题；既有经济问题，也有政治方面的问题；既有生计发展问题，也有文化保持和文化适应性问题。③ 与国际民族社会工作发展相比，我国的民族社会工作发展相对滞后，对这些领域的问题关注不足，理论和方法匮乏。

中国乡村社会是一个"家国同构"的完整体系，士绅作为一种缓冲力量，在国家与农民的关系体系中起重要作用，是"士绅操纵"的村庄权力结构。④ 晚清以前由国家、士绅、农村构成三元格局，在这样的三元格局当中，士绅成为连接国家和农民的中间阶层。⑤ 清代，地方政治制度的基本事实是，在成文制度方面，国家行政权力的边陲是县级；县以下实行以代表皇权的保甲制度为载体，以体现族权的宗族组织为基础，以拥有绅权的士绅为纽带而建立起来的乡村自治政治。⑥ 加之传统中国一直是个农业国，其经济基础是自给自足的小农经济，其社会结构特征是以生活和生产相重合

---

① 张和清、杨锡聪、古学斌：《优势视角下的农村社会工作——以能力建设和资产建立为核心的农村社会工作实践模式》，《社会学研究》2008 年第 6 期，第 174—193 页。
② 王思斌：《走向承认：中国专业社会工作的发展方向》，《河北学刊》2013 年第 6 期，第108—113 页。
③ 王思斌：《民族社会工作：发展与文化的视角》，《民族研究》2012 年第 4 期，第 1—7、107 页。
④ 黄宗智：《华北的小农经济与社会变迁》，北京：中华书局，2000，第 210—230 页。
⑤ 史铁尔：《农村社会工作》，北京：中国劳动社会保障出版社，2007，第 153 页。
⑥ 于建嵘：《岳村政治——转型期中国乡村政治结构的变迁》，北京：商务印书馆，2004，第315 页。

的家庭为单位，以家族、亲友、邻居为生活共同体。这种生活方式和文化价值难以发育出专业意义上的具有"利他主义"的社会工作。[①] 没有农村社会工作存在的社会基础，农村社会主要是通过村民亲友或邻里实现互助，解决问题。然而，到了民国时期，中国的农村社会工作发展迅猛，出现了以晏阳初等为代表的"农村社会工作者"。据统计，20 年代末 30 年代初，全国从事乡村建设工作的组织有 600 多个，设立的实验区多达 1000 处。[②] 因为战争等原因，这些乡村建设实践虽然失败了，但是意义深远。

1949 年以后，政府成为"全能政府"，包揽所有的农村社会工作，甚至在某种程度上制约中国农村工作的专业性发展。直到 20 世纪 90 年代初，"总体性社会"开始发生变化，[③] 国家 – 社会慢慢开始不再重合，民间社会力量逐步发育，农村社会工作有了发展的空间。从发展现状来看，农村社会工作取得了显著的成绩。中国社会工作步入了一个快速发展期，专业化、职业化和制度化的进程取得了长足发展。农村社会工作作为社会工作体系的重要组成部分，和城市社会工作相比，其发展在覆盖面、专业化、职业化等方面严重滞后，而当前农村地区存在的留守儿童、留守妇女、留守老人以及教育、文化、卫生等社会事业的衰败问题，急需专业社会工作的介入和干预。[④]

自 2001 年以来，中国农村社会工作也一直处于实践和探索中，相继出现了"湘西模式"[⑤]、"万载模式"和"云南模式"[⑥]，有学者将这三种模式

---

① 王思斌主编《社会工作概论》（第二版），北京：高等教育出版社，2006，第 7 页。

② 郑大华：《民国乡村建设运动》，北京：社会科学文献出版社，2000。

③ 孙立平：《转型与断裂：改革以来中国社会结构的变迁》，北京：清华大学出版社，2004。

④ 李伟、张红：《中国农村社会工作专业性和行政性的双重悖论研究》，《社会工作》2012 年第 8 期，第 10—15 页。

⑤ 湘西模式：为了探索农村留守人员社会服务模式，长沙民政职业技术学院早在 2004 年就已深入湖南湘西翁村（化名），以社区治理为视野、以社会工作方法为方法、以城乡公平贸易为平台，采取文化引导，以社会工作服务站为载体、以生态合作社为基础，重建农村社会互帮互助支持网络，开创了农村社会工作实践的"湘西模式"。参见史铁尔、蒋国庆《社区营造视野下的农村留守人员社会工作服务》，《中国社会工作》2014 年第 2 期，第 17—18 页。

⑥ 云南模式：为了探索中国农村社会工作的理论与实务模式，回应"三农"问题，从 2001 年 3 月开始，借助基金会的支持，在云南省师宗县人民政府的协助下，香港理工大学和云南大学社会工作专业的师生选择滇东北少数民族行政绿寨作为项目点，并推动了名为"探索中国农村社区发展的能力建设模式——以云南为例"的行动研究计划，被称为"云南模式"。参见张和清、杨锡聪、古学斌《优势视角下的农村社会工作——以能力建设和资产建立为核心的农村社会工作实践模式》，《社会学研究》2008 年第 6 期，第 174—193 页。

分别概括为"高校实习"、"行政打造"和"项目运作"。毫无疑问,三种模式既有区别,又有联系。整体而言,三种模式都具有服务农村和农民的取向和效果,都脱离不了一定的社会条件。其不同也异常明显,从政府的介入和参与者来看,"高校实习""项目运作"都是专业社会工作者在运作。从社会工作实践的范围来看,"高校实习"和"项目运作"都是微观取向的,尤其是以村庄为重心,而且限于几个村庄,覆盖有限。与此相反,"万载模式"则是依靠行政推动,覆盖面积大,影响范围更广,但是很难深入。[1] 当然,这些模式各有优势,但是以专业的乡村工作理念和方法做参照来看的话,当前农村社会工作发展的确存在如下一些问题。

(一) 与城市社会工作相比,农村社会工作研究和实践严重滞后

从理论上讲,中国农村的综合发展远远落后于城市,农民面临的生存压力和各种困境更大,各种社会需求也更多,更需要社会工作的介入。但事实上,无论是政府部门还是社会工作机构,目光更多的是投射在城市而不是农村。[2] 社会工作在城市已经得到快速发展,然而我国农村社会工作还处于起步或探索阶段。同样,通过查阅西方社会工作的相关研究文献,发现有关农村社会工作的研究内容也不是很多,主要的文献有 Ginsberg,[3] Martinez – Brawley,[4] Scales & Streeter,[5] Lohmann & Lohmannt 和[6] Collier[7] 的著作。在中国,相对城市社区而言,农村的社会工作显得非常滞后,而且当前的研究成果也极为有限。目前,国内以"社会工作"命名的专业性学术期刊仅有《中国社会工作》、《社会工作》和《社会工作与管理》3 本,而

---

[1] 民政部社会工作司编《农村社会工作研究》,北京:中国社会出版社,2010,第 194—196 页。

[2] 文军:《当代中国社会工作面临的十大挑战》,《社会科学》2009 年第 7 期,第 66—70 页。

[3] Ginsberg, L. H. (ed.), *Social Work in Rural Communities: A Book of Readings* (New York: Council on Social Work Education, 1976).

[4] Martinez – Brawley, *E. E. Seven Decades of Rural Social Work: From Country Life Commission to Rural Caucus* (Westport CT: Praeger Publishers, 1981).

[5] Scales, T. L. & C. L. Streeter, *Rural Social Work: Building and Sustaining Community Assets* (Belmont, CA: Thomson Learning, 2003).

[6] Lohmann, N. & R. A. Lohmann, *Rural Social Work Practice* (New York: Columbia University Press, 2005).

[7] Collier, K., *Social Work With Rural Peoples* (Vancouver: New Star Books, 2006).

以"农村社会工作"命名或专门刊登农村社会工作研究成果的期刊为 0。农村社会工作的教材仅有 5 本，而且内容重复，缺乏创新，理论缺乏本土化，同时也缺乏与国际专业社会工作的交流。"农村社会工作"的定义也各有不同。笔者认为，张和清的定义虽然比较冗长，但是理解还是挺到位的。他认为，专业社会工作者和实际社会工作者（政府或准政府农村社会工作者）合作，以村庄为基础，持守社会公正、社会关怀和真诚信任的伦理情怀，以重建政府与农民的信任关系和农民的自信心、自尊和权利意识为根本宗旨；通过与村民的同行、广泛参与和增能，倡导政府的社会政策改变或使政策更符合农民的真实需求，减少社会冲突，维护农村社会稳定；通过村民合作组织的发育，达到村民团结互助，以共同应对市场压力；通过非正规教育和医疗保健等项目的推行，村民可以获得与其生活相关的知识，提高他们应对社会变迁的能力；通过对村民提供个人、家庭、小组等直接支持服务，改善他们的人际关系和沟通能力，以适应社区重建的需要，最终实现可持续发展能力建设的目标。①

（二）仍然沿袭单一视角分析农村社会问题

纵观当前非政府组织在农村实施社会工作的过程，每个机构都有所侧重，而且各个主题都相互分离，没有形成系统的、有机的整体发展观。当然，"以问题导向"的乡村建设运动的推动者晏阳初也曾遭到学者的批判。有学者认为，作为近代乡村运动的旗手，晏阳初则是把目标瞄准了中国乡村社会，所有农民都患上了他凭借理性所诊断出来的"愚、穷、弱、私"这四大疾病，因此需要发动整个社会的力量对此加以诊治。这种思考乡村和描写乡村的模式在影响中国近代以来民众看待乡村社会的眼光，"可以说这是一种医生的眼光，是一种容不下一点病菌和疾患的眼光"。② 事实上，晏阳初抓住了农村社会中的主要问题，他不是从单一视角去看待农村问题，而是一直强调"四大问题"之间的关联和统一。和晏阳初同时代的社会学家孙本文也认为，应视农村为整个不可分割的社会团体。农村建设就是这

---

① 张和清：《农村社会工作》，北京：高等教育出版社，2008，第 34 页。
② 赵旭东：《乡村成为问题与成为问题的中国乡村研究——围绕"晏阳初模式"的知识社会学反思》，《中国社会科学》2008 年第 3 期，第 110—117 页。

整个农村社会生活的建设，农村社会生活主要问题有四种，即农村经济问题、农村教育问题、农村组织问题与农村卫生问题。农村建设的主要工作，就是同时推进并解决这四种问题。① 现在许多民间组织更多的是结合自身的组织使命和宗旨，侧重某一方面的问题，例如卫生，或教育，或生计等。总之，限于财力和组织的使命，这些组织都过于强调农村社会问题的一个方面，而忽视解决与此方面有关联的其他问题。这样导致的结果是对于农村社会问题把握不够全面，最重要的是，这种孤立研究和解决问题的方式对整体复杂的农村系统也是不可取的。

（三）机械套用西方的社会工作方法，导致"文化识盲"

西方国际非政府组织所提倡的"人人参与的社会工作方法"只是一个理想类型。在当前农村人口结构变动的情况下，这种发展理念在急剧转型的中国农村社会中遇到前所未有的挑战。由于项目是"外生"的，从村庄回应的角度看，村内动员的意图和机制恰恰意在调动村庄既有的社会资源，增强村庄的内聚力，维护村庄内部的整合和团结，以规避项目可能带来的风险。② 然而在现实中，地方性知识应对发展话语的手段多种多样，它具有改变、形塑甚至摧毁发展话语的能力。③ 显而易见，国际发展项目要在中国农村场域中运作，必须审视在实践中出现文化识盲（cultural illiteracy）的原因。除了需要细致理解村落文化的内涵和运作，敏感觉察地方性村落文化的重要性之外，更加需要自我反思专业知识的盲点和陷阱，只有这样才能够真正理解村民的行为规范。在此基础上，专业的"助人自助"之道、之技，才会行之有效。④ 因此，全新投入的志业所代表的是，行动不能与反省

---

① 孙本文：《孙本文文集》，北京：社会科学文献出版社，2012，第72页。
② 折晓叶、陈婴婴：《项目制的分级运作机制和治理逻辑》，《中国社会科学》2011年第4期，第126—148页。
③ Grillo, Ralph D., "Discourses of Development: The View from Anthropology," In *Discourse of Development: Anthropological Perspectives*, Edited by Ralph D. Grillo and Roderick L. Stirrat (Oxford and New York: Berg, 1997). Pigg, Stacy Leigh, "Inventing Social Categories through Place: Social Representations and Development in Nepal," *Comparative Studies in Society and History* 34 (1992).
④ 古学斌、张和清、杨锡聪：《专业限制与文化识盲：农村社会工作实践中的文化问题》，《社会学研究》2007年第6期，第161—179页。

割裂，反省是行动中不可或缺的。① 有学者曾在西南民族贫困地区发现，西方的参与式扶贫模式在中国的实践过程中没有改变已有的扶贫体系，而是被已有的扶贫体系改变了。② 在过去二十多年里，社会工作是嵌入实际的社会服务之中并得到发展的。社会工作嵌入性的依附性功能有两个方面的含义：一方面，在与政府等部门合作中，社会工作专业群体处于次要地位，他们所承担的任务是辅助性的，功能的表现是依附性的；另一方面，在服务功能的表达上，社会工作的作用常常被置于次要的地位，其作用有时只是被提及，③ 由此造成了国际非政府组织"被动性入场"和"依附性运作"的双重特征。④ 尝试用社会工作的方法进入农村社区，虽然取得了一定的成果，但是仍然有许多问题，例如"文化盲识"和"参与表象"。⑤

（四）缺乏长期的、系统的跟踪性实验研究

晏阳初提倡，要实现民族再造的使命而创造的改造生活的教育，断不能不深入乡间，从农民实际生活里去找问题、找材料、求方法来研究实验，否则坐在都市的图书馆里讲农村教育，那就等于闭门造车。⑥ 另外，研究实验有如下几个原则。一是基础性。农村生活问题非常复杂，不能应有尽有，都去研究实验，所以要选择有基础性的来研究实验。二是实用性。若某种问题虽然在学术上有研究价值，但与老百姓的实际生活是无关系的，就用不着研究。所以问题必须要有实际性，然后研究实验的结果才可以应用到民间去。三是普遍性。为研究实验的便利，总要有一个小区域，可是它不是为一个特殊的区域而研究实验的，乃是为研究实验之结果可以推广到全

---

① 〔巴西〕保罗·费雷勒：《受压迫者教育学》，方永泉译，台北：巨流图书公司，2003，第85页。

② 杨小柳：《地方性知识和发展研究》，《学术研究》2009年第5期，第64—69页。

③ 王思斌：《中国社会工作的嵌入性发展》，《社会科学战线》2011年第2期，第206—222页。

④ 郭占锋：《被动性"入场"与依附性"运作"：对一个国际NGO在中国工作过程的社会学分析》，《中国农业大学学报》（社会科学版）2012年第1期，第51—60页。

⑤ 古学斌、张和清、杨锡聪：《专业限制与文化识盲：农村社会工作实践中的文化问题》，《社会学研究》2007年第6期，第161—179页；郭占锋：《走出参与式发展的"表象"》，《开放时代》2010年第1期，第130—139页。

⑥ 晏阳初：《平民教育概论》，北京：高等教育出版社，2010，第173—175页。

国各个农村。所以研究实验的问题及其解决的方法都要有普遍性。① 就农村社会工作实践和研究现状来看，要么是以高校的短期实习为主，要么是主要以项目的形式出现，但是最终由于时间太短或者覆盖面小，不具有晏阳初所谓的"普遍性"和"代表性"。这种缺乏系统、长期的跟踪研究与实践是很难推动农村社会工作领域不断转向深入化和专业化的。

（五）对农村社区和农民群体的文化缺乏深入研究

美国社会工作者认为，农村地理位置偏僻以及农民居住分散，服务分散的农村社会工作者同样需要了解乡村社区的运作，并且必须具备在该社区的价值观和结构中工作的能力。② 农村社会工作是相对于城市社会工作而言的，作为以农村社区为活动舞台的社会工作领域，虽然具有社会工作的共性，也可以借助城市社会工作的价值理念、方法、技巧等开展工作，但农村社会工作也有自身的独特性。一是以特定的农村社区为基础。社区生活的中心地位要求乡村地区的社会工作以社区为中心，而不是以问题或个案服务为中心。③ 因为相对城市社区而言，农村社区是以地缘为纽带、以农业生产为基础，基本是由同质性劳动人口组成的社会结构简单、人口密度较低的地域社会。④ 二是服务对象的特殊性。农村社会工作以农民为服务对象，包括在城市中流动的农民工。农民是特殊的群体，内心复杂多变，需要特别关注和研究。⑤ 费孝通晚年也极力提倡农民心理研究，他认为，"精神世界"作为一种人类特有的东西，在纷繁复杂的社会现象中具有某种决定性作用；忽视了精神世界这个重要的因素，我们就无法真正理解人、人的生活、人的思想、人的感受，也就无法理解社会的存在和运行。我们鼓励社会学者和学习社会学的学生，把一定的精力投放到这方面的探索和研

---

① 晏阳初：《平民教育概论》，北京：高等教育出版社，2010，第173—175页。
② 〔美〕法利·O. 威廉姆、〔美〕拉里·L. 史密斯、〔美〕科特·W. 博伊尔：《社会工作概论》（第九版），隋玉杰等译，北京：中国人民大学出版社，2005，第382页。
③ 〔美〕莫拉莱斯、〔美〕谢弗：《社会工作：一体多面的专业》，顾东辉等译，上海：上海社会科学出版社，2009。
④ 程贵铭：《农村社会学》，北京：中国农业大学出版社，2006，第129页。
⑤ 张和清：《农村社会工作》，北京：高等教育出版社，2008，第34页。

究中。① 就当前农村社会工作本身来说，主要从农村发展项目的运作实践中去发现农村社区社会工作过程中存在的问题，重点从文化冲突、项目中的不同利益主体之间的权力关系和利益关系，以及不同农民群体的参与程度进行解析。

第四节　中国农村社会工作的发展契机与前景展望

农村的发展越来越重要，"三农"问题是关乎国家发展的战略，有农村的长远发展，才有国家的整体发展。在梁漱溟看来，乡村建设绝不是一项孤立的事业，而必须与中国的工业、国防、科学技术等相协调而发展。在以农业立国的中国，发展农业、建设乡村、繁荣乡村，固然是最起码的目标，却不是最终的目的。因为在他看来，"中国兴亡系于中国能否工业化"，② 只有实现中国的工业化，中国才能最终走向繁荣富强。③ 这种思想与现在国家以农业为本的发展思想是吻合的。正如孙本文认为，应当充分利用政治力量来促进农村社会建设，而不是仅仅依靠公私机关主持办理。④ 加之快速的农村转型在某种程度上拓展了农村社会工作的工作领域，使越来越多的社会问题备受关注。例如，当前农村青壮年劳动力大量流入城市，农村剩余人口结构出现失衡，农村留守妇女、留守儿童、留守老人的问题不断增多，这些都是伴随农村社会转型而出现的新问题，这些新问题的出现也为农村社会工作者提供了广阔的工作空间。

（一）农村社会工作的重要性已经在国家层面得到认可

进入 21 世纪以来，中国社会工作迎来了新的发展机遇，社会工作由教育研究阶段步入制度性建设阶段，农村社会工作也以此为契机获得了长足发展。2006 年 10 月，中共十六届六中全会在《中共中央关于构建社会主义

---

① 费孝通：《试谈扩展社会学的传统界限》，《北京大学学报》（哲学社会科学版）2003 年第 3 期，第 5—16 页。

② 梁漱溟：《梁漱溟全集》（第 5 卷），济南：山东人民出版社，1992，第 579 页。

③ 梁漱溟：《梁漱溟全集》（第 5 卷），济南：山东人民出版社，1992，第 417 页。

④ 孙本文：《孙本文文集》，北京：社会科学文献出版社，2012，第 72 页。

和谐社会若干重大问题的决定》中提出了"建设宏大的社会工作人才队伍"的战略部署，这是中国社会工作发展史上的重要转折；2010 年中共中央、国务院发布的《国家中长期人才发展规划纲要（2010—2020 年)》将社会工作人才作为国家重点发展的六类人才之一，确立了社会工作人才在国家人才发展大局中的重要地位，这是中国社会工作发展史上的重大事件；2011 年 10 月，中央 18 部委和群团组织发布的《关于加强社会工作专业人才队伍建设的意见》，进一步推进了社会工作在中国的发展；2012 年 3 月，中央 19 部委和群团组织发布的《社会工作专业人才队伍建设中长期规划（2011—2020 年)》，是中国专业社会工作发展的纲领性文件，是中国专业社会工作发展史上的里程碑，其发布实施奠定了中国专业社会工作发展的制度基础。2006 年以来，民政部、人事部本着"评用结合、识才用才"的思路，陆续颁布了《社会工作者职业水平评价暂行规定》、《助理社会工作师、社会工作师职业水平考试实施办法》、《社会工作者职业水平证书登记管理办法》和《社会工作者继续教育办法》等专项政策，初步形成了系统化的职业水平评价与管理制度，提升了社会工作人才队伍建设的标准化、规范化程度。[1]

（二）城乡统筹背景下农村社区形态发生转化，更需要农村社会工作的介入

伴随年轻劳动力大量向城市转移，老弱妇孺病残者"留守家园"，社区服务严重滞后，失去了对年轻有知识的农民的吸引力。[2] 为此，《中共中央关于构建社会主义和谐社会若干重大问题的决定》（2006 年）明确提出"积极推进农村社区建设，健全新型社区管理和服务体制，把社区建设成为管理有序、服务完善、文明祥和的社会生活共同体"。民政部从 2007 年起在全国范围内先后选择了 304 个农村社区建设实验县（市、区），社区建设和社区服务正式由城市推向了农村。农村社区建设不仅是旨在构建与农村社区和社会的分化、开放相适应的新型社区或社会生活共同体，促进农村

---

[1]　柳拯、黄胜伟、刘东升：《中国社会工作本土化发展现状与前景》，《广东工业大学学报》（社会科学版）2012 年第 4 期，第 5—16 页。

[2]　詹成付、王景新：《中国农村社区服务体系建设研究》，北京：中国社会科学出版社，2008，第 2 页。

社区内部的融合，也是为了推进城乡之间及整个社会的一体化，实现整个社会的有机团结和社会融合。① 最为关键的是，农村社区建设必须从农村社区服务抓起，而且这种服务形态是政府公共服务与农民自我服务相结合。② 截至目前，农村社区建设工作已经在全国范围内陆续展开，并且出现了"一村一社区"、"一村多社区"、"多村一社区"、"集中建设社区"和"社区设小区"等诸多模式。③ 从总体上看，经济发达的东部省份在农村社区建设方面成效显著，④ 有力地促进了城乡一体化发展。但是这些农村社区化建设都取决于当地优越的地理条件和村域经济以及城市化、工业化的直接带动。当然，不可否认的是，经济条件相对落后的江西省山区农村，结合当地人文地理条件，以自然村落为建设单位，充分动员村落社区的多种社会资源，在农村社区建设实践中取得了明显的效果。⑤ 毫无疑问，农村社区在快速发展过程中出现的社会问题离不开农村社会工作的介入，而且农村社会工作将在农村社区发展与转型中发挥越来越重要的作用。

（三）创新农村社会治理离不开农村社会工作的参与

"作为政府管理社会系统的新探索，社会治理是政府自我完善的过程，也是社会管理系统的进化过程。可以用新社会进化论理论分析社会治理体制的创新。社会工作在参与社会治理中可以在四个方面发挥协同作用，社会工作的参与治理是服务型治理。"⑥ 当前，农村改革发展的新形势、新任务要求必须进一步探索在群众工作中引入社会工作的理念和方法，大量吸收社会工作专业人才进入农村社会服务领域，充分发挥他们的专业优势，

---

① 徐勇：《阶级、集体、社区：国家对乡村的社会整合》，《社会科学战线》2012年第2期，第169—179页。
② 项继权：《农村社区建设：社会融合与治理转型》，《社会主义研究》2008年第2期，第61—65页。
③ 潘屹：《家园建设：中国农村社区建设模式分析》，北京：中国社会出版社，2009，第107—128页。
④ 叶继红：《城市新移民的文化适应：以失地农民为例》，《天津社会科学》2010年第2期，第62—65页。
⑤ 潘屹：《家园建设：中国农村社区建设模式分析》，北京：中国社会出版社，2009，第107—128页。
⑥ 王思斌：《社会治理结构的进化与社会工作的服务型治理》，《北京大学学报》（哲学社会科学版）2014年第6期，第30—37页。

对于密切党同人民群众的血肉联系、夯实党的执政基础、提高党的执政能力至关重要。[1] 由此可见，农村的发展离不开社会工作，无论是强化政府社会管理和公共服务职能，还是承接各类单位剥离的社会职能，都离不开发达的社会工作和高素质的社会工作人才。[2] 农村社会工作的介入和有效运转，为农村社会管理提供了良好的途径和有效的方法，从而进一步促进农村社会的稳定与有序发展，更加有利于实现构建社会主义和谐社会的宏伟目标。[3] 农村社会工作的发展不仅有助于解决乡村治理的难题、提升基层政府官员公共服务的能力，而且可以促进社会工作理论的创新以及加快高校社会工作专业的发展。[4] 由此可见，农村社会工作的方法为农村社会管理创新提供了丰富的"养料"，同时可以促进农村社会管理模式的根本性变革。

（四）助力扶贫济困，农村社会工作在"精准扶贫"中可发挥重要作用

党的十八大以来，党中央、国务院将扶贫工作提到了前所未有的高度，党和国家领导人在多个场合强调扶贫脱贫对全面建成小康社会的重要意义，而"精准扶贫"则是其中最核心的理念和举措。同时，《中共中央、国务院关于打赢脱贫攻坚战的决定》中指出"要广泛动员社会力量，合力脱贫攻坚"，要"实施扶贫志愿者行动计划和社会工作专业人才服务贫困地区计划"，这又为农村社会工作的发展创造了新的发展机遇和空间，扶贫将贯穿农村社会工作发展的全过程，而社会工作也将助推"精准扶贫"政策的高效实施。精准扶贫的关键在于"精"，即扶贫对象的核查要精准，扶贫政策的制定和实施要秉持精细化的工作理念，这样才能保证精准扶贫的效果，全面建成小康社会。社会工作作为一种专业的助人活动，可在精准扶贫中发挥重要作用。一是可以扮演资源链接者的角色。社会工作者可以协助贫

---

① 杨发祥、闵慧：《中国农村社会工作发展探析》，《福建论坛》（人文社会科学版）2011 年第 1 期，第 156—160 页。

② 李锦顺、黄乃文：《我国农村社会工作教育发展研究》，《教育与职业》2007 年第 21 期，第 171—172 页。

③ 陈成文、孙嘉悦、唐嵩林、张才安：《农村社会管理创新与社会工作研究》，《社会工作》2012 年第 1 期，第 15—19 页。

④ 戴利朝：《社会工作介入乡村治理的必要性和可行性分析》，《江西师范大学学报》（哲学社会科学版）2007 年第 5 期，第 104—110 页。

困人口和贫困社区培育和激活他们内部的资源优势，实现资源整合和资源链接，为他们的发展提供社会资本。二是能力建设者。社会工作者可以为贫困者提供知识、技能和相应的资源支持，通过专业的方法帮助贫困人口进行自我能力建设，促进他们的自我发展。三是提高贫困对象识别的准确率，为其提供精准服务。社会工作的个案工作模式和社区照顾模式等，可以有效实现贫困对象准确识别和定位，并为服务对象提供精准的服务。社会工作始终强调从需求出发为服务对象提供服务，注重在动态过程中评估服务对象的需求变化，这无疑为精准扶贫政策的有效实施提供了保障。

第五节 小结

前文回顾和总结了中国农村社会工作的历史发展脉络，分析了当代农村社会工作发展与研究的现状，同时讨论了农村社会工作发展中存在的问题，最后指出当代农村社会工作在面临巨大挑战的同时，又迎来了历史性的发展机遇。总体而言，中国农村社会工作目前还处于探索阶段，与专业的城市社会工作相比，实务探索和理论研究相对缺乏，覆盖领域狭窄，专业化程度相对滞后，难以满足广大服务对象的社会需求。[1] 同时，中国社会工作的发展是一种"嵌入性"发展，其发展基本上是在政府主导下的专业弱自主嵌入状态，[2] 农村社会工作更是一种"外部嵌入式"的发展，尚未获得政府和社会的充分认可，还存在被边缘化和"缺乏承认"的问题。总之，农村社会工作在发展过程中仍然面临很多挑战，如理论研究匮乏、工作方法单一等。但是，这些挑战中又蕴含着巨大的发展机遇和发挥空间，农村社会工作可借此机会积极进行理论研究和实务探索，拓展农村社会工作领域，拓宽农村社会工作者的工作空间，力求在重点领域有所突破，形成独具中国特色的农村社会工作。

伴随农村社会工作发展契机的来临，在当前中央政府大力推进社会主

---

[1] 杨发祥、闵慧：《中国农村社会工作发展探析》，《福建论坛》（人文社会科学版）2011 年第 1 期，第 156—160 页。

[2] 王思斌：《中国社会工作的嵌入性发展》，《社会科学战线》2011 年第 2 期，第 206—222 页。

义新农村建设的历史时刻，在不断汲取西方发达国家社会工作发展理论与方法的同时，更要积极挖掘传统农村社会工作的价值，从晏阳初、梁漱溟等老一辈乡村社会工作实践者的工作理念和实践方法中汲取营养，推动我国农村社会工作快速发展，以促进城乡均衡发展。晏阳初先生的乡村社会工作理念在消化了西方社会工作价值观和工作方法的基础上，融合中国传统文化的许多元素，其学术对社会工作本土化的贡献至今意义深远，对当前农村社会工作研究和实践都有重要的借鉴意义。就这一层面而言，晏阳初先生的乡村工作理念和实践方法恰恰给农村社会工作研究者和实践者都提供了可参考的本土化路径。总之，社会工作是一种既具有一定的普遍性、共同性，又具有较强的特殊性、本土性的实践活动。[1] 近几年来，中国农村社会工作得到了迅速发展，但是困于效仿西方社会工作理论，中国农村社会工作本土化的理论研究处于相当薄弱的阶段。中国农村社会工作研究者和实践者想实现专业化和职业化水平，就需要强化理论自觉，将农村社会工作实践与理论研究紧密结合起来，并在实践中不断探索中国农村社会工作理论的研究范式和实践方法。

---

[1] 文军：《论社会工作理论研究范式及其发展趋势》，《江海学刊》2012 年第 4 期，第 125—131 页。

第三章　中国农村社会工作思想名家

　　一般认为，社会工作产生于西方发达的工业社会，社会工作的理论和方法都源于西方。从西方社会工作发展历史经验来看，理论发展对于社会工作发展具有非常重要的作用，但当前中国社会工作理论研究还非常滞后，同时又是在西方话语支配下发展的，缺乏中国本土的理论和研究方法。再加上中外国情和社会制度的差异，外来理论不可能完全满足本土社会工作发展的需要，本土理论研究滞后又将在一定程度上制约社会工作的发展。因此，建立和发展社会工作本土化理论显得尤为重要，而建立和发展本土化社会工作理论最重要的一项工作就是发掘传统社会工作的价值。实际上，中国在社会工作方面也有其贡献，如 20 世纪二三十年代，中国兴起了一场声势浩大的乡村建设运动，在提倡和参加乡村建设的人员中，既有一批进步的社会学家、经济学家、农业专家和有志青年，也有统治阶级改良派。在乡村建设旗号之下，有众多流派，如民众教育学派、村治派、农业技术改良派等，以梁漱溟为代表的乡村建设派也是其中一支重要的力量。"梁漱溟主持的乡村建设实验是以组织乡农学校为出发点的。他通过乡农学校把农民组织起来，培养农民形成关心并参与公共事务的新政治习惯和团体合作的精神，锻炼乡村自治组织的能力。同时，推行一些社会改良工作，如禁烟、兴办合作社等。"[①] 梁漱溟在乡村建设运动中，所提倡的"乡村自救"、"民主参与"、"自由"、"平等"和"以团体组织开展工作"等乡村工作理念，对乡村民众教育工作的贡献颇丰。同时，这些乡村工作思想与农村社会工作的价值观和工作方法有契合之处，对农村社会工作的伦理价值和工作方法有所启发。

----

　　① 　徐永祥、孙莹：《社区工作》，北京：高等教育出版社，2004，第 32 页。

本章试图从晏阳初、梁漱溟的乡村建设理论中挖掘农村社会工作思想，对其进行梳理和讨论，期望对探索当前我国农村社会工作发展、建设以及农村社会工作本土化理论有所裨益。其中涌现出几个代表人物，分别是晏阳初、梁漱溟、陶行知、李安宅、卢作孚、朱友渔和雷洁琼。他们的行动和主张都体现了农村社会工作不能硬搬西方社会工作理论和方法，我们需要做的是从他们的理论和实践中获取新的启示和经验，从而为当前农村社会工作探索之路做足准备，以强大的理论支撑和科学研究来指导行动研究与实践。

第一节　晏阳初农村社会工作思想[*]

早在 20 世纪二三十年代，晏阳初、梁漱溟等人开创的乡村建设运动，成为中国农村社会工作本土化的重要探索。[①] 尽管两人都是基于中国农村场域，以教育为手段，改造乡村，但由于所受教育、个人经历不同，晏阳初和梁漱溟在从事乡村建设的出发点方面存在明显的差异。晏阳初认为中国人患有"愚""穷""弱""私"的病症，因此他提出乡村整体教育、系统改造的道路。而梁漱溟则认为中国问题的实质是由外部引发的极严重的文化失调，因而从中国儒学文化复兴与重建的思想角度开展了乡村建设。[②] 与梁漱溟的乡村建设理念相比，晏阳初的乡村改造运动更具有丰富的实践性。雷洁琼认为应用社会学包括社会问题研究和社会工作，这里的社会问题研究不是指纯粹学理的研究，而是以解决问题为导向的研究，不只是对社会问题的研究，而是为了解决问题而进行的研究。[③] 近十年来，国内农村教育领域对晏阳初平民教育思想的研究成果不断出现。但是笔者认为，晏阳初的乡村工作理念同样十分重要，除了包含平民教育思想之外，更多的是乡村社会工作理念和实践结合体，至今对于我国农村社会工作教育有积极而

---

　*　本节内容发表于《社会工作》2012 年第 11 期，第 26—28 页，此处略有改动。

①　杨发祥、闵慧：《中国农村社会工作发展探析》，《福建论坛》2011 年第 1 期，第 150—160 页。

②　李文珊：《晏阳初梁漱溟乡村建设思想比较研究》，《学术论坛》2004 年第 3 期，第 129—132 页。

③　王思斌：《雷洁琼的社会工作思想与实践》，《社会工作》2004 年第 9 期，第 9—14 页。

深刻的现实意义。

一　晏阳初乡村社会建设理念

晏阳初先生在 20 世纪 80 年代对乡村社会工作做出系统性总结，核心理念主要体现在：深入民间；与平民共同生活，向平民诚心学习；共同计划，共同工作；要从他们所知开始，用他们已有来改造；强调表证与示范在农民相互学习过程中的作用，从实干中学习；注重统筹安排，系统发展，注重发扬而非救济，不主张迁就社会，而应该改造社会。① 从晏阳初的乡村工作信条中可以看出，晏阳初先生不愧为我国著名的农村社会工作者，在河北定县十年的乡村建设工作中摸索出了精辟而深刻的农村社会工作理念。这些乡村工作理念经过数十年的锤炼，已经得起实践的检验，至今对当前农村社会工作有十分重要的借鉴意义。晏阳初先生受西方社会工作价值观和工作方法影响比较大，他的乡村工作理念和工作方法与中国传统文化是紧密相连的，其本土化的贡献至今意义深远。

（一）中西融合的"新民本"思想

晏阳初的"深入民间"思想是"民为邦本，本固邦宁"传统民本思想的延续，当然，这种民本思想已经显然不同于古代统治阶级所提倡的民本思想，而是包括农民权利观的西方社会所推崇的民本思想。② 在当时特殊历史时期，他已经认识到农村社会工作对国家建设的重要战略作用，并强调强国必先富民，在世界任何国家都是如此。③ 即使到了今天，中国发展仍然离不开农村，当下"三农"问题同样对中国的整体发展有非常重要的影响。晏阳初能超越中国传统知识分子"学而优则仕"的认知，放弃城市的优厚待遇，从容奔赴当时条件极为艰苦的农村，将知识传播给农民，这种朴素的爱国精神至今影响当代的知识分子。

（二）"平等""参与"的工作理念

晏阳初提倡的"与平民共同生活，向平民诚心学习"以及"共同计划，

① 晏阳初、〔美〕赛珍珠著，宋恩荣编《告语人民》，桂林：广西师范大学出版社，2003。
② 冯天瑜、谢贵安：《解构专制——明末清初"新民本"思想研究》，武汉：湖北人民出版社，2003。
③ 宋恩荣编《晏阳初文集》，北京：教育科学出版社，1989。

共同工作"的思想是他对"上智下愚"的传统观念的突破。其中蕴含的
"平等""参与""民主"的思想无疑是传统民本思想与西方社会价值相结
合的产物。晏阳初在农村工作过程中,注重人格平等与机会平等,把平民
看作合作的对象,耐心地启发他们,调动其主动精神。尤其要将科学知识
与平民的地方性知识和具体实践相融合,在强调"平等"的同时,注重整
个工作过程中的"参与"。① 这其实就是西方社会工作中的"参与"(partic-
ipation)思想的中国化实践。"向平民学习"其实也包含农村社会工作的具
体方法,因为农村社会工作者大多数是外来人(outsiders),不熟悉复杂的
农村社区,因此,必须诚心向农民学习,向农民请教,这样才能建立信任
关系,便于开展农村社会工作。面对复杂多样的农村社会工作难题,晏阳
初强调,要先关注平民最迫切、最急需解决的问题,并从易理解的地方谈
起,进行改造与启发,提倡农业科学技术的简单化、实用化以及经济化,
只有如此才能被农民接受。同时要注意农民个体之间的信息传递模式,使
农民之间相互学习,即达到"以表证来教习,从实干来学习(Learning by
doing)"。②

(三) 系统整体的农村发展观

在某种程度上说,晏阳初是典型的社会有机体论者,他认为,社会是
一个有机整体。同样,农村社会工作要具备整体发展的视角,要通盘筹划,
不能局部、片面地去改造。③ 许多农村问题是交织在一起的,而且问题之间
有非常复杂的因果关系,需要用整体的(holistic)、系统的方法去解决。晏
阳初针对农村"愚""穷""弱""私"四大问题,并相应提出"四大教育"
(文艺教育、生计教育、卫生教育、公民教育)进行根治。晏阳初将农村社
会问题抽象为相互关联的"四大问题",并用整体的思路解决,而不是"局
部"解决。例如,面对农村贫困问题,原因可能纷繁复杂,就不仅仅是经
济收入低下,也可能是当地农业产业结构不合理、当地交通条件不便利等,
大都是这些因素交互作用的结果。这就要求农村社会工作者要有系统分析

① 晏阳初、〔美〕赛珍珠著,宋恩荣编《告语人民》,桂林:广西师范大学出版社,2003。
② 晏阳初、〔美〕赛珍珠著,宋恩荣编《告语人民》,桂林:广西师范大学出版社,2003。
③ 晏阳初、〔美〕赛珍珠著,宋恩荣编《告语人民》,桂林:广西师范大学出版社,2003。

问题的能力。只有准确认识问题，才能很好地解决问题。毫无疑问，当前新农村建设在某种程度上就是以农村为整体，进行全方位的建设和改造，使之适应国家整体社会经济的发展。

（四）以培育农民自我发展的能力为导向

当然，每个历史时期有不同的经济发展基础和社会文化基础，因此，社会的发展都离不开作为构成社会的个体的努力。知识分子作为先进理念的代表者，应该回到农村协助并培养农民的自我发展潜力和主人翁意识。[1]由此可见，农村社会工作离不开农民的参与，只有农民充分参与，才能取得良好的效果。很显然，晏阳初的"定县模式"是想真正探索乡村社会发展路径，同时寻找一种异中有同的乡村工作理念和方法。中国农村地域广阔，人文类型千差万别，当前农村社会工作同样需要继续探索出一种真正能促进乡村发展的工作思路和方法，为其他农村地区提供借鉴作用。

二　对当前农村社会工作的启示

近年来，随着西方社会工作的不断引入以及中国城市社会工作的持续推进，农村社会工作也紧随其后。但与城市社会工作相比，仅仅吸取城市社会工作的理论和方法是不够的，必须将西方特殊的社会工作理念和实践方法与农村社会特定的文化基础相融合，从这一点来看，晏阳初乡村社会工作理念能给当前农村社会工作教育提供一些重要的启示。

（一）培育良好的农村社会工作职业观

对农村社会工作专业的学生而言，尤其是中国农业高等院校的农村社会工作专业的学生，要认真学习晏阳初朴素的农村社会工作理念，树立正确的农村社会工作职业观，在国家新农村建设中展示自身的价值。随着中国城乡一体化的推进，农村社会工作领域越来越需要专业化的人才。作为一门助人专业，只有专业知识和技术而没有良好的价值取向、人格尊严和道德操守的社会工作者是不受欢迎的。[2]尤其对农村社会工作专业的学生而言，要转变就业观念，热爱自己的专业，潜心农村基层，虚心向农民学习，

---

[1]　晏阳初、〔美〕赛珍珠著，宋恩荣编《告语人民》，桂林：广西师范大学出版社，2003。
[2]　王思斌主编《社会工作概论》，北京：高等教育出版社，2003。

熟悉农村社区的文化权力关系、资源分配机制、邻里互助模式等都是非常重要的，同时要培养良好的职业伦理。《国家中长期人才发展规划纲要（2010—2020）》中明确提出，"社会工作专业人才成为了第六支独立的人才队伍"。由此可见，农村社会工作教育也已被纳入了国家人才发展的战略层面。伴随社会转型，农村社会问题不断出现，为农村社会工作者提供了广阔的舞台。

（二）树立成功本土化西方社会工作理念和方法的典范

农村社区不同于城市社区，因此用于解决城市社会问题的方法很可能不适合农村这个特殊的场域。农村社会工作专业的教师和学生必须不断探索，对于相应的城市社会工作理念和方法予以本土化。也就是说，在西方发达国家，也"没有什么与乡村社会实况完全相符的社会工作实务这样类型的社会工作"。[①] 晏阳初先生早已意识到农村社会工作不能硬搬西方社会工作理论和方法，一定要结合农村社区的实际状况和人文类型，使之符合中国特有的传统习惯。

由此可见，晏阳初为农村社会工作教育树立了成功本土化西方社会工作理论和方法的典范。直到今天，农村社会工作的理论研究和实践研究都非常少，这就需要农村社会工作领域的师生基于农村现实处境，在与农民不断互动的过程中，建构本土化的理论分析框架和实践操作方法。

（三）清楚农村社会工作者所担当的角色至关重要

在农村社会工作实践中，要让农村社会工作者以尊重农民人格及其知识系统为第一要务，要诚心倾听农民的心声，做到少说多听，认真听取不同阶层农民的观点，这是非常重要的。晏阳初先生在乡村改造运动中提倡的工作方法对于 20 世纪 80 年代末许多国际发展组织的工作方法影响很大，流行于国际农村领域内的参与式农村评估（Participatory Rural Appraisal, PRA）无不烙有晏阳初工作理念的影子。农村社会工作头绪万千，因此，作为外来者的农村社会工作者，要认清自己担当的角色。在农村社会工作过程中，农民的参与非常重要，农民是农村发展的主体，而农村社会工作者

[①] Rosalie Ambrosino, Joseph Heffernan, Guy Shuttlesworth, Robert Ambrosino, *Social Work and Social Welfare – an Introduction* (*Fouth Edition*) (Australia: Brooks/Cole, c2001k), p. 474.

只是协调者（coordinator），发挥协助的功能。只有充分认识到这一点，而后才能和农民构建双向互动机制，为开展农村社会工作实践奠定稳固的基础。

（四）以促进农民能力建设（capacity‐building）为发展宗旨

农村社会工作是一种社会服务，它的根本目的在于预防和解决农村中出现的社会问题，增进整个农村的社会福利，促进农村社会的进步。① 其实，笔者认为社区发展的主导性最终是掌握在村民手中的，并不是外在的"强制性参与"，要培养农民参与的自觉性。因此，我们应当走出参与式发展的"表象"，从国际发展机构本身特点入手，分析中间环节可能出现的问题，深层次探析社区的文化因素，以弥补当前反思的不足，从而探索农村发展中的主体——农民的"参与自觉"。② 总之，虽然时隔近九十年，晏阳初的乡村社会工作理念和实践方法依然值得农村社会工作领域内的师生不断学习和体会，他的农村社会工作学术思想和实践理念对当前农村社会工作具有重要的参考意义。

第二节　梁漱溟农村社会工作思想*

"梁漱溟把乡村民众教育作为改造中国社会的重要途径，注重教育对社会发展的能动作用，主张教育和社会紧密联系，学校教育和社会教育紧密结合，重视成人教育。"③ 同时，创办乡村组织，开办乡农学校，进行大规模的乡村民众教育，引进西方的"自由"和"平等"观念，倡导以团体组织形式开展工作，并身体力行地投身到乡村建设运动中去，自觉承担起改造落后中国的历史责任。从梁漱溟的乡村工作理念和实践经验可以看出，梁漱溟可以称得上是我国著名的农村社会工作者，他在山东邹平开展的乡

---

① 张乐天：《社会工作理论》，上海：华东理工大学出版社，2006。
② 郭占锋：《走出参与式发展的"表象"》，《开放时代》2010年第1期，第130—139页。
* 本节内容发表于《新西部》（理论版）2015年第14期和《山西农业大学学报》（社会科学版）2015年第11期，第1103—1107页，此处略有改动。
③ 杨孝容：《"创造新文化，救活旧农村"——略论梁漱溟乡村民众教育思想》，《西南民族大学学报》（人文社科版）2005年第4期，第361—364页。

村建设实验进一步深刻地阐释了他的农村社会工作理念。这些农村社会工作理念经过历史的沉淀和实践的检验，至今对我国当前农村社会工作的发展和建设具有重要的借鉴意义和参考价值。

一　乡村建设运动及其理念对农村社会工作本土化的影响

梁漱溟在坚持中国传统文化及伦理道德的前提下，引进西方的平等思想，开展的乡村建设运动和所秉持的价值理念，对农村社会工作本土化具有深远影响。

（一）创办"乡农学校"，开展乡村民众教育

"乡农学校，是梁漱溟实现他乡村建设理论的组织机构。这是一个集政治、经济、教育和军事于一体的组织，在这个组织中，既能使民众享受充分的民主，又可以为每个人提供平等受教育的机会。"[①] 梁漱溟认为中国找不到出路的根本原因是"极严重的文化失调"，要解决中国的问题必须从文化入手，而乡村是中国社会的基础，因此他认为"中国问题解决的动力在于知识分子与农民的结合，民众教育是使知识分子与农民上下通气的办法，乡村建设必须取道于民众教育，走民众教育以完成乡村建设是梁漱溟极为强调的"。[②] 这些乡学组织分别由学众、学长、学董以及教员组成，在这个组织中，"大家公开推选出来的领袖人物要起到楷模的作用，而团体事务的决策，是经过教育后素质有所提高的成员们集体表决的结果。梁漱溟的主要目的是想借此培养乡民们的主动精神与民主意识，为建造新的理想社会奠定良好的心理素质"。[③] 今天农村仍然是中国发展的根基所在，"三农"问题仍然是制约我国社会经济发展的一个重大社会问题。梁漱溟在当时的历史条件下就认识到了这个问题的严重性，并深入农村基层开展乡村建设运动，探索中国发展的出路。他开展乡村运动的理念、工作方法和实践经验，至今对农村社会工作的理论和实务都具有非常重要的理论价值和现实意义。

[①]　朱义禄：《梁漱溟乡村建设思潮评述》，《史林》1997 年第 4 期，第 46—53 页。

[②]　朱义禄：《梁漱溟乡村建设思潮评述》，《史林》1997 年第 4 期，第 46—53 页。

[③]　朱义禄：《梁漱溟乡村建设思潮评述》，《史林》1997 年第 4 期，第 46—53 页。

（二）倡导"平等"、"自由"、"以人为本"和"民主参与"的乡村工作理念

梁漱溟说："从《村学乡学须知》就可以看出村学乡学的团体里，每一个知识分子都为有力的参加。所谓'须知'，就是说应当认识各自的义务；尽其义务，对团体生活为有力的参加，完全是义务论，伦理观。"① 由此可见，梁漱溟已经将其所倡导的"知识分子与乡村居民打并在一起"的思想付诸实践，倡导知识分子与农民在乡村建设过程中是一种平等的关系，每个人都对组织负有义务和责任，不存在传统观念中的"等差"。"由于期望团体中的每个人都能尽量地发展他的个性，发挥他的长处，如不给以自由，将妨碍他个性的发展，且社会的进步，团体的向上，必从个人的创造而来；从此意思，团体必须给个人自由。"② 所以，他还倡导在团体生活中团体应该赋予个人自由，这样既能促进个人潜能的发挥，又能促进团体向上发展。他还指出了如何处理团体组织与个人自由之间的关系，即"个人一定要尊重团体，尽其应尽之义；团体一定要尊重个人，使得其应得之自由平等"。③ 梁漱溟在乡村建设运动中所倡导的"自由"、"平等"和"民主参与"的乡村工作理念，对当前我国开展农村社会工作建设具有非常重要的启示意义，尤其是对在农村社区开展实务工作的一线社会工作者具有很强的理论指导意义。

（三）通过乡约来规范乡村社会秩序，重构乡土社会

"传统的乡约分为四大纲领：德业相劝，过失相规，礼俗相交，患难相恤。其中每一项都包含许多条目，如第四项包含重要的条目有七：一是水火（遇有水火之灾，大家相救）；二是盗贼（土匪来了，大家联合自卫）；三是疾病（遇有瘟疫疾病，大家扶持）；四是死丧（死丧事情要彼此帮忙）；五是孤弱（无父母之子女大家照顾）；六是诬枉（打官司冤枉者大家代为申冤）；七是贫乏（无衣无食者大家周济之）。"④ 但梁漱溟在进行乡村建设

① 梁漱溟：《乡村建设理论》，上海：上海人民出版社，2011，第148页。
② 梁漱溟：《乡村建设理论》，上海：上海人民出版社，2011，第161页。
③ 梁漱溟：《乡村建设理论》，上海：上海人民出版社，2011，第160页。
④ 梁漱溟：《乡村建设理论》，上海：上海人民出版社，2011，第172页。

时，选择性继承了传统乡约中的精华部分，同时对其进行了改造，并注入新的思想，如他将"消极的彼此顾恤，变成积极的有所进行，即是说不等到患难来了再去相恤，而是要提前预防此种事情的发生。同时认为，乡约组织不可以借政治的力量来推行，至少他是私人的提倡或者社会团体的提倡，以社会运动的方式来推行，政府只能站在一个不妨碍或间接帮助的地位，必不可以政府的力量来推行"。① 在乡村建设运动中梁漱溟通过实施乡约来规范乡村社会秩序，并鼓励邻里之间互助，对弱势人群实施救助和人文关怀，帮助弱势人群恢复发展能力，重构弱势人群的社会支持系统和乡村社会礼俗，以达到重建乡土社会的目的。

（四）以培养农民自我发展能力为导向的乡村教育实践

"乡村问题的解决，一定要靠乡村里的人；如果乡村里的人自己不动，等待人家来替他解决问题，是没这回事情的。乡村问题的解决，天然要靠乡村人为主力。我们组织乡村的意思，就是要形成这解决问题的主力。"② 但是光靠乡村人为主力是不够的，"亦必须靠有知识、有眼光、有新的方法、新的技术的人与他合起来，方能解决问题"。③ 梁漱溟主张在进行乡村民众教育实践过程中，要注重引导和开发农民的自主性，以农民为发展主体，知识分子在民众教育过程中起到辅助性的引导作用，与农民进行合作，帮助他们提出问题、商讨办法、鼓励实行，让乡村人发生自觉，并为他们创造齐心协力解决问题的机会，激发他们的潜能和开发他们的智慧，以培养他们的自觉能力和自我发展能力。中国当前的农村社会问题依旧复杂，其解决仍需要农民积极发挥自主性，在政府和社会组织的引导下创造性地解决农村自身发展的问题。梁漱溟所进行的乡村建设实践经验和成果对于当前中国新农村建设具有可供借鉴的理论价值和现实意义。

关于梁漱溟的乡村建设理论，有学者认为，这一理论主要包括开展乡村互助运动以及文化建设等内容。④ 而笔者认为，除了包含上述内容以外，

---

① 梁漱溟：《乡村建设理论》，上海：上海人民出版社，2011，第181—184页。
② 梁漱溟：《乡村建设理论》，上海：上海人民出版社，2011，第199页。
③ 梁漱溟：《乡村建设理论》，上海：上海人民出版社，2011，第199页。
④ 邓兆洲、曾宪军：《梁漱溟乡村建设理论对我国新农村建设的启示》，《重庆工学院学报》（社会科学版）2009年第12期，第105—109页。

从社会工作的专业角度出发，这一理论还蕴含了不少农村社会工作的思想和理念，具体可以从以下五个方面进行体现。

1. 对以情义为核心的伦理关系的重视

梁漱溟非常看重人与人之间的情分，他认为，"伦理关系即是情谊关系"。这种关系通过义务调节而得以保持，[1] 且常以对方为主来进行考虑。[2] 也就是说，在我们的日常生活中，人与人之间具有一种互相帮助的责任和义务。而作为一个有情分的人，我们应该为自己身边的其他人多做考虑。正如我国传统社会所倡导的"一切相与之人，莫不自然，互有应尽之义"等思想一样。而这里所讲的伦理关系，其实就是一种情谊关系，一种人与人之间的义务关系。[3] 除此之外，如果对梁漱溟所讲的这一伦理关系进行进一步推敲便会发现，在梁漱溟眼里，不仅周围人对于我们具有这种负责任的义务，我们对于他人也同样具有这种义务。社会工作向来讲究助人自助，而助人是自助的开端，自助是助人所要达到的最终目的和结果。因此，重视这种以情义为核心的伦理关系，不仅是社会工作专业极具人文关怀的体现，也有助于村民进一步认识到这种人与人交往过程中所体现出的关心与帮助，理应是相互的，而不是单一进行的，这对于整个地区的和谐稳定发展也是大有裨益的。这就要求社会工作者在自己的工作中不断身体力行地发扬这一精神。而梁漱溟用"伦理本位，职业分途"思想对我国社会组织结构所进行的分析与理解，也是有其独到之处的。[4] 这种对民风民情的充分考虑在实际农村社会工作的开展过程中，也是非常值得推崇和借鉴的。

2. 无差别的职业分途观的深入剖析

在梁漱溟看来，中国社会其实并不存在经济以及政治上的阶级对立。每一种具体的职业只不过是社会构造中的一个组成部分而已。这便是所谓的"职业分途"。[5] 不同劳动生产者通过不同方式进行生产，这只是一种职

---

① 陈来：《梁漱溟选集》，长春：吉林人民出版社，2005，第6—7页。
② 王露璐、吕甜甜：《梁漱溟乡村建设理论的伦理蕴涵与实践路向》，《江苏大学学报》（社会科学版）2008年第5期，第6—11页。
③ 潘培志：《梁漱溟乡村建设模式透视》，《学术论坛》2006年第8期，第101—105页。
④ 黄国辉：《梁漱溟乡村建设理论对社会主义新农村建设的启示》，《中北大学学报》（社会科学版）2007年第3期，第1—3页。
⑤ 陈来：《梁漱溟选集》，长春：吉林人民出版社，2005，第6—7页。

业类型上的区别,① 并无职业本身的高低贵贱之说,而所谓的"三百六十行,行行出状元"就是这个道理。正如梁漱溟在书里讲道:士人与农、工、商并列为四民,"禄以代耕",这些不同的身份只是表明他们从事着不同的职业,而正是这些各自不同的职业类型共同组成了这一职业社会的整体形态。② 他的这一观点,在农民以及农民工群体备受歧视的现代社会里,显得尤为可贵。另外,他的这一见解也有利于我们深化对农民这一职业身份的认识和理解,消除人们以往有关农民及农民工群体思想上的偏见,提升他们的自我认同感,促进社区的安宁与团结。另外,这一思想对我们进一步重视农村、重视农民群体,也有重要意义。当然,这和我们社会工作专业一直强调的尊重、平等、无差别等观念,也是高度吻合的。

3. 强调农民自觉精神和知识分子的突出作用,注重团体意识的培养

梁漱溟强调,只有依靠农民自身来解决乡村问题,乡村问题才会真正得到解决。所以他认为乡村建设最关键的问题便是农民自觉问题。③ 在此基础之上他又指出:乡村问题的解决,第一是靠农民自觉,第二则是依靠那些有知识、有远见的知识分子的作用。只有把这两者进行有效的结合,他们的作用才会得到最大程度的发挥,乡村问题才能最终得以解决,乡村才会得到发展。④ 所以在他的乡村建设实践中,一方面,非常注重农民自觉精神的培养与挖掘;另一方面,也不断强调知识分子的突出作用,鼓励两者互相结合,共同发挥作用。梁漱溟认为,乡村建设的主旨应该是:团体组织,科学技术。⑤ 所以在不断引进各项先进技术的同时,他也积极建立农村专业合作组织,开展相关合作运动。可以看出,团体精神的培养在梁漱溟

① 王露璐、吕甜甜:《梁漱溟乡村建设理论的伦理蕴涵与实践路向》,《江苏大学学报》(社会科学版) 2008 年第 5 期,第 6—11 页。
② 梁漱溟:《乡村建设理论》,上海:上海人民出版社,2011,第 24—132 页。
③ 黄群:《梁漱溟乡村建设理论及其现代意义》,《贵州社会科学》2009 年第 7 期,第 133—138 页。
④ 黄群:《梁漱溟乡村建设理论及其现代意义》,《贵州社会科学》2009 年第 7 期,第 133—138 页。
⑤ 张湛:《试论梁漱溟乡村建设理论的人才思想》,《语文学刊》2012 年第 10 期,第 69—71 页。

乡村建设实践中也占有重要地位。[①]

4. 重视文化因素在乡村建设中的作用

梁漱溟指出，乡村建设的"第一层意义"是救济乡村，乡村建设的"真意义"在于创造新文化。[②] 梁漱溟认为，中国的问题就是因严重的文化失调而导致的。而作为中国社会的基础，乡村文化的重塑是整个社会文化得以建立和重塑的基础。因此，要解决中国问题必须从乡村入手，"创造新文化"，开展平民教育。[③] 在梁漱溟看来，中国原本就是乡村国家，中国社会的基础也是乡村，而大量的文化、礼俗、法律制度等，也多是源于乡村，又为乡村所用。[④] 同时，梁漱溟还讲到，西方国家维护社会秩序长期以来靠的是法律、制度，而中国则主要是依靠礼俗和教化。在这样一个讲究人情并且拥有悠久历史文化的中国社会，作为文化的一种重要表现形式，中国的各种礼俗思想在传统社会，乃至现代社会都发挥着规范个人行为以及维持社会秩序的重大作用。长期以来，中国社会秩序的维持，主要靠的是教化、社会礼俗以及人们的自省和自力。[⑤] 不像西方国家那样注重契约精神与法律权威，在中国社会，礼俗和文化往往作为一种软约束力，内化于民众的心里与道德观念之中，并不断发挥作用。梁漱溟也正是抓住中国社会以及民众的这些特点，立足于农村这一传统文化发源地，开展了他的一系列乡村教育运动。在认识到文化对于维持社会秩序的重要性的同时，梁漱溟还指出："社会秩序所赖以维持的几个要点是教化、礼俗和自力。"[⑥]而这三者统贯起来，就是所谓的理性。而中国社会秩序能够长期得以自然维持的

---

① 张湛：《试论梁漱溟乡村建设理论的人才思想》，《语文学刊》2012 年第 10 期，第 69—71 页。

② 郭云波：《梁漱溟乡村建设实践对社会主义新农村建设的启示》，《理论月刊》2009 年第 4 期，第 172—176 页。

③ 赵芳：《梁漱溟乡村建设理论对新农村文化建设的启示》，《重庆交通大学学报》（社会科学版）2012 年第 2 期，第 93—96 页。

④ 王露璐、吕甜甜：《梁漱溟乡村建设理论的伦理蕴涵与实践路向》，《江苏大学学报》（社会科学版）2008 年第 5 期，第 6—11 页。

⑤ 程方勇：《分裂与动乱激发下的秩序构想——梁漱溟〈乡村建设理论〉》，《中国图书评论》2006 年第 9 期，第 38—44 页。

⑥ 梁漱溟：《乡村建设理论》，上海：上海人民出版社，2011，第 24—132 页。

重要原因就在于这种文化中所蕴含的理性特质。①

5. 社会系统理论的应用

梁漱溟的乡村建设并不是仅仅着眼于乡村地区，而是着眼于整个中国社会。在梁漱溟看来，要使乡村工作产生大的功效，就必须着眼于中国社会这一整体，必须看到整个社会趋于崩溃这一趋势。而进行乡村建设，绝不仅仅是建设乡村，更是要谋得整个中国社会的发展。②

在谈到中国的社会问题时，梁漱溟指出：中国问题复杂严重，搅缠一堆。因而在对待这一问题时，要对其中的轻重缓急以及相互关系进行准确分析与判断，找到其中的关键点，这一问题便可得到解决。③ 这显然也是其系统论和重点论思想的体现。另外，梁漱溟认为，进行乡村建设事业，首先需要重新建立一个类似于"村学乡学"这样的新型社会组织构造。而这些"村学乡学"恰恰就是一个集政、教、养、卫于一体的村级组织。④ 当然，他所设想的通过重整农村社会秩序来调整整个社会秩序的观点和思路，⑤ 也是其社会系统理论的重要体现。

正如其他应用性研究一样，我们并不是为了研究本身而做研究，而是为了解决我们面临的实际问题。在农村问题日益复杂且亟待解决的今天，对梁漱溟乡村建设理论的探讨和研究，不仅有助于我们深入了解农村社会及其环境，更为农村社会工作的开展提供了宝贵的经验和教训。本项研究旨在通过研究梁漱溟的乡村建设理论和实践，从中获得我们所需的经验和启示，来指导当前农村社会工作的开展，并为我们有关农村社会工作的研究提供理论依据和支撑。

二 乡村建设理论对当前农村社会工作的启示

近年来，我国的社会工作取得了快速发展。究其原因有二：一是不断

---

① 程方勇：《分裂与动乱激发下的秩序构想——梁漱溟〈乡村建设理论〉》，《中国图书评论》2006 年第 9 期，第 38—44 页。

② 程方勇：《分裂与动乱激发下的秩序构想——梁漱溟〈乡村建设理论〉》，《中国图书评论》2006 年第 9 期，第 38—44 页。

③ 梁漱溟：《乡村建设理论》，上海：上海人民出版社，2011，第 24—132 页。

④ 黄群：《梁漱溟乡村建设理论及其现代意义》，《贵州社会科学》2009 年第 7 期，第 133—138 页。

⑤ 梁漱溟：《乡村建设理论》，上海：上海人民出版社，2011，第 24—132 页。

引进西方先进的社会工作价值理念和工作方法，完善现有的社会工作理论和工作方法；二是不断探索中国社会工作的本土化，并不断争取走向"承认"，"从形式的承认走向实质性承认，是中国社会工作的基本发展方向"。① 然而与城市社会工作相比，农村社会工作仅仅吸收西方先进的工作理念和工作方法是远远不够的，更需要从中国实际出发，挖掘传统社会工作的价值。一般认为，社会工作产生于西方，社会工作的理论和方法也都产生于西方。实际上，我国在社会工作方面也有其贡献，如 30 年代的乡村建设运动和华北平民教育运动即为突出的例证。当社区工作在西方尚未被广泛注意的时候，梁漱溟等一批知识分子积极倡导的乡村建设运动就已经有目的、有计划、有措施地在乡村开展社会工作了，后移植到国外，并得到了国际认可。② 梁漱溟在当时的社会背景下就已经认识到中国文化和社会的独特性，因而反对照搬西方国家进行乡村社会建设的经验，极力主张开办合作社作为"第三条道路"进行乡村自救和乡村社会建设，开展了一场轰轰烈烈的乡村建设运动，而今天新农村建设的支持者仍然将促进合作社发展作为建设乡村的"第三条道路"。③ 由此可见，梁漱溟在 20 世纪 30 年代开展的乡村建设运动在今天仍然具有非常重要的借鉴意义和参考价值，尤其是乡村建设运动取得的成果和经验对我国当前的农村社会工作和新农村建设仍具有非常重要的启示意义。

（一）探索建立农村社会工作教育培训新模式

"尽管社会工作人才制度还不是社会工作制度的全部，但是从当前我国发展社会工作的实际进程和主要任务来看，社会工作的人才培养、评价、使用和激励，确实是我国社会工作制度建设的核心。"④ 目前，我国的城市社区工作已经从设施建设、服务拓展、组织建设深入人才队伍建设的新阶段，而农村社区不仅基础设施建设不足，社区服务和社区组织更是发展缓

---

① 王思斌：《走向承认：中国专业社会工作的发展方向》，《河北学刊》2013 年第 11 期，第 108—113 页。

② 王思斌：《中国社会工作的经验与发展》，《中国社会科学》1995 年第 2 期，第 97—106 页。

③ Emily T. Yeh, Kevin J. O'Brien & Jingzhong Ye, "Rural Politics in Contemporary China," *The Journal of Peasant Studies* 40（2013）：915 - 928.

④ 王思斌：《我国社会工作制度建设分析》，《广东工业大学学报》（社会科学版）2013 年第 9 期，第 12—18 页。

慢，人才短缺问题严重。由于农村生活条件艰苦、待遇较低，吸引人才和留住人才的问题比较尖锐，所以在发展农村社会工作的过程中，不能简单复制城市社区工作者人才队伍建设的经验，需要结合农村实际情况，从实际出发探索农村社会工作者培训、评价、使用和激励的新模式。梁漱溟在开展乡村建设的过程中，开办乡农学校，号召知识分子到农村去与农民结合，培养乡民们的主动精神与民主意识，进而为乡村建设造势。这种实践经验对建立农村社会工作者人才培养模式的启示有三点。一是培训的主体应该首选本土人才。培训班的学员应该都是农民身份，他们热爱家乡，有志于投入乡村建设，虽曾多年在外打工，最终却回家发展，他们在情感、生活上都对乡村有一种归属感，社会关系扎根本土，对乡村认同度高，开展社会工作自然比"外来者"更为有利。二是为农村社会工作者量身定做培训课程。由于农民的知识水平和认知程度参差不齐，重实践、轻理论，所以在开发农村社会工作者培训课程时，应着重注意理论与实践相结合，在具体实务操作过程中增进农村社会工作者对学术理论的理解，逐步提高他们的理论水平，更好地指导实践，为农村社区发展服务。三是应该做到"外部人才"与"本土人才"相结合。山西永济蒲韩乡村社区协会的发展经验可供借鉴，将具体的理论工作者与乡土工作人才结合，相互取长补短，既能解决理论匮乏问题，又能借乡土人才的优势保证培训项目和效果的可持续性。①

（二）树立农村社会工作者正确的价值观和角色定位

梁漱溟所强调的自由、平等、民主参与、不存在等差和相互尊重等价值理念，对当前农村社会工作者开展实务工作具有重要的启示意义。农村社会工作者在农村社区开展工作时，应该坚持自由、平等、民主参与的原则和价值理念，不能以领导者或者项目管理者自居，应该平等参与项目的执行，起到辅助性的引导作用，扮演好"场控"的角色。同时，还应该鼓励农村社区居民积极参与，创造条件帮助那些没有条件参与社区事务的弱势人群参与其中，行使自己的权利。在进行团队工作时，应该赋予团体中每一个成员自由，鼓励他们发挥主观能动性，尊重他们的选择，鼓励他们

---

① 孙炳耀：《探索乡村社区工作者培训新模式》，《中国社会工作》2013 年第 1 期。

自由表达观点和自主选择适合自身发展的项目，这样既能促进个人潜能的发挥，又能促进团体向上发展。美国要求农村社会工作者在具体实践工作中应该扮演好这样四个角色：一是直接服务角色，即做个人、夫妻、家庭和群体工作；二是资源专家，清楚政府和社区具体有哪些资源，如何有效配置资源；三是社会服务行政管理者和社区组织者，农村社会工作者常常扮演协调社区所有服务的角色；四是农村社会工作者需要具备同社区的权力结构建立起联系的能力。① 结合我国社会工作的发展实际，我们不能采取美国"全能式"的社会工作角色定位，应该立足农村实际明晰农村社会工作者的角色。笔者认为，农村社会工作者应该扮演好资源协调者、社区组织者和同社区权力结构建立关系的"桥梁者"角色。

（三）探索建立富有中国特色的本土化农村社会工作制度

梁漱溟在乡村建设运动中，创办乡村组织，并通过乡约来规范乡村组织的运转，以此来规范乡村社会秩序，重构乡土社会。王思斌指出："社会工作制度是一个体系，从人才队伍建设的角度看，它包括培养、评价、使用、激励等方面的政策和规范，此外还应该有与社会工作实施相关的其他制度。"② 同时也应该认识到"社会工作制度建设应该是系统的（整体性的）和实践的，它需要各方协力和持续不断地推动。一个包含规制性、规范性和文化——认知性的社会工作制度的建立需要各方长期的努力"。③ 可见，当前中国的社会工作制度还相当不完善，即使在我国东部沿海的发达地区，社会工作也没有形成一套规范的制度体系，更不用提广大的中西部地区了。从国家层面来讲，要形成一个系统的规范体系也需要一段很长的路要走，这将在一定程度上制约我国社会工作发展，尤其是农村社会工作的发展。因此，在推进我国社会工作建设过程中，尤其是在农村社会工作发展过程中，应该特别注重探索适合我国农村社会经济发展和农民自身发展的一套

---

① 张和清、杨锡聪、古学斌：《优势视角下的农村社会工作——以能力建设和资产建立为核的农村社会工作实践模式》，《社会学研究》2008 年第 6 期，第 174—193 页。

② 王思斌：《我国社会工作制度建设分析》，《广东工业大学学报》（社会科学版）2013 年第 9 期，第 12—18 页。

③ 王思斌：《我国社会工作制度建设分析》，《广东工业大学学报》（社会科学版）2013 年第 9 期，第 12—18 页。

农村社会工作制度，建立具有中国特色的本土化制度体系势在必行。

（四）以提升农民自我能力建设为发展宗旨

"以能力建设和资产建立为核心的优势视角下的农村社会工作是当下中国社会工作介入模式的范式转向（paradigm shift），因为它既突破了传统'问题为本'的扶贫模式，也超越了'缺乏视角'和'工作者为本'的社会工作介入模式。"[①] "社区发展的主导性最终是掌握在村民手中的，并不是外在的'强制性参与'，要培养农民参与的自觉性。"[②] 梁漱溟在乡村建设实践中同样主张乡村问题的解决一定要以乡里人为主力，要发挥农民的自主能动性，知识分子只是辅助性地帮助解决问题。因此，在当前农村社会工作中，社会工作者也应该注重开发和培养农村社区居民的自主性和自决能力，"授之以鱼，不如授之以渔"，帮助他们进行自我发展能力建设，发挥农民自身优势和社会支持系统，助其自助，而不是仅仅是以"局外人"的身份帮助他们解决问题。

（五）注重个人潜质的发挥，有效利用当地的人力资源

梁漱溟在其整个乡村建设过程中始终把培养人才放在首位，[③] 并且非常重视农民的自觉精神。通过乡村建设运动，他深刻地意识到了人自身的建设对于整个乡村建设的重要性。他一直强调人的"理性"，认为理性是种自觉行为，而不是外力强加的结果。[④] 另外，他也十分重视教育的力量，利用多种途径，为村民普及文化知识，提升村民的整体文化素质。[⑤] 他的这些理念和实践，都是他肯定人的价值、重视个人潜质发挥的重要体现。他的这些思想与我们社区工作中强调的居民自主与自觉精神显然不谋而合。

在农村社会日渐衰败，村民建设乡村热情日益递减的今天，农村工作

---

① 张和清、杨锡聪、古学斌：《优势视角下的农村社会工作——以能力建设和资产建立为核心的农村社会工作实践模式》，《社会学研究》2008 年第 6 期，第 174—193 页。

② 郭占锋、杨萍：《晏阳初乡村工作理念对当前农村社会工作的启示》，《社会工作》2012 年第 11 期，第 26—28 页。

③ 赵芳：《梁漱溟乡村建设理论对新农村文化建设的启示》，《重庆交通大学学报》（社会科学版）2012 年第 2 期，第 93—96 页。

④ 梁漱溟：《乡村建设理论》，上海：上海人民出版社，2011，第 24—132 页。

⑤ 赵芳：《梁漱溟乡村建设理论对新农村文化建设的启示》，《重庆交通大学学报》（社会科学版）2012 年第 2 期，第 93—96 页。

的开展更加需要大力弘扬这种重视和鼓励人的精神。社区工作者应身体力行地发挥示范作用，摒弃对于农民群体的传统看法和偏见，将重视人的理念深刻铭记于心，充分强调农民在农村发展过程中的重要作用，使村民真正成为乡村建设的主力军。在实际的农村工作中，要尊重农民、热爱农民，不断激发农民建设乡村的热情和潜力，鼓励农民进行大胆创新和实践。一方面，要给农民更多自我发展的空间和机会，把农民自觉精神的培养作为农村社会工作的重要目标之一，将人作为社区建设的核心要素来对待，突出村民在乡村建设中的主体地位和首创精神，[①] 不断挖掘当地的各类人才，有效利用当地人力资源。另一方面，要通过各种途径调动村民的自觉性和主动性，鼓励村民为当地的经济和社会发展积极建言献策，充分发挥村民的聪明才干，最大限度地利用当地人的优势和特点，发挥他们的积极作用，不断提高村民的自我管理水平。同时，社区工作者要尽最大可能为村民提供各种有效信息以及外部资源，协助村民推动社区建设与发展。

（六）重视团体精神，注重协同与合作精神的培养

在梁漱溟看来，中国人存在团体组织缺失以及科学技术匮乏这两大缺陷。[②] 他认为，中国严重的文化失调现象，导致了中国社会的崩溃。而改变这一局面的根本办法，就是建立团体组织并且重视科学技术的发展。[③]

而在农村问题日益复杂的今天，很多事情是单个村民或社工所难以解决的。在这个越发注重团结和协作的现代社会，小到一个组织，大到一个国家，无时无处不体现着合作精神。可以说，但凡有人群形成的地方，就需要彼此合作。而社会工作专业更是在不断寻求协调与合作的过程中，解决案主的各种问题与需求。这种合作关系不仅发生在团体工作以及社区工作的开展过程中，当前农村社会工作的开展，也需要各有关部门以及人员的密切配合。为了协助解决当地村民面临的问题与困境，工作者势必要和各个领域、部门以及当地农民进行协商与合作，以获得所需资源和支持。

---

① 邓兆洲、曾宪军：《梁漱溟乡村建设理论对我国新农村建设的启示》，《重庆工学院学报》（社会科学版）2009 年第 12 期，第 105—109 页。

② 张湛：《试论梁漱溟乡村建设理论的人才思想》，《语文学刊》2012 年第 10 期，第 69—71 页。

③ 潘培志：《梁漱溟乡村建设模式透视》，《学术论坛》2006 年第 8 期，第 101—105 页。

当然，这也是社会工作专业"互助"精神的体现。通过各方的合作与配合，可以集聚各种有利条件与资源，群策群力，有利于问题的最终解决。同时，在这种日常的合作关系中，不仅能形成团结向上的风气，增进村民的凝聚力，也能锻炼村民的协调能力，培养村民自主解决问题的能力。所以工作者在日常工作中，一方面，要积极与他人进行良好的沟通及合作，利用多方力量和资源，促进农村事务的有效解决，为当地农民树立好的典型，帮助他们学会有效与他人合作，并在具体事务中有意培养其合作意识；另一方面，要注意在动员和组织村民参与当地相关事务和社区建设的同时，协调好个人与个人、个人与群体、群体与群体之间的利益关系，让村民能够真正从合作关系中受益，并充分认识到合作的重要性，进而不断提高村民的合作意识和团体意识。

（七）激活乡村文化，发挥文化和教育在农村建设中的重要作用

今天的中国正在发生着巨大的变化。较之以往，今日农村的经济问题似乎不如文化问题严重。比起农村的经济问题，农村的文化问题似乎更应该被加以重视和关注。城镇化进程的不断推进，致使不少传统的文化概念、模式日渐消亡，而新的内容和形式却又未曾形成和建立。这种情形与梁漱溟所言的"文化失调"现象极其相似。[①] 以史为鉴，梁漱溟先生在其乡村建设理论中有关文化问题的探讨和研究，可以为我们今天的农村工作，尤其是文化建设方面的工作提供宝贵的经验。

传统文化作为一种净化社会环境、维护社会秩序的有效方式，在维持社会系统稳定以及教化人心方面均发挥了重大作用。面对农村文化日益萧条的趋势以及现状，社工应积极担当起社区文化建设的倡导者和支持者，大力推进当地的文化建设。社工既要通过各种文化活动不断提高农民的人文素养，又要帮助农民学习并掌握各种先进技术与知识，培养农民的科学精神，并且努力使文化建设这项最易调动村民积极性、最富有成效的活动成为农村建设中的重要形式。[②] 所以社工应充分利用农村社会的这种优势条

---

① 程方勇：《分裂与动乱激发下的秩序构想——梁漱溟〈乡村建设理论〉》，《中国图书评论》2006年第9期，第38—44页。

② 赵芳：《梁漱溟乡村建设理论对新农村文化建设的启示》，《重庆交通大学学报》（社会科学版）2012年第2期，第93—96页。

件，组织当地村民开展各种形式多样、丰富多彩的文化活动以及民俗活动，不断挖掘村庄里的能人、艺人，激发他们的艺术潜力，把他们作为重点培养对象，并进一步带动其他村民参与其中，在整个社区形成一股向上的文化力量，提升全体村民进行文化建设的热情，不断增强村民的参与意识和社区归属感，使村民能够以更积极主动的姿态投身到社区建设当中，变被动为主动，进而使村民真正成为社区事务的参与者和解决人。当然，在这一过程中，村民的邻里关系也会得到不断改善与提升，反过来也会促进整个地区的稳定与和谐。另外，作为教育者的角色，社会工作者要积极倡导并组织村民学习各种先进技术和科学文化，调动各种有利资源为当地村民提供学习的机会和平台，帮助村民学习并掌握他们所需的科学知识以及实用技能，并不断培养村民自我学习的能力，学会理性思考，成为拥有自觉意识的人。总而言之，社工就是要从文化建设以及教育两个方面入手，不断调动当地农民的积极性和创造性，让文化建设和自身素质的提升成为他们的内在要求和自觉行动，从而不断发挥文化建设以及教育在农村建设中的重要作用。①

（八）走整体发展的农村建设道路

农村社会作为一个有机整体，决定了它的各个子系统和要素之间必然具有各种各样的联系。从中国历代社会发展的经验来看，只有乡村自治得以实现，中国的政治才算有了基础；只有乡村得以发展，中国社会才能整体向前。② 这不仅是社会系统理论的体现，也是中国社会实现进一步发展的必然要求。

社区工作者在开展农村工作的时候，也应注重社会系统论观点的运用，要以整体的发展观指导自己的实践活动，从而有效解决农村社会可能遇到的各种问题和挑战。正如梁漱溟在其乡村建设理论中所秉持的观点一样，在其进行乡村建设的过程中，并没有把乡村建设运动作为一个独立运动进行，而是放在中国社会这样一个大的环境和系统中进行。而对应到我们当前的农村工作，社工在开展具体项目时，也应该注重系统论观点的运用，

---

① 赵芳：《梁漱溟乡村建设理论对新农村文化建设的启示》，《重庆交通大学学报》（社会科学版）2012 年第 2 期，第 93—96 页。

② 黄群：《梁漱溟乡村建设理论及其现代意义》，《贵州社会科学》2009 年第 7 期，第 133—138 页。

要着眼于农村社会这一整体，从政治、经济、文化、社会、生态等各个方面进行综合考虑和权衡，而不是仅仅注重当地经济的发展。在大力推动农村地区经济发展的同时，也应重视农村的基层组织建设，以及文化、社会包括农村生态环境等方面的改善与发展，认真处理好社区发展过程中各个子要素之间的相互关系，用整体发展的观点看待农村当前推行的各种发展政策以及具体的改革举措。在具体工作开展中，社区工作者要以农村的实际情况为依据，从社会系统论的角度出发，充分运用自身所学的专业知识和技能，带领当地农民走上整体规划和整体发展的科学道路，实现农村社会的可持续发展。

（九）社会工作行政方法的适时介入

正如梁漱溟乡村建设实践的失败一样，由于当时局势的动荡以及社会因素的复杂性，再加上乡村建设实践缺乏强有力的支持系统以及可靠的资金来源，最终还是以失败告终。这一经验教训对于我们现如今开展的农村社会工作，也是具有重要启示意义的。由于行政工作所具有的高整合性以及高执行力特征，在工作者开展具体农村社会工作时，为了保证工作的深入落实与进行，必要的社会工作行政方法的介入是需要的。具体来说，在农村所需资源的链接与配置、社会政策制定过程中适度倾向性的把握以及具体方针政策的落实方面，社会工作行政都可以发挥其积极作用，从而有效保证当地农村工作的开展与进行，努力为当地村民解决他们所遇到的困难与问题，促进当地社会的发展。

综上所述，梁漱溟从事乡村建设运动的工作理念、工作方法和实践经验，对当前我国农村社会工作领域的理论工作者和具体实务操作者都具有非常重要的启示意义，值得仔细体会与学习。

三　小结

梁漱溟在其一生中并未直接以社会工作名义从事乡村建设工作和理论研究，但是毫无疑问，他在 20 世纪 30 年代开展的乡村建设运动和倡导的乡村工作理念，都与农村社会工作的价值观和工作方法有契合之处。不愧为我国著名的思想家、学者和社会活动家，梁漱溟有丰富的社会工作思想及实践，并对我国乡村建设做出了非常重要的贡献。而当前学界关于梁漱溟的研究主要集中在他的教育思想和乡村建设思想方面，也有学者从文化社会学的视角，对其"文化失调论"和乡村建设思想进行了讨论。[①] 但关于梁漱溟乡村建设理论中农村社会工作思想的挖掘和研究还非常少，本文在对梁漱溟乡村建设理论中的农村社会工作思想进行梳理之后，指出了其对当前中国农村社会工作的启示意义和现实价值。

梁漱溟的社会工作学术思想可以总结概括如下：社会工作既是理论的，又是实践的，注重在实践中总结经验；乡村民众教育在农村社会工作中具有非常重要的作用，应该积极推动农村社会工作者教育制度创新；在进行实务工作时应该秉承与弘扬平等、自由、以人为本和民主参与的工作理念；建立一套适应本国国情的本土化社会工作制度对促进社会工作发展具有重要作用；社会工作者应该有为社会服务的精神，平等地对待服务对象，并培养他们的自我发展能力。以上是梁漱溟乡村建设理论中农村社会工作思想的概括和总结，通过这一研究和讨论，期望能够启发更多的人关注和研究我国本土社会学家的理论和实践经验，从中挖掘有关社会工作的思想和实践经验，为推动本土社会工作理论的发展起到一点促进作用。

本部分是对梁漱溟社会工作学术思想和实践的初步概括和总结，由于受资料的限制和本人理解方面的原因，上述概括可能不够准确和完整，如有不当之处，欢迎同行讨论指出。如果通过这一研讨能够对我国社会工作本土化发展有所推动，那也正是笔者希望达到的目的。但是无论如何，梁漱溟在中国社会工作学术思想和实践方面的贡献无疑是巨大的，他的社会工作学术思想和实践对当前农村社会工作的发展具有非常重要的启示意义和现实价值。

作为典型的"乡土社会"，从某种意义上讲，乡村就是中国社会的基础。自21世纪初以来，我们一直崇尚科学发展的理念和思想，而重视乡村建设固然是科学发展的一个重要方面，我们应以以人为本的理念来建设和

[①] 熊吕茂：《梁漱溟的乡村建设理论对发展西部农村教育的启示》，《河北师范大学学报》（教育科学版）2006年第1期，第20—24页；袁洪亮：《现代化视野中的梁漱溟乡村建设思想》，《孔子研究》2001年第5期，第96—105页；郭占锋：《基于文化社会学的梁漱溟乡村建设思想研究》，《广西社会科学》2014年第4期，第182—185页。

发展农村，从而促进乡村问题的真正解决。① 而农村社会工作的开展是解决乡村问题、促进乡村发展的重要途径，应该引起更多的重视和关注。

在我国全面推进现代化建设的今天，随着各种农村问题的不断涌现和滋长，解决农村问题的重要性和紧迫性不言而喻。为了更有效地促进农村问题解决，促使农村社会工作往纵深处发展，我们需要引进和吸收各种有利于解决农村问题、促进农村发展的思想和理念，以补充和完善我们的专业理论和方法。

然而，作为一定历史背景下的产物，由于梁漱溟等人所处时代背景以及个人经历等原因，这一理论还存在一定的局限性。但作为乡村运动史上的一次伟大实践，在农村社会工作不断发展的今天，我们可以批判地吸收其有价值的思想和观念，从中汲取我们所需的成分来指导具体实践，从而促进当前农村社会工作的顺利进行。

第三节　陶行知农村社会工作思想

2018 年 7 月 25 日是陶行知先生逝世 72 周年纪念日，斯人已逝，但其思想熠熠生辉。众人对他的评价很高，朱德赞扬他"全心全意为人民服务，为独立和平民主而斗争"，董必武称其为"当今一圣人"，郭沫若尊之为"陶子"，将他与孔子相提并论——"两千年前孔仲尼，两千年后陶行知"，不仅在国内，陶行知在国外也享有盛誉。② 周洪宇教授在《全球视野下的陶行知研究》（第八卷）序言中提到，日本知名教育史学家斋藤秋男教授曾经指出"陶行知不仅是属于中国的，也是属于世界的"，同时提到美国知名学者、哥伦比亚大学教育学院哲学和教育学教授戴维德·汉森在他主编出版的《教育的伦理视野——实践中的教育哲学》一书中，指出陶行知与美国的杜威、意大利的蒙台梭利等世界著名教育思想家并列。显而易见，陶行知具有很大的影响力。学界对陶行知的研究多是以教育思想、教育理论等

---

① 黄群：《梁漱溟乡村建设理论及其现代意义》，《贵州社会科学》2009 年第 7 期，第 133—138 页。
② 周洪宇：《全球视野下的陶行知研究》（第八卷），北京：北京师范大学出版社，2015，第 1—2 页。

为主的，如《民主教育：陶行知教育思想的内核》[1] 和《陶行知生活教育思想探析》[2]、《陶行知生活教育理论研究》[3] 等。文章所要探讨的是很少被涉及的社会救助思想。"社会救助"是近年来经常出现的高频词，一直是社会关注的焦点。党的十八大报告中两次提到"社会救助"这一概念，第一次是在"新型社会救助体系基本形成"中提到的，指的是我国在过去十年的努力的基础上，建设了符合我国国情的社会救助体系；第二次是在"完善社会救助体系"中提到的，指的是在今后的工作中明确目标和方向，不断完善我国社会救助体系，使其更符合人民的需求。[4] 2014 年 2 月 21 日，国务院颁布了《社会救助暂行办法》（以下简称《办法》），《办法》已于 2014 年 5 月 1 日正式施行。在《办法》的第五十五条，第一次明确了社会工作在社会救助工作中所扮演的角色及应起到的作用："县级以上地方人民政府应当发挥社会工作服务机构和社会工作者作用，为社会救助对象提供社会融入、能力提升、心理疏导等专业服务。"[5] 陶行知思想中具有发展和创新，正如他自己所说："创我者生，仿我者死。"[6] 通过对陶行知思想内涵的深入理解，有利于全面剖析陶行知思想，形成系统的认识。陶行知社会救助思想是跨时代、富有永恒魅力、具有当代价值的文化精神，同时给农村社会工作的发展带来一定的借鉴作用。

一　社会工作视角下的陶行知社会救助思想

从社会工作专业视角下探索陶行知的社会救助思想，发现陶行知的社会救助思想与社会工作价值观相一致。以下从三个方面阐述陶行知的社会救助思想。

（一）陶行知社会救助核心思想

结合社会工作专业理念与目标从陶行知的革命实践中总结出一部分陶

---

① 魏波：《民主教育：陶行知教育思想的内核》，《清华大学教育研究》2015 年第 4 期。

② 张勇、张园园：《陶行知生活教育思想探析》，《福建党史月刊》2008 年第 3 期。

③ 申林静：《陶行知生活教育理论研究》，硕士学位论文，华中师范大学，2008。

④ 沈东：《孙中山社会救助思想研究》，博士学位论文，华东师范大学，2014。

⑤ 宫蒲光：《充分发挥社会工作在社会救助中的重要作用》，《中国社会工作》2015 年第 22 期。

⑥ 廖瑜：《陶行知的新教育思想及其现代价值》，博士学位论文，四川大学，2006。

行知社会救助核心思想。早期陶行知的救助思想是唤醒民众挽救国家的危亡，经过六年的深入调查和思考酝酿，陶行知萌发了最初的社会救助思想并投身于社会救助事业中。[①] 要在半殖民地半封建的黑暗中救助平民，无疑是前路漫漫、荆棘密布。陶行知的可贵就在于不惧艰险，勇往直前，他看到了农民的需要和力量，意识到必须从农村找出路，这条"出路"就是进行农村社会救助。[②] 1926 年，陶行知发表了《中华教育改进社改造全国乡村教育宣言书》和《我们的信条》两篇重要的文章，我们看到陶行知的思想已经超越了旧民主主义思想并萌发出新民主主义思想。1927 年，陶行知为了深入乡村、为了救助乡村，他放弃了城市优越的工作环境，亲手创办了南京晓庄师范学院，这意味陶行知的社会救助开始在旧中国这片黑土地上进行着，他认为农村人也拥有与城市人一样的权利，能追求和享受社会工作意义上的"平等自由"。1927～1931 年，陶行知尽心管理南京晓庄师范学院，为了实现社会救助，不断为儿童获得平等的机会而努力，这一探索过程犹如新大陆被发现的前夕。[③] 陶行知不用摸黑探路了，已经有了社会救助的方向和目的，他有了新的思想，就是在晓庄试验的"思想救助"、"平等救助"和"思想与行动合一"等理念。把救助融入乡村，体现了陶行知思想的进步性。陶行知提倡公平，尊重他人，不歧视农民，经常走近各类群体，与他们交流，引导他们学习，为他们提供学习的场所，不收取任何费用，并相信救助能够显著改善人的生存状态，增进社会公平。社会救助的缺乏是时代造成的，不能片面地总结成贫困人口过多。1930 年晓庄被国民党政府查封，陶行知遭通缉而逃亡，他一心想着革命事业，变得沉默但是内心的火焰在燃烧，他花了整整两年来寻找出路，他想通了并有了大转变，他要办工学团，将工场、学校和社会打成一片，为改造农村创造并注入新鲜力量。[④] 这一时期，他不仅从事思想革命，还投身政治革命，他的《不除

① 俞克斌：《简论陶行知思想发展的四个阶段》，《上海师范大学学报》（哲学社会科学版）1986 年第 3 期。
② 马静、朱德云：《关于我国农村社会救助问题研究的文献综述》，《经济与管理评论》2012 年第 4 期。
③ 包琼：《陶行知民主教育管理思想与实践及其现代意义》，博士学位论文，南京师范大学，2005。
④ 于川、王跃年：《陶行知与工学团运动》，《民国档案》1997 年第 3 期。

庭草斋夫谈荟》专栏,以及《屡败屡战》《"好政府"最后之一幕》等杂文是其政治革命战场上的"武器",曾经震动文坛。在国家危难之际,陶行知依然坚持不放弃、不抛弃,用手中的笔写出自己的心声,写出民族的心声,为了"自由"不惜生命。[①] 1938 年 6 月陶行知赴欧美各国的抗日宣传活动结束,回国后他开始筹备育才学校。[②] 从 1939 年到他逝世,他所有的心血都付出在育才学校上,育才学校得到了中国共产党的支持,同时育才学校也为共产党培养和输送干部。这一时期是陶行知社会救助思想发展成熟的最重要的一个时期,他为社会主义革命与建设需要培养了大批英才。从陶行知创办育才学校这一过程来看,以人为本理念一直贯穿在他的思想中,即不歧视他人贫穷、看重人享有平等的权利、为弱势群体提供平等的机会,例如陶行知为具有特殊才能的贫苦儿童专门创办了育才学校,同时还给儿童提供了促进思想进步的良好条件。学校邀请包括孙铭勋、戴爱莲等在内的知名人士任各组主任,亲自指导学生,还聘请一大批共产党人和进步青年到校任教,艾思奇、翦伯赞等著名专家学者也经常到学校讲演,贫苦儿童接受到了当时中国较先进的思想,激发自我救助的意识,在陶行知的帮助下,他们成为具有自主、自治、自创精神和能力的英才。[③] 陶行知社会救助思想中不仅体现了社会工作专业以人为本的价值观,还体现了其平等理念。

"捧着一颗心来,不带半根草去"是陶行知无私奉献精神和行为的真实写照,也是社会工作者追求的崇高人生价值。陶行知像社会工作者一样善于激发人的潜力,使其自我救助能力提升。比如,陶行知提出并倡导采用"小先生制","小先生制"是一种发动小孩子或小学生来充当老师普及救助的方法,广义上就是让上过学的儿童、成年人甚至老人,都可以将自己认识的字、自己所收获到的知识随时随地教给别人,达到救助他人思想的目的。[④] 每个人随时随地都可以通过社会救助思想来发展自身的思想和规范自

---

① 庞亮:《"九·一八"前后陶行知在〈申报〉的活动》,《新闻大学》2001 年第 2 期。

② 姚群民:《〈救国时报〉对全面抗战爆发前陶行知抗日救亡活动的报道与宣传》,《江苏广播电视大学学报》2009 年第 2 期。

③ 邹蓉桦:《相濡以沫在"育才"——记抗战时期陶行知先生与共产党人的友谊》,《文史杂志》1997 年第 5 期。

④ 杨梓楠:《浅析二十世纪三十年代的小先生制》,《世纪桥》2015 年第 13 期。

身的行为，每个人都有被救助的权利，这不仅是思想行为上的平等与自由，还是社会的公平与进步，帮助他人获取新的思想同时也提升了自己独立领悟新思想的能力，与社会工作强调的"助人自助"目标相吻合。陶行知经常用对联形式宣传改革的思想主张，同时他把提倡的社会救助看作国家的"秘密武器"，陶行知对于救助作用的认识不仅着眼于弱势群体本身，更是将其放到民族、社会、国家的高度上去认识，把救助同国家前途和民族命运密切联系起来。① 陶行知高水平的思想境界注定其不平凡的一生，只有国家稳定富强，才能给予人民平等自由的社会环境。陶行知主张社会救助的平民化，让平民都能得到思想救助。这使社会中的个人精神面貌有了改观，使自学、自思、互助能力得以提升，最后达到救助民主化。②

（二）西方社会救助思想本土化

社会工作源于西方社会，西方社会工作发展较成熟，中国的社会工作却面临本土化的问题。把社会工作本土化与陶行知社会救助思想本土化相联系，不仅能看到本土化是一个漫长过程，还能看到陶行知社会救助思想本土化的经验。陶行知留学美国，接受了西方国家的文化，不仅开拓了眼界还解放了思想，回国后，他根据中国社会现状，开展了乡村社会救助，陶行知继承和发展了杜威的思想，从当时中国国情出发，把普及社会救助当作提高国民思想素质的可行道路。③ 陶行知把救助和思想素质有机地统一起来，是当时社会进步的象征，西方社会救助思想对陶行知思想产生了一定的作用。④ 陶行知所创立的思想理论是基于中国生活现状和乡村救助思想及实践得来的，是把从国外学习到的思想理论进行了创新。陶行知的思想是建立在服务人民大众的基础上的，他真正地做到了把外来的思想深深地融入中国这片思想匮乏的土地上，把生活与思想融为一体，推动社会救助发展，为中华民族的独立、平等、民主和解放而不懈努力。⑤ 陶行知根据中

---

① 曲铁华：《中国教育史》，武汉：武汉大学出版社，2011，第313—314页。

② 魏波：《民主教育：陶行知教育思想的内核》，《清华大学教育研究》2015年第4期。

③ 胡继渊：《杜威与陶行知教育思想的比较研究》，《外国中小学教育》2003年第5期。

④ 陈文彬：《五四时期杜威来华讲学与中国知识界的反应》，博士学位论文，复旦大学，2006。

⑤ 邹晓东、吕旭峰：《论陶行知对杜威生活教育思想之超越——道德教育回归生活世界的理性反思》，《大学教育科学》2009年第6期。

国当时的社会发展情况成立了各种工学团，参与工学团的群体不仅有学生，还有妇女和农民，满足了不同群体的现实需求，如成立儿童工学团、青年工学团、妇女工学团、棉花工学团和养鱼工学团等组织，充分体现了陶行知强调救助大众化，以救助唤醒民众。① 陶行知最初提倡"解放思想救国"，这无不体现他以民族和国家富强为自身奋斗的目标，他独立于世，清楚地看到祖国正处于水深火热之中，为了救国他提倡思想解放，通过救助人民大众的心灵，启发人民自救，这样的救助思想更是要求融入本国国情中，所以陶行知社会救助思想本土化显得尤为重要。

陶行知整个人生哲理表现了人民性，代表了近代知识分子认识人民大众并与人民大众相结合的时代主流。② 陶行知的思想是进步的，具有普遍借鉴价值，所以众多教育者和改革实践家不遗余力潜心研究，使陶行知思想能够得到发展和重视。陶行知思想是在物质匮乏的战场年代中产生并发展起来的，他的思想跟中国实际紧密结合，是时代的结晶，他为人民留下了宝贵的精神遗产，值得人民继续发扬。③ 新事物的发展只有基于社会的现状才会破土、生长、成木，本土化就是一个不断学习、不断摒弃、不断积淀的过程。不难发现，陶行知社会救助思想和中国社会工作思想一样根植于祖国，服务于人民。

（三）陶行知对"行"与"知"的探索

社会工作注重理论与实践相结合，而陶行知是实现社会救助"知行合一"的典范。"行"与"知"这两个字带给陶行知的影响很大，陶行知的名字再三改变的事实为其提供例证。他对"行"与"知"的探索强有力地推动着其社会救助思想及实践的发展。陶行知原名陶文浚，1912 年陶行知就读金陵大学时正是求知欲旺盛的青年，他求知若渴，最终目标是今后践行，去实现他救国救民的人生抱负。他接受了王阳明"知行合一"说，特别是"知轻行重"的思想，后来陶行知又取名"陶知行"。④ 1914 年陶行知赴美

---

① 曲铁华：《中国教育史》，武汉：武汉大学出版社，2011，第310—312页。
② 李庚靖：《陶行知教育思想研究之现状》，《上海教育科研》2002年第4期。
③ 王紫斌：《陶行知教育思想研究：历史、问题及趋势》，《教育论坛》2013年第4期。
④ 范美豹：《陶行知先生的多次易名——论"知行"和"行知"的关系》，《中国教育报》2004年10月14日。

留学，其老师杜威的思想基础是实用主义哲学，实用主义哲学又属于"行动的哲学"，重视"行"。杜威论述了知与行的关系，提出了"知行合一"的观点。在1917年回国后，陶行知正式改名为"陶行知"。在国内，陶行知写了不少文章宣传杜威的思想理论，提倡试验主义，真正实行起来却举步维艰，例如将"教授"改为"教学"，改一个字都很困难。[①] 在提倡平民救助、管理南京晓庄师范学院的实践中，陶行知深刻地认识到很多的主观意见都是错的，用杜威的思想理论来改造社会，却到处碰壁，于是他开始反省自己的实践，探索适合中国国情的救助实践。[②] 1928年1月陶行知在《行是知之始》一文中，仍然赞成王阳明的"知行合一"说，但是他指出了王阳明的错误并提出"行是知之始，知是行之成"的主张。[③] 1934年7月，陶行知在《行知行》一文中否定了"知行知"观并将"行知"观发展为"行知行"观，他正式宣布改名为"行知"，做到了名副其实。[④] 他易名的过程，是他不断追求真理、实践真理的过程，"陶行知"这一名字是基于自身在实践中对行与知不断辩证思考的结果，陶行知的行与知是从感性认识到理性认识的循环往复。[⑤] "千教万教教人求真，千学万学学做真人。"这句名言是他追求表里如一、名副其实的"真人"品格的真实写照。行与知具体指的是社会救助实践与理论，陶行知在行动中找到了救助的方法，实行平民救助、大众救助、科学救助等，在行动中诞生思想、指导思想、实现思想。"行是知之始，知是行之成"是陶行知先生终生所践行的格言，强调知行合一。[⑥] 社会救助思想与社会救助行动相结合，达到解放社会大众思想和社会改革的目的，两者的结合是当时时代背景下的产物。

"行与知合一"是陶行知一生的追求，也是社会工作专业所要达到的目标。陶行知对行与知的探索其实就是在探索救民救国的道路，社会救助是

① 周洪宇：《继承中的超越与超越中的继承——陶行知与杜威关系略论》，《教育研究与实验》1993年第4期。

② 张亚兰、史降云：《陶行知对杜威教育思想与实践的继承与发展——晓庄学校与芝加哥实验学校之比较》，《生活教育》2016年第1期。

③ 包兆会：《历史文化名人信仰系列之三：陶行知》，《天风》2014年第5期。

④ 舒智龙：《从陶行知改名说起》，《素质教育大参考》2003年第6期。

⑤ 方华明：《万世师表　知行合一——伟大的人民教育家陶行知》，《教育与职业》2016年第10期。

⑥ 张和清：《知行合一：我的社会工作行动研究历程》，《浙江工商大学学报》2015年第4期。

陶行知社会改革的重要内容，号召每一个人参与其中并号召其他人，以一带十、以十传百，用知识提高对自我的认识、对他人的认识和对社会的认识，形成良好的思想救助氛围，达到社会救助的高潮，[①] 使百姓在思想上得到了启迪。正是因为陶行知在思想上突破革新，使社会救助思想产生了广泛的影响，政府才会视其为己害，并通缉之。

二　陶行知社会救助思想的当代价值

陶行知通过社会救助来实现人生价值，不仅积极推行救助思想，还鼓励人民自救，人民自救的同时还帮助其他人自救，这一良性循环是陶行知人格魅力的体现，时代赋予陶行知重要的意义，回到当代，陶行知社会救助思想依然具有借鉴价值。陶行知社会救助思想与社会工作专业的很多价值理念相吻合，所以农村社会工作的发展能从陶行知社会救助思想中汲取精华，主要包括以下三点。

（一）农村社会工作价值观本土化发展

陶行知师从杜威、孟禄、克伯屈等美国教育家，学成回国后，并不是一味地照搬照学他们的思想理论，而是根据当时中国的现实提出了自己的思想，从而衍生出独特的社会救助思想。农村社会工作价值观正需要这样的思考创新，价值观是农村社会工作的灵魂，它能引导农村社会工作者去农村为农民开展服务。农村社会工作价值观不仅要符合中国国情，还要体现农村社会工作的特色。中国是农业大国，幅员辽阔，农村人口众多，地区差异较大，农村社会工作价值观应该从中国的实际情况出发，提出具有农村代表性的价值理念，例如"以农为本"。农村社会工作的发展需要农村社会工作者的参与，还需要适合本土的专业价值观的指导。社会工作价值观带有明显的西方色彩，它强调个人价值、尊严和自我决定，这些观念来源于西方文化；而西方文化与中国文化有很大不同，本土化的社会工作价值才是符合中国文化的，才能有效指导开展农村社会工作，引导运用个案

---

① 苏永骏：《陶行知教师管理思想及其当代启示》，《湖北经济学院学报》（人文社会科学版）2015 年第 10 期。

工作、小组工作和社区工作帮助解决农村这个环境中的问题。[①] 农村社会工作价值观本土化不仅仅是把西方社会工作价值观中符合中国社会价值观要求的那部分拿过来、不符合的舍去，还是一个互动的过程，选择合适的价值理念并加以融合，最终目的是形成适合本土发展的价值观并能指导农村社会工作者的工作与方向。[②]

（二）农村社会工作本土化发展

陶行知救助思想是中西方文化影响下的结晶，也是中国特有的救助思想的一部分，具有民族性和时代性。农村社会工作的本土化包括理论和实务的本土化，侧重实务的本土化。[③] 陶行知的农村救助实践是根据农村地区的实际情况而进行的，实践就是在当地的环境中开展的，体现出实践的本土化。而农村社会工作则是根据农村地区群体的不同需求而开展的，整个实践过程都在当地进行，体现出实践的针对性和本土化。农村地区的情况比较复杂，例如各村的经济、交通、教育等情况不同，农村社会工作实务本土化发展显得尤为突出。像陶行知运用救助资源为百姓搭建机会平台一样，农村社会工作也可以在本地环境中探索与利用本地优势和资源为当地农民服务。农村社会工作实务的最高境界就是知行统一，用理论方法指导实践工作，实践经验促进理论完善，两者相辅相成，形影不离。本土化的农村社会工作更具自身特色，每一个地区就是一个经典，可借鉴但不可复制，例如陕西省礼泉县的袁家村发展迅猛，针对其开展的农村社会工作就不能从常见的问题入手，反而可以用社会工作的优势视角观察分析袁家村的潜在需求。

农村社会工作不仅是中国社会工作的重心，还是社会工作者关注的重点。生活在农村的农民是社会中最大量的弱势群体，需要农村社会工作者的重视，而中国专业人才培养主要聚焦于城市，所以急需培养一批农村社

[①] 赵婧：《社会工作价值观本土化面临的困境与出路》，博士学位论文，山东理工大学，2010。

[②] 贾冰、孔凡飞：《社会工作专业价值观的本土化问题探讨——从中西方社会价值观的兼容性视角》，转载自《第十届沈阳科学学术年会论文集》（教育科学与边缘科学分册），2013。

[③] 李永敏：《我国农村社会工作的本土化路径研究——基于江西省万载县的实证分析》，博士学位论文，复旦大学，2011年。

会工作者。[①] 目前，中国高等农业院校社会工作专业将专业发展特色定位为农村社会工作，符合中国农村社会工作发展的实际，加上国家政策的支持，所以农业院校培养农村社会工作者具有很大的可行性。2012 年 3 月，中央 19 部门发布《社会工作专业人才队伍建设中长期规划（2011—2020 年）》，明确提出实施社会工作专业人才服务社会主义新农村建设的计划，还提到 2020 年基本实现每个国家扶贫开发工作重点县有一家社会工作服务站，带动培养 5 万名农村社会工作专业人才。[②] 农业高校应积极为农村社会工作的本土化发展做贡献，因为农业院校与农村紧密联系，在"农"上容易出成果，农业院校社会工作专业发展具有充足资源和有利环境。[③] 中国是一个多民族的国家，民族农村地区情况比较复杂，民族农村地区的社会工作实务需要社会工作者多方面的能力，如理解当地民族语言的能力、观察能力和沟通能力。由于民族农村地区的文化、语言、习俗等差异因素，社会工作本土化更需要特色与创新，来适应民族农村地区的情境。[④] 中国农村社会工作专业正在本土化的路上，本土化不是一蹴而就的，但是只要有进步，就能看到中国农村地区所做出的独创性服务的发展，如基于江西省万载县所做出的农村社会工作本土化路径及创新研究，能给其他农村地区的创新服务带来实践经验。

（三）农村社会工作专业化发展

陶行知的社会救助从思想和行动上体现，而农村社会工作专业化也可以从理论和实务上体现。具备扎实的理论知识和丰富的实务经验的农村社会工作者是专业人才，同时专业的农村社会工作者队伍才能使农村社会工作达到可持续发展的目标。[⑤] 近几年，针对农村开展的社会工作项目不断增

---

① 杨发祥、闵慧：《中国农村社会工作发展探析》，《福建论坛》（人文社会科学版）2011 年第 1 期。

② 谭铁军：《农村社会工作：高等农业院校社会工作专业发展特色定位》，《社会工作》2013 年第 4 期。

③ 谭铁军：《农村社会工作：高等农业院校社会工作专业发展特色定位》，《社会工作》2013 年第 4 期。

④ 何乃柱：《民族社区社会工作研究：本土实践与理论建构》，博士学位论文，兰州大学，2013。

⑤ 卢建伟：《潍坊市农村社会工作人才队伍建设问题研究》，博士学位论文，中国农业科学院，2009。

加，服务对象和内容发展较丰富。例如广东绿耕社会工作发展中心的"城乡合作项目"，主要是通过组织乡村旅舍妇女小组、返乡青年文化导赏小组等村民组织，发展多元可持续的生计方式，同时村民组织利用本地人文传统和生态资源，开展城乡互动与公平贸易，不仅改善了村民生计，还保护和传承了村庄传统文化，保育生态环境。① 成都第三圈层农村学校社会工作的"燃亮号"流动教室项目，主要是通过小组活动提高学生团队意识，增强班级凝聚力，同时有利于个体的发展。除了以小组活动为主，该项目还以社区活动为辅，基于农村社区的特殊性，社区活动依然在学校进行，有利于加深亲子间的关系，促进家庭和谐发展。② 这些项目的顺利进行，也意味着农村社会工作的专业化有所加强。为促进农村社会工作专业化发展，不断编写高质量的农村社会工作教材，吸纳有经验的优秀社会工作人才的同时，要思考有创意的农村服务项目，除了教材、人才和项目以外，还得有把农村社会工作往前推的决心。陶行知怀揣着"救国""强国"的信念，信念指引他在一生的时间里只做一件事，那就是"救助"，用救助改变中国现状的决心在陶行知身上显得尤为耀眼，现在农村社会工作的发展正需要这种决心。

农村社会工作者容易在实务过程中让"知"与"行"分离，而陶行知是"知行合一"的榜样，所以要向陶行知学习，不仅要把"知行合一"体现到个人人格上，还要把"知行合一"实践到个人所奋斗的事业上。农村社会工作者要有正确的农村社会工作价值观，要用价值观来指导个人行为，积极为农民服务，同时努力做到"知行合一"，这一努力过程也是农村社会工作发展的助推器。③ "一生清贫，两袖清风"是陶行知一生的写照，他把所有精力都花在所爱的事业上，而社会工作者正是需要对个人所做的事业抱有热情，陶行知的精神激励着农村社会工作者。社会工作具有很强的专业性和实践性，而社会工作实务研究领域不断拓展，从2007年开始，社会

---

① 黄晓宇：《"绿耕"模式下的农村社区发展——以从化市长流村社会工作试点为例》，博士学位论文，中国社会科学院研究生院，2013。
② 严榫：《成都市第三圈层农村学校社会工作模式研究——以"燃亮号"流动教室项目为例》，《西南石油大学学报》（社会科学版）2013年第6期。
③ 邹鹰：《全国农村社会工作人才队伍建设试点经验交流会在万载召开》，《社会工作》（实务版）2009年第1期。

工作研究领域以社区、学校、司法矫正、灾害社会工作研究为主，而社区社会工作除了城市社区社会工作以外，农村社区社会工作实务研究同样成为研究热点，主要是针对社会工作介入农村社区发展的经验总结与思考，[1]如《社会工作介入农村社区生计发展的理论创新与经验反思——以社会治理创新为分析视角》[2]、《农村社区建设中的自组织与社会工作的介入》[3]、《农村社区发展、社会工作介入与整合性治理——兼论我国农村社会工作的范式转向》[4]和《社会工作视角下的新型农村社区建设探析》[5]等。诸如此类的研究不仅挖掘了农村社会工作实务领域的深度，还丰富了农村社会工作实务服务的内容。[6]虽然中国农村社会工作理论和实务基础薄弱，但是发展前景还很广阔，需要高校教育者、社会工作者和社会工作研究者等共同的努力。

三　结语

在纪念陶行知先生逝世 72 周年之际，不仅要缅怀他，还要发扬他的思想与精神。陶行知思想永不过时，本节首先肯定陶行知在教育和革命事业上所做出的巨大贡献；其次通过对他思想的学习和理解，笔者发现陶行知社会救助思想与社会工作专业的一些思想理念相契合，陶行知社会救助思想和社会工作专业价值观都是坚持以人为本、平等、自由和尊重等价值理念，强调理论与思想的本土化和追求"知行合一"的专业化；最后指出陶行知社会救助思想具有当代价值，能为农村社会工作的发展提供一些参考与借鉴。笔者强调为了推动农村社会工作可持续发展，要总结出符合农村

---

[1]　文军、刘昕：《近八年以来中国社会工作研究的回顾与反思》，《华东理工大学学报》（社会科学版）2015 年第 6 期。

[2]　徐选国、戚玉、周小燕：《社会工作介入农村地区生计发展的理论创新与经验反思——以社会治理创新为分析视角》，《中国农业大学学报》（社会科学版）2014 年第 4 期。

[3]　钱宁、田金娜：《农村社区建设中的自组织与社会工作的介入》，《山东社会科学》2011 年第 10 期。

[4]　徐选国、杨絮：《农村社区发展、社会工作介入与整合性治理——兼论我国农村社会工作的范式转向》，《华东理工大学学报》（社会科学版）2016 年第 5 期。

[5]　周启迪、朱赵荣：《社会工作视角下的新型农村社区建设探析》，《学理论》2012 年第 35 期。

[6]　刘继同：《中国特色社会工作实务"基本问题清单"与"通用型"社会工作实务模式（上）》，《社会福利》（理论版）2014 年第 1 期。

精神的社会工作价值观，要思考把理论和实践两者巧妙融合以求专业本土化，还要加强完善社会工作专业教材、人才队伍和服务项目制度以达到专业化目标，当然，做好农村社会工作必不可少的是要像陶行知一样有坚持到底的决心。

第四节　李安宅边疆社会工作思想

一　引言

　　李安宅，字仁斋，笔名任责，1923 年考入山东齐鲁大学，1924 年转入北京燕京大学社会学系社会服务研究班，1929 年获得理学士学位及相当于硕士的社会服务职业证书。[①] 毕业后留校，研究的重点是社会学、人类学和民族学。[②] 20 世纪三四十年代，国民政府西迁，全国的经济、文化也随之西迁。因此，许多学者开始关注边疆，李安宅作为研究边疆问题的专家也加入服务边疆的队伍。1938 年，李安宅、于式玉夫妇到甘肃拉卜楞进行藏区社会调查，一直待到 1941 年，创下中国人类学家在一地进行调查时间最长的纪录。[③] 1941 年，李安宅被华西协合大学聘为社会学系主任、教授及华西边疆研究所所长。[④] 当时，华西边疆研究所与华西边疆研究会、中国边疆学会既相互配合又相互独立地开展调查研究、实地考察、主办公开演讲、举办文物展览、出版刊物等，表现出边疆研究的繁荣景象。[⑤] 当时的边疆实地研究促进了李安宅对边疆及边疆工作的思考。

　　我们现在所说的边疆主要是指邻近边界的区域，如远离腹心的边远地区、少数民族聚居的多民族地区。[⑥] 而李安宅认为"边疆乃对内地而言。边疆所以不与内地相同的缘故，就自然条件而论，不在方位，而在地形；就人为条件而论，不在部族，而在文化"。"从自然地形看，高原、沙碛、茂

---

① 转引自李安宅《边疆社会工作》，石家庄：河北教育出版社，2012，第 6 页。
② 转引自李安宅《边疆社会工作》，石家庄：河北教育出版社，2012，第 6 页。
③ 转引自李安宅《边疆社会工作》，石家庄：河北教育出版社，2012，第 7 页。
④ 转引自李安宅《边疆社会工作》，石家庄：河北教育出版社，2012，第 7 页。
⑤ 孔令春、彭秀良：《李安宅与边疆社会工作》，《团结报》2012 年 5 月 24 日。
⑥ 周平：《我国的边疆治理研究》，《学术探索》2008 年第 2 期。

草、森林才算边疆；从文化上看，进行粗放游牧者聚居地才算边疆。"① 李安宅对边疆的定义区别于传统的定义，不仅从地理位置方面来讨论，还提及文化的因素，拓展了"边疆"的含义。由于地形的阻隔，边疆地区与内地和沿海地区的经济、文化、政治等方面存在差异，尤其是文化方面，边疆地区与内地地区的生活方式、风俗习惯、宗教信仰、民族等存在差异。通过对边疆地区的研究及实地考察，李安宅认为边疆工作主要是社会工作，② 强调边疆社会工作的重要性。

　　今天对于社会工作的定义有很多种，笔者在这里主要采取王思斌的定义，社会工作是以利他主义为指导，以科学的知识为基础，运用科学的方法进行的助人服务活动。换言之，社会工作是一种科学的助人服务活动，以受助人的需要为中心，并以科学的助人技巧为手段，最终达到助人的有效性。③ 在民国时期，李安宅经过研究与实践，用归纳比较的方法提出边疆社会工作的定义，边疆工作主要是社会工作。社会工作的性质，乃是一点一滴，经常创新的；一步一步，不求近效的；避名求实，善与人同的；助人自助，而不越俎代庖的。归根结底一句话，社会工作乃是一套软功夫，一套软中有硬的功夫。④ 我们可以从以下几个方面来解读李安宅对于边疆社会工作的定义。

　　首先，由于经济、文化等方面比较落后，边疆地区存在诸如发展、教育等问题。因此，边疆社会工作者应时刻关注边疆地区的问题，逐渐积累经验，因地制宜，不断创新。其次，边疆社会工作者应该做到眼光长远，不只要解决边疆民众眼前的问题，而且要注重发展他们的能力。再次，边疆社会工作者应该遵守社会工作的价值理念与职业操守，做到以人为本、平等互助、尊重差异，并将助人自助的服务理念贯彻到工作的过程中。从次，李安宅眼中的社会工作不是革命，所以说它是软功夫，是在人与人相互信任的基础上来解决问题的。软中有硬的意思是，虽然方法不是激进的，

　　① 李安宅：《边疆社会工作》，石家庄：河北教育出版社，2012，第6—7页。
　　② 李安宅：《边疆社会工作》，石家庄：河北教育出版社，2012，第22页。
　　③ 王思斌主编《社会工作概论》（第二版），北京：高等教育出版社，2006，第12页。
　　④ 李安宅：《边疆社会工作》，石家庄：河北教育出版社，2012，第18页。

但社会工作的动态性、实务性、专业性仍然解决了问题，达到了硬的效果。① 并且，这套软中有硬的功夫是适合边疆的，边疆也需要这种工作。最后，李安宅希望经过边疆社会工作，使内地与边疆协同发展，达到建设和谐社会的目标。"故边疆社会工作之成功，即在边疆性之逐渐消失而归于乌有。"② 这才是边疆社会工作和民族地区社会工作的核心特点和工作原则。③

近些年来，我国很多学者从人类学、美学、藏学等方面对李安宅的著作做过研究，但从社会工作角度研究的较少。因此，笔者将从社会工作的角度来论述李安宅的边疆社会工作思想。

二 李安宅的边疆社会工作思想

李安宅在边疆服务时，结合当地的实际情况，写出了《边疆社会工作》。这本书不仅是李安宅边疆社会工作思想的凝结，对于我们今天边疆社会工作者研究边疆及民族问题也具有一定的参考意义。今天，就让我们走进李安宅的《边疆社会工作》，探索民国时期李安宅的边疆社会工作思想。

（一）强调助人自助的服务理念

李安宅作为边疆问题专家，不仅积极投身于边疆建设中，而且撰写了很多研究文章。李安宅在《论边疆服务》中说："服务对象即当地居住的人，'一部分即训练出来为当地服务的人才'，'助人使人自助'是'一切服务人员的最高的原则'。工作方面，目标是要'引导边疆人民能为自己服务'；在服务方式上，'一为从旁表证，一为从中策动'。"④ 从这段话中可以看出，李安宅强调边疆社会工作的服务对象是边疆人民，目标是发展边疆人民的自助能力。其中，边疆社会工作者扮演着支持者与鼓励者的角色，鼓励服务对象在面对困境时自己克服困难，勇敢面对挑战，并且支持其积极发展新的行为来摆脱当前的困境。经过边疆社会工作者的指导与帮助，

---

① 席婷婷：《在当今时代中解读李安宅的〈边疆社会工作〉》，《黄河科技大学学报》2015 年第 4 期。

② 李安宅：《边疆社会工作》，石家庄：河北教育出版社，2012，第 18 页。

③ 常宝：《从边疆到民族：关于民族社会工作的批判与想象——兼论李安宅的边疆社会工作》，《内蒙古师范大学学报》（哲学社会科学版）2016 年第 3 期。

④ 李安宅：《论边疆服务》，《边疆服务》1943 年第 1 期。

通过鼓励受助人发展能力，达到助人自助的目标。

社会工作者运用自己的专业理论与方法，链接各种资源为困难人群提供帮助，此之谓"助人"，助人是社会工作基本的功能。同时，社会工作者不仅为弱势群体提供解决问题的方法，还不断挖掘他们的潜能，鼓励服务对象自己学习，增强其解决问题的能力，此之谓"自助"。助人自助不仅强调解决服务对象的问题，帮助弱势群体、困难群体获取生存资源，更重要的是发展受助者的能力，即着重开发受助者个人的内在资源，包括智力及其他自身的能力，并帮助服务对象发展能够将外来援助转化为自我发展的动力的能力。① 边疆地区由于自然、历史、经济等方面的因素存在很多的不足，如人口、福利、教育等，这些都是社会工作的工作范畴，需要社会工作的介入，帮助边疆人民获得发展，达到助人自助的目标。

（二）提倡以人为本的价值理念

以往的边疆工作存在很多不足，如存在歧视边民的问题，将边疆看成敌国或藩属，从而不把边民看成国民；忽视边民生计的问题，只用军事、外交等方式管理边疆，采用形式主义，忽视边民真正的需要，从而逐渐失去了边民的信任。② 因此，李安宅提出"要深入民风民俗的底层，了解社会思想的背景，同情先天禀赋的反应，以便客观有所成就，人为有所裨益"。③ 李安宅认识到社会工作的价值观对于边疆社会工作的重要性，提倡将尊重、接纳、平等、自决、个别化、文化多元等社会工作价值观运用到边疆社会工作中。社会工作价值观是指一整套用以支撑社会工作者进行专业实践的哲学信念。④

社会工作者要重视个体的生命价值，以非歧视、真诚的态度对待，认真地倾听和感知服务对象的独特需求，采取不批评的态度，客观理性地接受其优缺点、设身处地考虑服务对象的需要，帮助其解决问题。⑤ 以往的边疆工作人员并不是专业的社会工作人员，他们缺乏社会工作价值观的指导，

---

① 李迎生主编《社会工作概论》，北京：中国人民大学出版社，2004，第31页。
② 李安宅：《边疆社会工作》，石家庄：河北教育出版社，2012，第25页。
③ 李安宅：《边疆社会工作》，石家庄：河北教育出版社，2012，第15页。
④ 陈钟林、黄晓燕：《社会工作价值与伦理》，北京：高等教育出版社，2011，第48页。
⑤ 陈钟林、黄晓燕：《社会工作价值与伦理》，北京：高等教育出版社，2011，第53页。

往往采取歧视、不平等的姿态来对待边疆人民，因此导致边疆问题不能很好地解决。李安宅认为边疆社会工作者在开展边疆工作之前，要深入边疆地区，与边疆人民亲密接触，以平等的姿态与他们沟通，才能取得他们的信任。由于地理、历史等因素，边疆地区可能与内地地区存在文化的差异，边疆社会工作者必须了解文化及其对人类行为和社会的功能，并觉知所有文化的存在与力量；社会工作者应具备有关案主文化背景的知识，并在服务时展现对案主文化的敏感度，也要能分辨不同人群和文化族群间的差异。① 因此，边疆社会工作者在开展工作时，应了解边疆人民的文化与生活背景，接纳他们的感受与想法，理解他们的思想观念与行为，并给予他们肯定与关怀，使他们感受到温暖。李安宅强调先天禀赋的反应，即个别化的原则。社会工作者重视个人的不同处境，每个人都是独特的个体；社会工作者尊重个人之间的差异，采用不同的思维、不同的方法对待不同特质的人，通过个别化的理解和感悟促成双方达到互动。② 边疆社会工作者为边疆人民服务时，应根据每个边疆人民的个性化的需求，为他们提供服务；依据案主自决的原则，尊重他们的决定，不要轻易替他们做决定，更不要大包大揽。我们要相信他们有改变自己困境的能力，可以通过帮助他们分析各种情况的利弊，鼓励边疆人民自己做决定。社会工作价值观在社会工作过程中占据着重要的位置，边疆社会工作者应秉持以人为本的价值理念，为边疆民众提供优质服务。

（三）主张"研究、服务、训练"三者合一的工作理念

1943 年 8 月 17 日至 28 日，中华基督教会全国总会边疆服务部在成都总部召开事工检讨会，会议特别邀请李安宅、于式玉夫妇参加，李安宅在此次会议上作了《研究、服务、训练要连合起来》的报告。③ 李安宅认为，边疆工作者到边疆工作最大的困难是"兴趣和热情随着时间淡薄下去"。④ 通常人们刚进边疆时，一切都很新鲜，后来周围事物逐渐变得单调，于是周围的一切都不足以维持其原有兴趣，不足以激发其创新的动力，但是，

---

① 李迎生主编《社会工作概论》，北京：中国人民大学出版社，2004，第 80 页。
② 陈钟林、黄晓燕：《社会工作价值与伦理》，北京：高等教育出版社，2011，第 44 页。
③ 邓杰：《李安宅与边疆服务运动》，《四川文理学院学报》2009 年第 6 期。
④ 邓杰：《李安宅与边疆服务运动》，《四川文理学院学报》2009 年第 6 期。

若把研究、服务与训练连合起来，问题就比较易于解决。① 李安宅提出实施边疆社会工作必须严格遵守三项基本原则："第一要有研究功夫，以便明了边地问题之所在，以及解决问题的手段和方法。第二要有服务活动，这是我们所以去到边疆的目的。第三要有训练热情，即训练同工，使同工充分发挥力量，使边民优秀分子变成同工，以便自助，然而尤要者，乃在三者合而为一……"② 从这三项原则中可以看出，李安宅希望边疆社会工作者可以将研究、服务、训练三者结合起来，使边疆社会工作达到最好的效果。在这三项原则中，研究是边疆社会工作的前提，服务是边疆社会工作的特征，训练是边疆社会工作的保障。③ 首先，我们来说明社会工作研究对于社会工作的重要性。开展社会工作研究是及时了解和掌握服务对象需求以提供适宜的服务的需要；是科学地探寻社会问题成因并加以合理解决的需要；是不断改进社会工作服务质量、提高服务效益的需要；是不断完善社会政策、推动社会发展的需要；是验证和发展社会工作理论的需要。④ 因此，边疆社会工作者在开展边疆社会工作时应该重视社会工作研究的重要性，在了解和掌握边疆地区需要的基础上，提供符合当地的服务。其次，社会工作是助人的服务活动，是社会工作者运用专业的知识与技术帮助社会上处于不利境地的人群克服困难，最终使其适应正常的社会生活的过程。由于边疆历来不被重视，很多问题没有得到及时解决，边疆人民面临困境。因此，开展边疆服务是边疆社会工作的主要目的。最后，李安宅认为仅依靠研究和服务还不够，还需要训练同工来扩大社会工作在边疆的影响力，使边疆的优秀人才成为社会工作者，达到助人自助的功效。

李安宅将自己的理念付诸实践，用于边疆的建设工作。1939 年底，中华基督教会全国总会边疆服务部成立，开展的具体工作可以分为两种：一是实地服务工作，包括文化教育、生计改良、医药卫生和其他社会事业；

---

① 邓杰：《李安宅与边疆服务运动》，《四川文理学院学报》2009 年第 6 期。
② 李安宅：《边疆社会工作》，石家庄：河北教育出版社，2012，第 63 页。
③ 黄万庭：《李安宅的边疆社会工作思想》，《中国社会工作》2012 年第 6 期。
④ 李迎生主编《社会工作概论》，北京：中国人民大学出版社，2004，第 250 页。

二是边区调查和研究。① 李安宅也介入了这项运动，启发了他本人对边疆社会工作的许多思考。② 李安宅后来开辟了"石羊场社会研究站"，③ 提倡将研究、服务与训练结合起来。首先通过研究发现边疆存在的问题，其次在边疆开展一系列的服务活动，最后训练学生如何更好地服务。这些实践活动，对于今天社会工作者深入边疆地区开展工作具有借鉴意义。

（四）重视对边疆社会工作者的培养

李安宅认为，"在边疆，胜任便算胜任，不胜任便不只是不胜任，势必致偾事害世。故要求于边疆工作者，条件非苛不可，标准非高不可"。④ 长久以来，内地对边疆的认识都不够透彻，导致很多工作都不到位，对于工作者的要求也不高。但是，李安宅看到了边疆社会工作的重要性，要求配备优秀的人才服务边疆。李安宅对社会工作者提出了三点要求：要有适应自然的体魄；要有适应人群的态度；要有适应工作本身的技能。⑤ 边疆社会工作者拥有的强健的体魄是开展社会工作的基础，而工作者正确的态度可以帮助消除其在边民中的不良影响，工作技能是边疆社会工作的实现途径。社会工作者大多来自内地，对于边疆地区的历史文化等并不了解，因此要对专业的社会工作者进行教育和培训，提高他们的文化敏感性⑥和文化适应的能力。

李安宅在《边疆社会工作》一书中为社会工作者的培养提出了两点意见。第一，可以使预备工作人员在未参加边疆工作之前就得到有效的训练。为此，应该委托靠近边疆或对于边疆有研究历史的大学。⑦ 由于这些大学对于边疆地区有较深的认识和了解，可以为它们配备相应的资源，由它们来培养和训练边疆社会工作者。"训练边疆人才，自以边疆为宜。"⑧ 这样才能

---

① 孔令春、彭秀良：《李安宅与边疆社会工作》，《团结报》2012 年 5 月 24 日。
② 孔令春、彭秀良：《李安宅与边疆社会工作》，《团结报》2012 年 5 月 24 日。
③ 李安宅：《边疆社会工作》，石家庄：河北教育出版社，2012，第 54 页。
④ 李安宅：《边疆社会工作》，石家庄：河北教育出版社，2012，第 40 页。
⑤ 李安宅：《边疆社会工作》，石家庄：河北教育出版社，2012，第 40 页。
⑥ 古学斌、张和清、杨锡聪：《专业限制与文化识盲：农村社会工作实践中的文化问题》，《社会学研究》2007 年第 6 期。
⑦ 李安宅：《边疆社会工作》，石家庄：河北教育出版社，2012，第 54 页。
⑧ 李安宅：《边疆社会工作》，石家庄：河北教育出版社，2012，第 53 页。

使边疆社会工作者更好地适应边疆，更快地了解边疆文化。第二，对于正式的工作人员，可以采用"学徒制"与"督导制"相结合的方式,[①] 使工作人员脚踏实地，积累经验，最后开拓创新。李安宅通过自身的实践如开辟乡村研究站，提出了对边疆社会工作者的培养方式即学徒制与督导制；培养设备即设立社会工作实验室；培养地点为靠近边疆或对于边疆有研究历史的大学。[②] 学生既可以在当地学习，又可以在当地实习。李安宅的这些做法，在今天看来仍具有创新性。

三　对于建设边疆地区社会工作的启示

李安宅用于建设边疆的社会工作思想具有前瞻性与创新性，在和平年代的边疆仍具有参考的价值。目前来说，城市社会工作开展得如火如荼，边疆社会工作、农村社会工作却鲜有人提及。关注李安宅的《边疆社会工作》一书，对于今天边疆社会工作的发展具有重要的意义，对于更好地建设边疆具有重要的启示作用。

（一）培养"边疆人民"自我发展的能力

助人自助是社会工作的服务理念。"授人以鱼，不如授人以渔"，社会工作者不仅要解决服务对象目前面临的困境，更重要的是挖掘服务对象的资源，提高其解决问题的能力。边疆地区面临众多问题，但长久以来并没有得到重视。边疆地处偏僻地区，经济较沿海、内地地区发展缓慢，科学技术水平比较落后。李安宅重视边疆社会工作的建设，并且认为边疆社会工作的目标是引导边疆人民能为自己服务，即培养边疆人民自我发展的能力。李安宅设立"边疆文化团",[③] 由各行各业的专家组成，通过分工合作扶植边疆，改善边疆人民的物质条件；并通过设立边民服务馆与边疆服务队，指导边民问题的解决；同时李安宅注重教育在边疆地区发挥的作用，注重改善当地教育并启发新的教育，实现边民的自助。在市场化、现代化大势下，经济落后的民族地区要想获得较快发展，除了政府制定和实

[①]　李安宅:《边疆社会工作》，石家庄：河北教育出版社，2012，第51—52页。
[②]　李安宅:《边疆社会工作》，石家庄：河北教育出版社，2012，第51—54页。
[③]　李安宅:《边疆社会工作》，石家庄：河北教育出版社，2012，第68页。

施合理的政策之外，还必须强调人的发展，重视贫困群体发展能力的提高。① 我国的少数民族大多聚集在边疆地区，因此，边疆的发展也要重视提高边疆地区人民的自我发展能力。对于今天的边疆社会工作者来说，可以从以下几个方面培养边疆人民的自我发展能力。

第一，社会工作者要挖掘弱势群体的社会支持网络，重新构建弱势群体的社会支持体系。作为少数民族聚居地的边疆地区，大多数民族都有自己的宗教信仰。有很多学者将宗教功能与社会工作联系起来，认为在民族地区，宗教在对弱势群体的社会救助、信教群众的精神心理调适、老年人服务、家庭服务等方面具有社会工作性质的功能。② 因此，边疆社会工作者可以借助宗教的力量帮助边疆民众走出困境，使其获得面对困境的勇气，帮助其探索生命的意义。同时，边疆社会工作者可以帮助处于弱势群体的边民挖掘自己拥有的资源与支持网络。通过链接政府的政策优惠的资源，以及发挥其家人、朋友、亲戚的支持作用，处于弱势群体中的边民可以看到自己拥有的优势，看到生活的希望。第二，鼓励边疆民众积极参与到社会工作的事务中，走出"参与式发展的表象"，培养边民的"参与自觉"③意识与文化建设热情。社会工作者可以举办各种文化活动，促进内地与边疆地区文化的碰撞和交流。鼓励边民积极参与其中，帮助其挖掘自身的文化优势，促进边地与内地文化的交融。第三，积极倡导和组织边民学习先进的技术和科学文化，④ 链接各种资源为当地民众提供学习的机会，培养他们的技能，鼓励其建设自己的家乡。例如，可以邀请专家开展专题讲座，使边民吸收一些新的文化与知识，如农业方面的讲座，可以使边民学习科学的种植、养殖方法，将资源转变为生产力，获得经济的增长。第四，社会工作者应该利用自己拥有的资源为有需要帮助的人群提供就业信息，也可以为他们提供就业指导与就业能力培训的课程。第五，积极开展边疆教育活动，提高边疆人民的文化素质与科学素养。对于今天来说，社会工作

---

① 〔印度〕阿马蒂亚·森：《以自由看待发展》，任赜等译，北京：中国人民大学出版社，2002，第88—89页。

② 段继业：《宗教在西北少数民族地区的社会工作功能》，《青海社会科学》2005年第6期。

③ 郭占锋：《走出参与式发展的"表象"》，《开放时代》2010年第1期。

④ 张央央、郭占锋：《论梁漱溟乡村建设理论对农村社会工作的启示》，《山西农业大学学报》（社会科学版）2015年第11期。

者可以担任宣传者和教育者①的角色，在当地领袖或政府官员的帮助下，宣传政府的教育政策，鼓励边疆人们接受知识与教育，尤其是适龄的学前儿童，鼓励家长将他们送进学校接受教育。

（二）培养边疆社会工作者的"文化能力"

每个地区都有自己独特的文化，包括生产方式、生活方式、精神生活、价值信仰等。② 尤其是边疆地区，生产、生活方式与内地并不相同。少数民族的存在，使其文化更加多样化。对于今天来说，文化视角介入社会工作是很多学者都比较关注的方面。③ 王思斌曾说，社会工作强调服务对象的生活处境，其中包括后者的文化因素，社会工作的"人在情境中""人在环境中"的基本观点都可以把了解服务对象的价值观念、生活经验和习惯爱好包括在内。④ 王思斌也曾指出，社会工作在本质上是以文化为基础的，中国社会工作的发展必须高度重视文化因素，这也是社会工作本土化过程。⑤ 古学斌等学者通过自己的服务实践警告社会工作者"文化识盲"的问题，指出在民族地区开展社会工作必须有文化敏感性，否则难以开展社会工作。⑥ 文化敏感是在开展跨民族社会工作时，社会工作者要切实懂得服务对象的文化模式及其含义，能够理解和尊重服务对象基于其民族（族群）文化和价值观的切实需要，并用其易于接受的方式处理问题。⑦ 李安宅说："沟通物质文化的人，对于衣食住行等不同的方式，要有设身处地的同情，才能推求其所以然的道理；沟通精神文化的人，对于宗教制度等不同的方式，也要有设身处地的同情心。"⑧ 他鼓励边疆社会工作者深入边疆地区，了解边疆地区的文化及历史背景。因此，从事边疆工作的社会工作者应该培养

---

① 段继业：《宗教在西北少数民族地区的社会工作功能》，《青海社会科学》2005 年第 6 期。

② 王思斌：《民族社会工作——发展与文化的视角》，《民族研究》2012 年第 4 期。

③ 王思斌、赛牙热·依马木：《多民族地区发展社会工作的族群视角》，《甘肃社会科学》2013 年第 4 期。

④ 王思斌、赛牙热·依马木：《多民族地区发展社会工作的族群视角》，《甘肃社会科学》2013 年第 4 期。

⑤ 王思斌：《试论我国社会工作的本土化》，《浙江学刊》2001 年第 2 期。

⑥ 古学斌、张和清、杨锡聪：《专业限制与文化识盲：农村社会工作实践中的文化问题》，《社会学研究》2007 年第 6 期。

⑦ 王思斌：《试论我国社会工作的本土化》，《浙江学刊》2001 年第 2 期。

⑧ 李安宅：《边疆社会工作》，石家庄：河北教育出版社，2012，第 48 页。

"文化能力"，即对于多元文化的理解能力。

在多种文化掺杂的地区和国家，主流文化往往忽略非主流文化，主流文化往往不会参与到非主流文化中。① 培养边疆社会工作者的能力，首先，社会工作者应该深入边疆地区，积极参与其中。"参与"是一种学习，是主体或主流文化人群学习民族地区的民族文化知识，了解当地风土人情，增强文化差异意识的方式，促使其在服务时尊重文化差异，避免造成文化误解甚至文化冲突，以便提供适切性的服务。② 其次，边疆社会工作者应该虚心向当地民众请教与学习，不断提高自己的专业技能与综合能力。传统民族文化中蕴含着优秀的文化资源，但有些来自内地的社会工作者对于当地的文化了解得并不清楚，因此需要请教当地有权威的人士或者年长的老人来了解当地的历史，理顺当地的发展脉络，从而可以更好地提供服务。最后，社会工作者要从"文化敏感性"的视角看待当地的文化及传统习俗，经过培训与学习，提高自己的文化意识。可以由当地的督导或对于当地有深入了解的人来为社会工作者进行培训，使社会工作者了解当地环境及文化，从而可以在工作过程中更好地表达同感，获得边疆地区人们的信任。

（三）注重"研究、服务、训练"三者合一的工作原则

李安宅主张在边疆社会工作中，坚持"服务、训练、研究"三者合一的原则。"使服务得到研究的资助，服务才不是盲目的，即以资助研究，研究才不是抽象的，且使同工即在研究与服务中得到训练，训练才不是形式的。"③ 将研究、服务、训练结合起来，处理好三者的关系，才能使边疆社会工作走向成功。

首先，研究是开展服务的前期工作。要服务边疆，首先需要充分了解边疆的情况。因此，社会工作者在进入边疆之前，通过阅读书籍或实地考察，对当地的历史、民风民俗等进行详细的研究，了解当地人们真正的需求，从而为服务提供全面、翔实的资料。其次，服务是研究的目的。边疆

---

① 常宝：《从边疆到民族：关于民族社会工作的批判与想象——兼论李安宅的边疆社会工作》，《内蒙古师范大学学报》（哲学社会科学版）2016年第3期。
② 常宝：《从边疆到民族：关于民族社会工作的批判与想象——兼论李安宅的边疆社会工作》，《内蒙古师范大学学报》（哲学社会科学版）2016年第3期。
③ 李安宅：《边疆社会工作》，石家庄：河北教育出版社，2012，第17页。

工作与边疆研究的契合点在于采用"服务的手段",这不仅是因为学以致用的原则,更是因为旁观式访问的原则不如同情其处境,参加其行动,更来得亲切自然而易洞明其切要。① 社会工作者运用个案、小组、社区等专业方法为当地需要帮助的人群提供服务,如个案方法可以调节个人的心理和社会环境;小组方法可以用于特殊群体(妇女、儿童、老人、残疾人)的增权和增能;社区方法可以培养边疆民族地区自决、自助和互助精神的建设。服务不仅解决了边疆人们的需求,也使边疆社会工作者提高技能,获得经验,从而丰富自己的理论知识,使研究更加具体。为了更好地服务边疆,需要扩大宣传,最有效的宣传乃是使人共同参加实地研究,即培养同工。②

培养同工,对于社会工作在边疆的发展具有重要的作用。当地优秀的人才或领袖,他们与当地民众有相同的语言、相似的生活环境、共同的生活经历或宗教信仰,因此介入当地人们的生活有很大的优势,如调解当地民众的纠纷、增强当地凝聚力等。对于服务对象来说,由于社会工作者是自己本民族或本地区的人,对当地环境熟悉,所以他们也更倾向于向其表达自己的需求与想法。③ 因此,需要在边疆地区发展同工。例如,以新疆为例,在维吾尔族(也可能是其他少数民族)中培养社会工作人才是发展社会工作、促进当地社会建设的一项重要选择。④ 在社会工作快速发展的今天,我们更应该将服务与研究结合起来,将理论与实践结合起来,不断训练自我、在服务中做好研究,更好地促进社会工作专业的建设。同时,不断发展同工,使更多的人使用专业的社会工作方法进行边疆社会工作。

(四) 加强对边疆社会工作者的培育

由于历史上对于边疆的重视程度不够,长期以来,内地对于边疆的认识比较简单、模糊,对工作人员要求不高。其实,建设边疆更需要优秀的社会工作者的参与。李安宅重视对边疆工作者的培养问题,其研究和实践活动对于今天边疆社会工作者的培养有启发作用。

---

① 汪洪亮:《李安宅边疆思想要略》,《西藏大学学报》(汉文版) 2006 年第 4 期。
② 汪洪亮:《李安宅边疆思想要略》,《西藏大学学报》(汉文版) 2006 年第 4 期。
③ Richard Pugh and Brian Cheers, *Rural Social Work* (Policy Press, 2010), pp. 64-65.
④ 王思斌、赛牙热·依马木:《多民族地区发展社会工作的族群视角》,《甘肃社会科学》2013 年第 4 期。

由于边地自然条件恶劣，条件比较艰苦，因此从事此工作的人比较少。首先，政策支持方面，政府可以制定一些吸引就业的优惠政策，提供丰厚的待遇，吸引一些优秀的社会工作者前来边疆地区工作，贡献自己的力量。中央 18 部委文件指出，在少数民族聚居和信教群众较多的社区，可根据需要配备政治立场坚定、熟悉民族和宗教事务的社会工作专业人才。① 因此，政府应该出台相应的优惠政策，提高边疆社会工作者的薪资待遇与福利待遇，并不断完善休假制度等。其次，专业培训方面，可以依托当地的学校或者是对于边疆地区有研究历史的学校，来为边疆社会工作者进行培训，传授当地的历史、文化、传统习俗等知识，不仅可以使工作者丰富知识，而且在当地接受教育训练，有利于边疆社会工作者更好地适应环境。再次，采取学徒制与督导制相结合的方式提高边疆社会工作者的专业知识与专业技术。社会工作督导是使新的社会工作者与实习学生有效学习，并保证工作质量的一个手段，也是社会工作专业训练的一种方法。它通常由机构内资深的社会工作者向资浅的社会工作者或实习学生，通过定期的会谈与指导，帮助后者学习专业社会工作者的行为、角色，将专业知识、价值与技巧内化，从而确保服务的品质。② 社会工作者在督导的指导与帮助下，可以巩固自己的专业知识与技能，积累经验，发展潜能，不断开拓创新。最后，也可以在当地选拔优秀的人才，培养他们成为同工或志愿者。由于他们对当地比较熟悉，与当地民众的文化、语言、习俗、经历等相同，有很多当地民众也比较信任他们，可以更好地提供服务。近几年来，新疆维吾尔自治区重视在维吾尔族青年中培养社会工作者，包括送维吾尔族大学毕业生到内地社会工作专业院校接受专业培训，用来发展本地的社会工作专业，将优秀毕业生送到社会工作岗位去锻炼，使他们尽快成为优秀的社会工作者。③

四 结语

李安宅对边疆的研究，不仅取得了突破性的研究成果，还拓展了中国

① 王思斌、赛牙热·依马木：《多民族地区发展社会工作的族群视角》，《甘肃社会科学》2013 年第 4 期。
② 朱眉华、文军：《社会工作实务手册》，北京：社会科学文献出版社，2014，第 131 页。
③ 王思斌：《试论我国社会工作的本土化》，《浙江学刊》2001 年第 2 期。

早期的社会工作思想。李安宅创造性地提出，边疆工作主要是社会工作。这项工作，要有平易切实的手段、宽大庄严的态度、母鸡孵卵的工夫、充实一致的机构、长期推进的计划。[①] 边疆社会工作是一个长期的工作过程，需要边疆社会工作者有积极参与的工作热情和踏实耐心的工作态度，深入边疆地区，与当地民众一起建设边疆。

关注民国时期社会工作的历史，阅读这个时期的著作，如李安宅、梁漱溟、蒋旨昂等的著作，对当前我国社会工作的发展具有重要的意义。然而，遗憾的是，李安宅的边疆社会工作研究一直未能引起人们的重视，我国已经出版的社会学史著作中都很少提到李安宅的贡献，更不用说论及他的边疆社会工作了。[②] 李安宅提出"边疆需要内地的扶植与发扬，内地需要边疆的充实与洗练"。[③] 内地与边疆是相互支持，相互合作的。目前，我国边疆地区多次出现冲突与矛盾，不仅需要政府的支持，也需要边疆社会工作者的介入。例如，边疆民族地区的贫困问题需要社会工作的介入，当地的文化遗产保护需要社会工作发挥作用，社会建设需要社会工作的辅助，矛盾冲突需要社会工作的协调等。[④] 因此，对李安宅的边疆社会工作思想的研究对于今天的边疆社会工作乃至民族社会工作的发展具有重要的意义。边疆社会工作者通过与边民通力合作，最终实现社会稳定与和谐社会的建设。

第五节　卢作孚农村社会工作思想

卢作孚是我国近现代著名的爱国实业家、教育家、社会活动家、农村社会工作先驱，主持、推动了以北碚为中心的嘉陵江三峡地区三十多个乡镇的乡村建设运动。[⑤] 卢作孚与晏阳初、梁漱溟并称中国乡村建设"三

---

① 李安宅：《边疆社会工作》，石家庄：河北教育出版社，2012，第26页。
② 朱慧敏、彭秀良：《李安宅与边疆社会工作研究》，《中国社会工作》2016年第7期。
③ 李安宅：《边疆社会工作》，石家庄：河北教育出版社，2012，第11页。
④ 汪洪亮：《李安宅边疆思想要略》，《西藏大学学报》（汉文版）2006年第4期。
⑤ 梁漱溟：《怀念卢作孚先生》，《名人传记》1988年第5期。

杰",① 足以体现他在乡村建设运动中的重要地位。晏阳初、梁漱溟、陶行知对北碚发生的翻天覆地的变化感到惊讶，并给予了高度评价，陶行知认为北碚建设可以作为将来建设新中国的缩影和典范。② 据统计，20 世纪 30 年代全国从事乡村建设工作的团体和机构有 600 多个，先后设立的各种实验区有 1000 多处。③ 部分学者认为民国时期乡村建设运动以河北定县、山东邹平和江苏无锡为三大中心，抗日战争胜利后，四川成为乡村建设运动的中心。④ 目前有较多的关于卢作孚乡村建设理论的研究。其中主要是关于卢作孚的乡村建设理论与实践述论⑤、历史定位⑥、建设模式研究⑦、建设成效研究⑧，并分别从教育、乡村治理⑨等角度对其进行分析，从中得到一些关于社会主义新农村建设的启示⑩。但是从农村社会工作专业视角对其进行深入解析的研究少之又少。作为中国农村社会工作的先驱，其乡村建设思想中蕴含着丰富的且极具本土化特色的农村社会工作理念。在经济快速发展的今天，中国农村出现了一系列社会问题，诸如老弱病残留守农村，劳动力严重弱化；贫富差距日趋严重，弱势人群缺乏社会保障；农民收入增加困难，贫困现象严重；人口外流导致"空心化"；村民自治未能正常运行

---

① 钱理群：《卢作孚乡村建设思想对中国公益组织建设的借鉴意义》，《中国农业大学学报》（社会科学版）2016 年第 4 期。

② 培宽编《梁漱溟先生纪念文集》，北京：中国工人出版社，2003，第 44 页。

③ 徐秀丽：《民国时期的乡村建设运动》，《安徽史学》2006 年第 4 期，第 69—80 页。

④ 刘定祥编《梁漱溟研究集》，桂林：广西师范大学出版社，1994，第 81 页。

⑤ 王安平：《卢作孚的乡村建设理论与实践述论》，《社会科学研究》1997 年第 5 期，第 114—119 页。

⑥ 熊亚平：《卢作孚乡村建设思想的历史定位——从乡村建设最早提出者问题谈起》，《福建论坛》（人文社会科学版）2014 年第 4 期，第 88—94 页。

⑦ 刘重来：《论卢作孚"乡村现代化"建设模式》，《重庆社会科学》2004 年第 1 期，第 110—115 页；刘重来：《论卢作孚乡村建设之路》，《西南师范大学学报》（哲学社会科学版）1998 年第 4 期，第 122—128 页。

⑧ 刘重来：《就卢作孚乡村建设成效论其社会改革思想——从卢作孚的"微生物论"说起》，载《中国近代乡村的危机与重建：革命、改良及其他》，2012。

⑨ 田方舟：《卢作孚北碚乡村建设和治理的思考和启示》，载《城乡治理与规划改革——2014 中国城市规划年会论文集》，2014。

⑩ 常青青：《卢作孚乡村建设成就对社会主义新农村建设的启示》，《重庆工商大学学报》（社会科学版）2012 年第 5 期，第 103—107 页。

等。① 这些问题关系着农村、农民、农业的发展，影响农村社会的稳定，是急需解决的。根据社会工作的专业特点、专业价值，其在解决农村社会问题中具有专业优势。② 社会工作者能够在新型农民培养、村庄发展和规划建设、农民合作组织培育、文明乡风形成、基层角色互动与资源整合等领域发挥专业服务功能。③ 因此从社会工作专业角度出发，探究卢作孚的乡村建设思想，对开展和推进农村社会工作具有至关重要的作用。

一　卢作孚乡村建设思想中的社会工作理念

卢作孚作为农村社会工作的先驱，其乡村建设思想中蕴含着丰富的农村社会工作价值理念，以及一些专业的社会工作实务方法。卢作孚是中国近代最具特色和实绩的民族企业家之一，创办的民生公司成为中国近代规模最大的民族航运业资本集团。④ 其《超个人成功的事业　超赚钱主义的生意》和《怎么样做事——为社会做事》等文章都体现了他助人自助的社会工作理念；建设现代集团生活思想中总结了中国传统的社会生活依赖关系；重视人的作用，强调对人的训练要训练人的行为，目的是转变人的观念；重视乡村教育的重要作用以及提倡农村现代化建设等思想理论为当代农村社会工作发展提供了重要的借鉴意义。

（一）助人自助的社会工作理念

卢作孚曾说过，"我们应努力于公共福利的创造，不应留心于个人福利的享受"，"造公众福，急公众难"。⑤ 由此可以看出他的助人与为公众造福的理念。有学者认为，功能主义范式下的社会工作本质就是助人性、利他

---

① 张义祯：《新农村建设中的社会问题研究——基于网络问卷调查研究》，《中共福建省委党校学报》2011 年第 11 期，第 91—98 页。

② 李迎生、徐向文：《社会工作助力精准扶贫：功能定位与实践探索》，《学海》2016 年第 4 期，第 114—123 页。

③ 蒋国河：《社会工作在新农村建设中的需求、角色与功能》，《中国农村经济》2010 年第 5 期，第 23—27 页。

④ 金铮、邓红：《论卢作孚对民生公司的有效管理》，《近代史研究》1990 年第 3 期，第 199—217 页。

⑤ 凌耀伦、熊甫编《卢作孚文集》，北京：北京大学出版社，1999。

性和专业性。① 夏学銮也从社会工作的实践性、专业性和技术性三维性质出发，说明社会工作的本质在于助人。无论是其思想理论还是实际行动都体现了社会工作助人的价值理念。② 在现实生活中，卢作孚努力践行自己的理念。众所周知，他是驰名中外的企业家，③ 创造了大量的社会财富。然而身为企业集团的总经理，却没拿一份股权；身兼数职，但只拿一份工资；其他薪金收入，包括送给他的车马费，全部都捐赠给文教公益事业。④ 他用自己的实际行动诠释了社会工作的助人理念，具备了一个专业社会工作者应该具有的博爱、为人民服务、敬业等价值观。在实业救国的同时，他积极推动以嘉陵江为中心的乡村建设运动。在北碚实验区，他修缮道路、建立公园、修建体育场、设立医院、建立图书馆和各类学校等，为当地居民提供了各种便利，提高了他们的生活质量，使北碚成为宜居的美丽乡村。社会工作旨在帮助社会成员解决问题，提高生活质量，促进社会整体福利水平的提高。卢作孚的造福社会、解决公众困难的思想就体现了典型的社会工作价值理念。

此外，卢作孚提出"我们对人有两种美德：一是拯救人的危难，二是辅助人的事业"，"给人饭吃，是教人吃饭靠人，不如给人一种自找饭吃的能力"。⑤ 其中指出了要帮助处于危难、困苦中的人，不单单是要解决他们遇到的困难，更是要教会他们解决问题的技能，提高他们自身的能力，同时辅助他们的事业，以保障他们能够独立解决面临的困难以及预防问题的出现。社会工作的基本价值理念是助人自助，具体表现为社会工作的治疗、预防和发展的功能。其中解困是社会工作最重要的功能之一。社会工作不但致力于社会问题的预防与治疗，而且积极地促进人的发展。⑥ 这种发展即"帮助弱势群体、困难群体获取生存资源……更重要的是要将外来援助转化

---

① 徐选国：《从专业性、本土性迈向社区公共性：理解社会工作本质的新线索》，《社会科学战线》2016 年第 8 期，第 184—183 页。

② 夏学銮：《社会工作的三维性质》，《北京大学学报》2000 年第 1 期，第 140—147 页。

③ 凌耀伦：《民生公司中的应用》，《中国经济史研究》1988 年第 2 期，第 133—144 页。

④ 凌耀伦、熊甫编《卢作孚文集》，北京：北京大学出版社，1999。

⑤ 凌耀伦、熊甫编《卢作孚文集》，北京：北京大学出版社，1999。

⑥ 钟涨宝：《农村社会工作》，上海：复旦大学出版社，2011，第 10—11 页。

为自我发展的动力的能力等等"。① 所以社会工作促进人的发展不仅是要协助服务对象获得生存资源，以保障其最基本的生存问题，更重要的是将外部力量内化为自身发展的动力，使其具有改善生活环境，提高生活质量的能力。

（二）强调建设现代集团生活

梁漱溟非常看重人与人之间的情分，认为"伦理关系即是情谊关系"，这种关系通过义务调节而得以保持，即伦理为本位的社会观。② 这与卢作孚的建设现代集团生活思想有相似之处。卢作孚认为社会生活即人存在于社会中，在社会中的人与人之间会有一些相互压迫并相互影响的力量，个人的行动会影响到群体中去。③ 在农村地区，地域范围狭小，相对活动的区域小，村民互相了解，熟识度高，导致个人的行为极易受周围环境的影响，同时也会影响环境中的其他人。如此循环往复就形成了一种彼此依赖的社会关系，这种关系在农村地区就表现为家庭、亲朋、邻里之间的亲密关系。

此外，梁漱溟认为缺乏集团生活是中国社会最根本的特征，伦理始于家庭而不止于家庭。④ 他认为家庭关系以伦理为本位，强调通过伦理关系建立有序的社会环境，即把社会家庭化。同时，梁漱溟认为有必要让中国人有一个进步的、主动的团体组织。⑤ 这与卢作孚的强调建设现代集团生活思想是相近或相似的。卢作孚认为"更强有力的社会生活就是集团生活。而中国人的集团生活，第一个是家庭，除此以外，还有亲戚朋友、邻里关系，也成为集团生活"，这两种集团生活便是中国的两重社会生活。⑥ 卢作孚认为在这两重社会生活中，人们主要是为自己的家庭奋斗，或为亲戚、邻里提供便利，而忽视了社区、社会，甚至国家利益。因此，卢作孚认为应该淡化或摒除中国传统的两重社会关系，建立现代集团生活。现在集团生活

---

① 李迎生主编《社会工作概论》，北京：中国人民大学出版社，2004。

② 陈来编《梁漱溟选集》，长春：吉林人民出版社，2005，第6—7页。

③ 凌耀伦、熊甫编《卢作孚文集》，北京：北京大学出版社，1999。

④ 廖济忠：《与人相关系，因情而有义——梁漱溟的伦理内涵探析》，《中南大学学报》（社会科学版）2012年第4期，第27—31页。

⑤ 梁漱溟：《乡村建设理论》，上海：上海人民出版社，2011，第134页。

⑥ 凌耀伦、熊甫编《卢作孚文集》，北京：北京大学出版社，1999。

是一种超越家庭与邻里关系的，强调集体主义的社会生活。在现代集团生活中，人们更多地依赖于集团，集团亦依于个人，主要表现为个人与国家的相互依赖。但是笔者认为，由于当时中国所处的特殊环境是侵略者的入侵，只有打破中国传统的小农意识与家族观念，树立国民的集体意识与国家意识，强化"国家兴亡，匹夫有责"的爱国情怀，才能实现中华民族的救亡图存。卢作孚的现代集团生活思想是结合当时的特殊国情，目的是"救中国"。因此这一观点是极具时代性的。

国外的一些研究表明，大多数人在多数时候更倾向于向非正式的网络求助，如亲戚、朋友、同事、邻居甚至熟人等。① 同样地，在农村地区，大多数社会工作不是由专业工作人员来完成，而是由非正式支持（informal support）系统如家庭成员、朋友、邻居等来完成。农村地区的社会支持系统（support network）比城市更强大，因为农村居民更愿意向自己亲密的朋友、亲属寻求帮助，而不是陌生的社会工作者。② 此外，有学者认为，朋友或邻居提供了几乎所有种类的社会支持，亲属在个人应付突发事件和危机事件时特别有用，当亲属与朋友、邻居相互联系时，作用更大。③ 因此笔者认为，在当代农村社会中，应该在保持传统的两重社会生活的基础上，建立新的集团生活，而不是淡化甚至放弃原有的两重社会生活。农村社会工作强调村民参与社区工作，培养其自助、互助的精神。社会工作的社区照顾模式也强调在个人、家庭、机构、市场和政府之间建立一个输送体系，满足差异化的需求，提升居民的自治能力与社区意识。④ 这就需要发挥村民与亲朋、邻里之间的亲密关系，在家人、亲戚与邻里之间建立一种自助网络。当其中某个成员或家庭产生问题、需要帮助时，系统中的其他人会积极主动地给予帮助和支持。同时也要在社区中建立互助系统，当家人或亲戚、邻里不能及时地提供帮助时，社区互助系统就会产生作用。但是，当下农

---

① 颜宪源、东波：《论农村老年弱势群体社会支持网络的建构》，《学术交流》2010年第6期，第153—156页。

② Richard Pugh and Brian Cheers, *Rural Social Work*, Great Britain, 2010, pp. 111 – 113.

③ Coe RM, Wolinsky FD., Miller DK. and Prendergast JM, "Social Net Relationship and Use of Physician Services: A Reexamination," *Res Aging* 6 (1984): 243 – 56. 贺寨平：《国外社会支持网研究综述》，《国外社会科学》2001年第1期，第76—82页。

④ 钟涨宝：《农村社会工作》，上海：复旦大学出版社，2011，第10—11页。

村人际关系日渐冷淡，趋向利益化，且日益频繁的人口流动，使村民彼此之间的交往变少，人际关系逐渐疏远，从而使原来农村邻里和睦、守望相助的社会支持网络的作用弱化。① 因此，应该加强和完善农村社区的社会支持系统，发挥其应有的功能和作用。

（三）　重视企业职工及其培训

在卢作孚的乡村建设思想中，一方面，高度重视人的作用。他提出了"所以有一切不能解决的问题，不是一切问题不能解决，而是人不能解决问题"，如果人的问题不能解决则社会中一切问题都不能解决。② 他认为在企业中，人才是决定企业成功的关键，同样旧中国之所以饱受欺辱，就是因为缺乏可以解决问题的和社会所需要的人才。在当时复杂的社会环境中，军阀混战，知识与人才备受冷落，军队、武力才是社会关注的焦点。重视人在生产中的作用是西方 20 世纪三四十年代行为科学学派与古典管理学派的主要分水岭，而卢作孚能在 20 世纪 30 年代的中国，就把人的因素提到较高的位置，站在世界管理科学的前列，足以体现其思想的前瞻性。③ 他有一套较为系统的人事管理思想，包括主张用人唯贤，反对用人唯亲；重视职工的培训与智力开发；重视职工的工资福利，是发挥职工生产积极性的基本条件。④ 其中对职工的重视与培训，在社会工作的领域中就表现为对社会工作者的重视与培训。重视社会工作者的薪资福利待遇是减少人才流失的基本保障。目前的社会工作人才流失严重，大部分社会工作专业毕业生也不愿从事相关专业，其中一个重要原因就是工资福利较低。⑤ 李迎生认为没有一个富有激励功能的薪酬福利制度，社会工作职业化是缺乏吸引力的。⑥

另一方面，重视农村社会工作者的培训。农村社会工作专业人才队伍

---

① 张洋：《农村社会工作在和谐农村建设中的功能研究》，博士学位论文，西北农林科技大学，2015。
② 凌耀伦、熊甫编《卢作孚文集》，北京：北京大学出版社，1999。
③ 凌耀伦、熊甫编《卢作孚文集》，北京：北京大学出版社，1999。
④ 凌耀伦、熊甫编《卢作孚文集》，北京：北京大学出版社，1999。
⑤ 方劲：《城市社区社会工作职业化的社会环境：现状、困境与策略》，《社会工作》（理论探索）2010 年第 12 期，第 8—12 页。
⑥ 李迎生：《我国社会工作职业化的推进策略》，《社会科学研究》2008 年第 5 期，第 109—114 页。

是新型农村社区建设的一支新生力量，能够发挥社工专业优势，配合农村基层政府解决和处理各种社会问题，做好农村社会各项公共服务工作。① 但是，目前在农村地区开展社会工作服务的专业社会工作者少之又少。形式上的农村社会工作者多数是由村党委、村委会、监委会的成员以及下乡干部等组成。他们虽然具有丰富的农村工作经验，但是缺乏专业的社会工作理论知识、价值伦理与方法技能，在工作过程中开展的也是非专业的社会工作服务。因此，农村社会工作者的培养与训练就成了一个至关重要的命题。在王思斌看来，他们属于"实际社会工作者"或"准社会工作者"。② 但在农村地区开展社会工作还需要专业的社会工作者，在农村地区没有像市场经济比较发达的社会所拥有的民间社会机构，没有专业化的社会工作队伍，实际的社会福利服务在很大程度上还依靠政府、工青妇组织及工作单位。③ 王思斌认为中国内地缺乏专业的社会工作队伍和社会组织，所以在社会工作本土化发展中就必须"结合原有的社会保障和服务体系，而不能去另建一套独立的社会工作体系"，④ 是靠现在从事行政性、半专业化社会工作的人员进行的。因此在农村社会工作中，需要依靠当地的村干部、乡镇干部等行政人员，对他们进行专业化的培训，使其领悟社会工作的本质与内涵，这是开展农村社会工作及本土化发展的必由之路。

（四）注重教育在乡村建设中的作用

著名的平民教育家晏阳初认为中国人患有"愚""穷""弱""私"的病症，并相应提出"四大教育"，分别为文艺教育、生计教育、卫生教育、公民教育。他的乡村教育思想是整体教育、系统改造的道路。⑤ 卢作孚作为一个教育救国论者，其教育思想与晏阳初有共同之处。二人都把教育放在了首要位置，卢作孚认为"乡村第一重要的建设事业是教育，因为一切事

---

① 秦永超：《农村社会工作专业人才队伍建设的困境与出路》，《河南师范大学学报》（哲学社会科学版）2014年第6期，第125—128页。
② 王思斌：《体制转型中的社会工作的职业化进程》，《北京科技大学学报》（社会科学版）2006年第1期，第1—5页。
③ 王思斌：《论我国社会工作的本土化》，《浙江学刊》2001年第2期。
④ 王思斌：《论我国社会工作的本土化》，《浙江学刊》2001年第2期。
⑤ 郭占锋、杨萍：《晏阳初的乡村工作理念对当前农村社会工作的启示》，《社会工作》2012年第11期，第26—28页。

业都需要人去建设，人是需要教育培育成的"。① 与晏阳初不同的是，他认为教育有两种类型，分别是学校教育和社会教育。学校教育主要针对农村儿童、青少年，促使他们有机会能够在学校接受良好的正规教育；而社会教育则是针对全体村民而开展的教育活动，其教育场所可以是演讲所、图书馆，也可以在田间；教育形式也是多样的，可以通过照片、图片、表演等一切村民易于接受的形式开展。在这里笔者主要讨论的是社会教育。

卢作孚认为"社会教育的量，第一步应普及于市场，第二步应普及于乡村的人家"。由此可见，卢作孚提倡的是全民教育、普及教育。他认为社会教育的目的是辅助人们，指导人们改良实际的生活——改良他们家庭的生活、职业的生活、游戏的生活。② 这一观点与农村社会工作通过非正规教育和医疗保障等项目的推行，以使村民获得与其生活相关的知识，提高他们应对社会变迁的能力，最终实现可持续发展能力建设的目标的基本内涵相吻合。③ 农村社会工作强调通过社会工作者与村民一起，促进村民广泛参与和增能，来减少社会冲突，实现农村的平稳发展。笔者认为在开展农村社会工作的过程中，要想让村民广泛参与，就应当提高他们的参与能力和参与意愿。这就需要通过教育的途径来实现。只有提高他们的文化素质与自觉意识，才能进一步讨论社会工作者如何与其共同工作，促进村庄发展的问题。

（五）提倡农村现代化建设

"建设现代化国家"是卢作孚的理想与追求，他认为只有建设现代化国家才能救中国，而在乡村建设中乡村现代化就成为他的明确目标。为此，卢作孚规划了北碚乡村建设的蓝图，那是一幅乡村现代化、乡村城市化的美丽蓝图④：

　　我们如何将这一个乡村——嘉陵江三峡现代化呢？请看将来的

---

① 凌耀伦、熊甫编《卢作孚文集》，北京：北京大学出版社，1999。
② 凌耀伦、熊甫编《卢作孚文集》，北京：北京大学出版社，1999。
③ 张和清：《农村社会工作》，北京：高等教育出版社，2008。
④ 苟翠屏：《卢作孚、晏阳初乡村建设思想之比较》，《西南师范大学学报》（人文社会科学版）2005 年第 5 期，第 129—135 页。

三峡：

1. 经济方面

（1）矿业　有煤厂，有铁厂，有矿厂。

（2）农业　有大的农场，有大的果园，有大的森林，有大的牧场。

（3）工业　有发电厂，有炼焦厂，有水门汀厂，有造纸厂，有制碱厂，有制酸厂，有大规模的织造厂。

（4）交通事业　山上山下都有轻便铁道、汽车路，任何村落都可以通电话，可通邮政，较重要的可通电报。

2. 文化方面

（1）研究事业　注意应用的方面，有生物的研究，有地质的研究，有理化的研究，有农林的研究，有医药的研究，有社会科学的研究。

（2）教育事业　学校有实验的小学校，职业的中学校，完全的大学校；社会有伟大而普及的图书馆，博物馆，运动场和民众教育的运动。

（3）人民　皆有职业，皆受教育，皆能为公众服务，皆无不良嗜好，皆无不良的习惯。

（4）地方　皆清洁，皆美丽，皆有秩序，皆可居住，皆可游览。[①]

可以看出卢作孚将北碚实验区规划为一个美丽、和谐、宜居的乡村社区，而这同样可以作为当代农村社区建设的美丽蓝图。无论是动荡岁月，还是和平时代，对于美丽乡村的构想都是相通的。卢作孚对于美丽乡村的构想正是现代农村努力发展的方向。杨迅认为，农村社区建设就是参照城市社区化模式，按照便于服务的原则，对村庄进行整合重组，使其成为新的经济、政治、文化、社会服务的中心，推进经济、政治、社会、文化"四位一体"的过程。[②] 陈百明认为，农村社区建设就是通过农村社区更新，协调社区内部与外部各要素关系，合理配置资源，全方位改善农村社区环

---

① 凌耀伦、熊甫编《卢作孚文集》，北京：北京大学出版社，1999。

② 杨迅：《农村社区化：农村改革发展的模式取向》，《山东省农业管理干部学院学报》2008年第5期。

境，塑造新的农村社区景观。① 现代农村社区建设与卢作孚的乡村建设实践具有高度的一致性，都强调通过经济、政治、文化、社会服务等诸多方面进行改造建设，以促进农村的全方位发展，最终实现"管理有序、服务完善、文明祥和"② 的新局面。然而目前农村文化生活的形式单一，文化活动的吸引力不够，反映农村题材的图书、文艺作品、影视作品明显不足，适合农民特点的报纸、杂志更少，严重影响了农村的社会风气和秩序。③ 农村社会工作是以整个农村社区为基础的，其面对的是整个社区的村民，最终目标是农民的生活水平、生活质量的提高。因此在农村社区的现代化建设中，社会工作应发挥应有的作用与影响。首先，在建立有序的行政管理方面，社会工作可以作为第三方力量介入其中，增强农村自治组织的能力，提高村民参与的积极性。其次，在提供社会服务体系方面，社会工作作为一种专业的助人方法，可以为面临困境的农民提供切实的、有针对性的帮助与服务。最后，在建设良好的社区环境方面，社会工作可以从稳定秩序、解决冲突、沟通政府与群众这三方面着手，开展工作。④ 因此，在农村社区建设中，社会工作是一个有力的建设者与推动者，无论是在政策宣传、与村民沟通、维持秩序还是丰富生活上，社会工作者都可以更有效地提高服务质量。

二　卢作孚的乡村建设思想对当代农村社会工作的借鉴意义

从卢作孚的乡村建设思想中，我们可以得到有关于农村社会工作具体实践的以下四方面的启示，来指导我们开展农村社会工作服务。

（一）秉承社会工作价值观，开展专业助人服务

卢作孚多次提到个人的成功问题，他认为"人的成功不是要当经理、总经理，或变成拥有百万、千万的富翁，而是盼望每一个人都有工作的能

①　陈百明：《中国农村社区更新的未来取向》，《中国农业资源与区划》2000 年第 12 期。
②　钟涨宝：《农村社会工作》，上海：复旦大学出版社，2011，第 10—11 页。
③　张洋：《农村社会工作在和谐农村建设中的功能研究》，博士学位论文，西北农林科技大学，2015。
④　钟涨宝：《农村社会工作》，上海：复旦大学出版社，2011，第 10—11 页。

力，都能成功所做的事业，使事业能切实帮助社会"①。可以看出他具有高度的社会责任感与全心全意为人民服务的精神。专业社会工作者更加要秉持教化、供养、发展和保护的价值理念，坚守社会工作的职业道德，即"具有高度社会责任感和敬业精神；全心全意为人民服务，为满足社会成员的自我发展等合理需求而努力工作；尊重人、关心人、帮助人"② 等。在开展实务工作时，要将专业价值运用到整个服务过程中。

社会工作价值对于社会工作专业本身以及社会工作者都具有极其重要的作用。从价值与社会工作者的关系来看，价值是构成一个理想的社会工作者生命意义的重要组成部分乃至全部。③ 社会工作者作为一个专业的助人者，伦理价值是社会工作者的灵魂。专业的伦理价值贯穿于社会工作服务的整个过程，有意或无意地指导着社会工作者的行为。此外，社会工作的各种理论模式、方法技能都是由社会工作专业价值延伸而来，处处体现着社会工作的伦理价值。农村社会工作者更加需要注重专业价值的培养。相较于城市而言，农村地区资源匮乏，经济发展落后，没有城市的繁华与便利。社会工作者选择在农村开展工作，需要高度的社会责任感和全心全意为村民服务的职业观，扎根农村，为农村地区的发展和农村社会工作的推进奉献自己的青春与力量。因此，笔者认为农村社会工作者需要具备更加严苛与高尚的专业价值和职业道德。

（二）培养农村当地人才，建设社工专业队伍

在卢作孚的众多思想理论中，一个重要的观点就是"人的训练"。他提出"中国的根本问题是人的训练"，并提出了对人的训练方法：第一是要将一部分人送到国外接受训练；第二是要多请旁的国家既有技术而又有训练人的技术的到中国来帮助训练，乃能训练成功许多新的社会里边需要的人才，训练成功许多训练的人才。④ 换言之，一方面鼓励中国学者走出去，学习西方先进的文化知识，另一方面引进优秀人才。这些方法仍然是我国的人才培养战略，可以看出卢作孚思想的先进性。这两种人才培养方法对培

---

① 凌耀伦、熊甫编《卢作孚文集》，北京：北京大学出版社，1999。
② 李迎生主编《社会工作概论》，北京：中国人民大学出版社，2004。
③ 李迎生主编《社会工作概论》，北京：中国人民大学出版社，2004。
④ 凌耀伦、熊甫编《卢作孚文集》，北京：北京大学出版社，1999。

育农村社会工作专业人才具有重要的借鉴意义。卢作孚主张"促进国内外人士多多交往"和"学习西方先进技术，并把学习西方与中国实际情况结合起来"①，体现了社会工作本土化发展的思路。社会工作是"外来物"，是随着社会的发展而被逐步引入的一个特殊的学科和提供专业服务的职业。在许多西方国家，社会工作已经发展得较为成熟，应该鼓励国内的社会工作者或相关专家学者到国外去学习先进的思想和实践经验。另外，积极参加或举办社会工作国际化的经验交流会，例如在南宁举办的第一届中国－东盟社会工作论坛，在会议上各国代表介绍了各自的社会工作发展模式与经验。通过经验交流，一方面可以了解国外的社会工作发展状况，借鉴其有效经验，另一方面也可以推动社会工作国际化发展。在经济全球化发展的今天，我们不能故步自封，必须加强国际合作，在发展社会工作本土化的同时促进其全球化发展。就如柳拯等人提出的"加强国际经验交流，按照'全球化思考、本土化行动'的基本准则，吸取西方社会工作价值观、理论、方法精华的基础上，对其实行本土化改造，增强专业社会工作同中国本土社会工作的融合"②。这就体现了"全球化"与"本土化"是"一体两面"的关系，是本土化过程中两个相互关联的方面。③ 社会工作本土化的实质是在全球化基础上的，"走出去"与"引进来"相结合的发展过程。

笔者认为，农村社会工作就是专业社会工作者与当地实际社会工作者共同开展工作。这里的专业社会工作者是接受过社会工作专业教育、具有系统的专业知识的人。而实际社会工作者则没有专业背景，那么就需要对他们进行专业培训，使之具备专业知识，掌握专业技能，成为专业人才。另外，可以培养当地志愿者，以农村社区的积极分子、社区领袖、学生、知识分子等为对象，对其进行志愿者培训以及灌输专业社会工作知识，使之成为专业志愿者。因为这一群体熟悉当地实际情况，有较为先进的思想意识，并且具有参与村庄发展的意愿，因此他们将成为开展农村社会工作

---

① 凌耀伦、熊甫编《卢作孚文集》，北京：北京大学出版社，1999。

② 柳拯、黄胜伟、刘东升：《中国本土化发展现状与前景》，《社会工作与管理》2012 年第 4 期，第 5—16 页。

③ 周利敏：《从"全球化"、"本土化"到"全球地域化"：课程教育研究的范式转型——以社会工作专业教育为例》，《现代大学教育》2010 年第 5 期，第 101—106 页。

的中坚力量。可以通过邀请一些社会工作的专家学者、大学教师、机构社工等专业人士对实际社会工作者和志愿者进行培训。专业社会工作者、当地的实际社会工作者与专业的志愿者将成为农村社会工作人才队伍的主要成员。

（三）协调农村社会关系，建立社会支持网络

卢作孚的建设现代集团生活思想为我们提供了一个视角与理论基础，他所提出的"中国两重的社会生活"极为符合中国国情，尤其是农村社会。在开展农村社会工作时，就要认识农村这一显著特征，并充分地加以运用。农村社会工作强调"通过村民合作组织的发育，达到村民团结互助以共同应对市场压力"[1]。因此社会工作者应该推动村民建立互助组织，包括邻里互助系统、社区支援网络等。在社会工作实务中社会工作者应该努力建立社会支持系统，包括政府、社会组织机构等正式支持系统，以及家庭、亲戚邻里等非正式支持系统。但是，农村地区的社会组织比城市少，社会组织的服务选择性少（fewer alternative options for service），机构缺乏参与社区发展、改革的能力。[2] 因此就需要社会工作者承担资源链接者与协调者的角色。

作为资源链接者与协调者，社会工作者需要集结各方力量，与不同的组织机构建立合作关系。笔者认为，作为协调者，社会工作者首先需要协调各方关系，例如协调与当地村民的关系，只有与当地村民建立一种相互信任的关系，才能在当地社区开展工作，这是农村社会工作开展的前提。协调与当地组织如村委会、妇联、有名望的人或知名人士的关系，处理好这些关系会为社会工作的开展提供更多的便利，扩大社会工作的影响。此外，还需要做到与不同形态的组织机构如非政府组织、社会团体、志愿者机构、大学高校等保持良好的团结协作关系，这样才能为村民争取更多的社会资源。一定条件下，这些关系就可以转化为社会工作者的资源，为村民建立一个趋于完整的社会支持网络。

---

[1]　张和清：《农村社会工作》，北京：高等教育出版社，2008。

[2]　Richard Pugh and Brian Cheers, *Rural Social Work*（Policy Press, 2010）pp. 111 – 113.

（四）开展乡村社会教育，提高村民综合素质

卢作孚把乡村教育放在了乡村建设的首要位置，提出学校和社会两种教育类型。[①] 他认为"社会教育的事业，不仅是需要一个讲演所或一个图书馆，是要创造许多模范事业，给予人去学；其次亦要利用新剧、电影、幻灯、照片、图书，模型……给予人去看"，"训练人的目的不仅在于提高国民文化水平，更重要还在于改变国人的观念"。[②] 卢作孚提到了对于农村村民的教育问题要以村民能够接受的方式进行，并且要注重对村民观念的改变。将所要倡导的文化、知识和思想通过表演、模型、图片等鲜活的方式传达给村民，潜移默化地影响他们的思想观念。教育只是一种传播知识与文化的途径，其目的是影响村民的思想与观念。晏阳初曾把中国人的问题归结为"愚""穷""弱""私"，而排在第一位的就是"愚"。这里的"愚"指的就是思想上的愚昧，那么愚昧的问题怎么解决，在晏阳初、梁漱溟、卢作孚等乡村建设实践家的眼中，乡村教育是首要途径也是唯一途径。只有获得较为先进的文化知识与思想观念，才能解决愚昧的问题，才能转变村民的观念，提高村民自治的能力，最终实现农村和谐发展的目标。

此外，卢作孚认为教育的内容应该包括现代生活运动、识字运动、职业运动和社会工作运动。[③] 其中，现代生活运动就是新知识与新风尚的传播，其目的是开阔村民的视野，打破封建的、封闭的文化氛围；识字运动就是文化知识的学习；职业运动就是要为村民提供更多的就业机会，一方面寻求城市的就业机会，另一方面在农村开设工厂，促进村民在当地就业；社会工作运动就是鼓励村民自主、自觉地组织起来解决农村社区的问题，这一点与农村社会工作的最终目标一致。

（五）整合当地优势资源，加强农村组织建设

卢作孚乡村建设的核心思想是"乡村现代化"，为了实现这一理想，他在嘉陵江三峡地区开始了乡村运动，首先进行的是发展工业。他利用当地的资源优势，招商引资，克服交通阻塞的弊端，发展工业，以工业带动农

[①]　凌耀伦、熊甫编《卢作孚文集》，北京：北京大学出版社，1999。
[②]　凌耀伦、熊甫编《卢作孚文集》，北京：北京大学出版社，1999。
[③]　凌耀伦、熊甫编《卢作孚文集》，北京：北京大学出版社，1999。

业，最终实现峡区的现代化建设。同时，他组织建设的农村合作组织，为农民提供小型贷款，使他们有资金改进生产技术，提高生产效率，增加收入。① 同样在农村社区建设中，社会工作应当整合农村社区资源，完善和加强农村组织建设，来解决农村社区中存在的一些问题。农村社会工作者应该通过实地考察等方式了解当地环境，评估资源优势与存在的问题，然后针对问题，发动并组织村民集体解决社区中的问题。

卢作孚倡导人们利用工作和业余时间开展社会工作运动。"我们利用人们农隙的时间作副业的工作，更利用人们工余的时间作社会的工作。促起大众起来解决码头的问题、道路的问题、桥梁的问题、公共集会或游览地方的问题、公共预防水灾火灾的问题、公共卫生的问题，不但是大众出力、大众出钱，而且是大众主持。"② 其中就体现了农村社会工作应该发挥的作用。农村社会工作者作为倡导者，就是要动员和组织村民建立团体组织，自主解决社区的各种问题。在动员村民形成团体组织时可能会遇到各种困难，有些村民可能缺乏参与意识，并表现出消极的态度。针对这种情况，可以运用社会工作小组或个案的专业方法对其进行介入，也可以运用专业的社区动员技巧开展工作，最终促成问题的解决。另外，针对村民的不同问题和不同需求建立不同的团体组织，可以成立文化娱乐组织、学习组织、农业技术推广组织等。卢作孚认为"由这些具体的活动以引起大众管理公共事务的兴趣，以训练大众管理公共事务的方式，以完成地方自治的组织"。③ 这就说明通过村民集体解决一些社区问题是要来提高大家对公共事务的关心和兴趣，最终实现村民自治。笔者认为，农村社会工作的最终目的就是要达到村民自觉和村民自治。这一系列措施和方法都是为了提高村民与村庄在面对各种问题时的解决能力，并且自觉地解决遇到的困难和推进整个村庄的发展。

三　小结

虽然目前已经有许多专家学者研究卢作孚思想，但是作为社会工作的先

---

① 王孝凤：《卢作孚的乡村建设思想与实践》，博士学位论文，齐鲁工业大学，2013。
② 凌耀伦、熊甫编《卢作孚文集》，北京：北京大学出版社，1999。
③ 凌耀伦、熊甫编《卢作孚文集》，北京：北京大学出版社，1999。

行者，他的农村社会工作思想理念还没有被很好地挖掘。这就需要我们不断地总结与发现，结合当前的发展状况，为农村社会工作的推进提供理论指导。

卢作孚的乡村建设运动为我们提供了宝贵的经验。他的乡村实验区是民国时期持续时间最长、规模最大的实验区。虽然他的乡村建设思想是在特定的历史背景下形成的，具有一定的历史局限性与时代特征，但是他的诸多思想都对今天的农村社会工作具有指导作用。其助人自助的思想，就启示我们作为农村社会工作者需要秉承专业价值观，开展专业的助人服务；强调建设现代集团生活，启示我们在农村社会工作中，要同时注重发挥正式支持系统与非正式支持系统的作用；重视企业职工及其培训，启示我们在农村社会工作中要建设一支专业的社会工作人才队伍；注重教育在乡村建设中的作用，启示我们在开展农村社会工作中要以灵活的教育形式为途径，转变村民的观念，提高他们的自觉意识，实现村民自治；开展农村现代化的实践，启示我们要整合当地优势资源，发挥农民组织的作用。他的诸多思想对于今天的乡村问题的解决、农村社会工作的推进仍然具有现实的借鉴意义。我们应该凝练其思想，汲取其精华，学习其经验，以指导当代新农村的现代化建设。

第六节　朱友渔农村社会工作思想

以助人为目的的专业社会工作是西方社会的产物，19 世纪末 20 世纪初在英美等发达国家出现。改革开放以来，随着中国社会转型和现代化进程的有序推进，中国社会工作迎来发展机遇，但也因是舶来品而存在不可回避的矛盾和挑战，特别是将西方社会工作的理论与方法直接运用到仍以乡土人情为主要特点的中国农村社会，企图在农村地区展开专业的社会工作实践来解决中国农村社会问题，以致出现"文化盲识"① 和"参与表象"② 的现象，使农村社会工作无法正常发挥作用。如何才能有效地推动农村社会工作本土化进程，构建符合中国农村社会实际的本土化社会工作理论和

---

① 古学斌、张和清、杨锡聪：《专业限制与文化识盲：农村社会工作实践中的文化问题》，《社会学研究》2007 年第 6 期，第 161—179 页。

② 郭占锋：《被动性"入场"与依附性"运作"：对一个国际 NGO 在中国工作过程的社会学分析》，《中国农业大学学报》（社会科学版）2012 年第 1 期，第 51—60 页。

方法是学者们一直探讨的问题。为此，本文尝试对社会工作的源头进行探索，以期为找到适合中国农村社会工作的发展方式提供思路。

一 慈善事业与社会工作

追溯社会工作的身世，必然离不开人类社会互助互济的历史传统——慈善，随着社会的发展和社会问题的不断增多，原有的慈善形式已不能满足社会需求，于是"科学化"的慈善即社会工作应运而生。社会工作在利他理念的指引下，以专业化和职业化为目标，通过理论体系的建构和专业人才的培养，使符合西方社会实际的互助事业得到进一步继承和发展。因此，社会工作是西方慈善事业的延续性发展。[①] 中国的慈善事业源远流长，但因种种原因未能像西方社会一样发展出本土的社会工作，在当代社会工作的发展中绝不能完全引进西方专业社会工作的理论和方法而忽略本土的慈善事业精神。中国古代传统的慈善事业精神必然对中国农村社会产生深远影响，对于当前仍以乡土人情为主要特点的农村社会发展专业的本土社会工作具有重要的思考和借鉴意义。

学术界有关中国古代慈善事业的研究相对较少，一般人认为，中国人在公共慈善领域并没有什么作为，中国人本土的美德中并不包含慈善精神。作为一位爱国的学者，圣约翰大学教授朱友渔先生将其从社会学和社会经济学中学到的西式方法与其对中国文学的研究相结合，通过追溯中国最古老的典籍来论证与邻为善的精神在中国的土地上自发孕育生长，得出中国古代慈善事业的传统与精神。本文主要基于朱友渔有关中国慈善事业思想与实践的研究，整理得出朱友渔先生笔下的中国式慈善事业的特点，进而思考得出发展农村社会工作的启示与建议。

二 中国慈善的思想与实践

（一）中国传统思想中的慈善

慈善，被定义为"普遍的善意"或"对于自己同胞施以积极和善意的

---

① 龚晓洁、张荣：《慈善事业与社会工作的关系探析》，《华东理工大学学报》（社会科学版）2006年第1期，第20—22页。

精神，尤其是对提升他们福祉的努力"。① 作为一种社会现象，慈善起源于社会底层民众的乐群与互助，逐步发展为改善导致贫困的社会环境所做出的努力，慈善的目标是从根本上消除社会中导致贫困和苦难的因素。② 中国古代就形成了丰富的慈善思想，具有代表性的有西周以来的民本主义思想、儒家仁义学说、佛教的慈悲观念与因果报应说、民间善书所宣扬的道教思想等。③ 朱友渔将中国古代的慈善思想总结为两方面，即慈善源于人性和慈善非源于人性。无论哪一派观点，都可以说明中国的慈善思想源远流长。

慈善源于人性。④ 慈善是一种美德，是高贵人格的基本组成成分之一⑤，被中国历朝历代的道德家高度歌颂。孔子和孟子都认为慈善是人类的特质，⑥ 他们认为每个人的天性中都具备慈善这一美德，人类的同情之心具有自发性，正如孟子说："人皆有不忍人之心。先王有不忍人之心，斯有不忍人之政矣。以不忍人之心，行不忍人之政，治天下可运之掌上也。"⑦ 慈善若源于人性，则有人的地方必有慈善，有其慈善传统和精神。

慈善非源于人性。⑧ 以荀子为代表的另一派道德家认为慈善非源于人性，而是源于人性本质的社会特点和情感，如同人类的其他能力，慈善是后天习得的。荀子说道："人之性恶，其善者伪也……今人之性，饥而欲饱，寒而欲暖，劳而欲休，此人之情性也。今人饥，见长而不敢先食者，将有所让也；劳而不敢求息者，将有所代也……故顺情性则不辞让矣。"⑨ 慈善若不源于人性，则需要国家和社会等外在力量对民众进行教化，以推

---

① *Webster's New International Dictionary*, Reference History edition, 1911.
② E. T. Devine, *Principles of Relief*, N. Y, 1904.
③ 王卫平：《论中国古代慈善事业的思想基础》，《江苏社会科学》1999 年第 2 期，第 67—81 页。
④ 朱友渔：《中国慈善事业的精神：一项关于互助的研究》，北京：商务印书馆，2016，第 6 页。
⑤ Analects of Confucius, tr. Legg, "Chinese Classics", Vol. i, p. 405; Mencius, tr, Legge, "Chinese Classics", Vol. ii, p. 485. p. 320.
⑥ Analects of Confucius, tr. Legg, "Chinese Classics", Vol. i, p. 405; Mencius, tr, Legge, "Chinese Classics", Vol. ii, p. 485. p. 320.
⑦ Hsin Tzu, Essay on Human Nature. bid, pp. 201–202.
⑧ 朱友渔：《中国慈善事业的精神：一项关于互助的研究》，北京：商务印书馆，2016，第 10 页。
⑨ Hsin Tzu, *Essay on Human Nature*, bid, pp. 201–202.

动慈善事业的发展。

总之，在中国古代社会，道德思想家们无论是坚持慈善源于人性还是非源于人性，都始终将慈善与国家相联系，认为国家存在的目的就是通过施仁政，践行慈善事业使其人民安乐，最好的政府是真切关怀人民福祉的政府。① 因此，国家必须要带动民众投身于慈善事业，必须把消除人们的物质贫困和实现经济自给自足作为首要职责。在这种慈善思想的引导下，中国古代慈善事业的实践成果如何，下面将着重介绍。

（二）中国慈善事业的实践

朱友渔先生通过文献的整理，将中国古代慈善事业的实践分为两部分，即官方的慈善和民间的慈善。

1. 官方的慈善

在公元前1122～公元前255年，国家定期在春夏季给孤儿补助。在公元前206～公元25年，一位皇帝命令公共粮仓对孤儿和贫穷人家的儿童给予支持。960～1260年，公共土地被用来种粮，收成用来充实在各地兴建的公共粮仓，以及建造用于接济遗弃儿童的房屋。② 1260～1368年的一位皇帝在1271年命令建造房屋为穷人提供住宿。③ 1659年，顺治皇帝下诏，严厉谴责遗弃或伤害婴儿的行为。④ 1711年，康熙皇帝命令在全国兴建保婴院。一所两年之后建立于上海的私家医院至今仍在。⑤ 1724年，一所政府接济房在广东开业；1739年，乾隆皇帝命令它接济4676个贫民。⑥ 1783年，乾隆皇帝重新印发了1659年的诏书，规定杀婴之人杖责一百并流放一年半。⑦以上关于国家慈善和社会立法的记录足以说明中国慈善事业的发展。政府颁布的慈善法虽好，但受到当时政治体制等因素的影响，国家的慈善和社会立法实际上是一纸空文。官方救济和慈善机构确实存在，但其数量和职

---

① 朱友渔：《中国慈善事业的精神：一项关于互助的研究》，北京：商务印书馆，2016，第9页。

② *Chinese Repostory*, Vols. II, III, VI, Shanghai, 1873 – 1875, 1877 – 1878, p. 184

③ H. C. Chen, *Economic Principles of Confucius and His School*, Vol. ii, p. 298.

④ J. R. Grey, *Walks in the City of Canton*, p. 571.

⑤ *Chinese Repostory*, Vols. II, III, VI, Shanghai, 1873 – 1875, 1877 – 1878, p. 180.

⑥ *Chinese Review*, Vol, p. 91.

⑦ *Chinese Repostory*, Vols. II, III, VI, Shanghai, 1873 – 1875, 1877 – 1878, p. 402.

能远不及民间自发组织和控制的慈善机构。[①]

2. 民间的慈善

有些学者依据史书判断中国古代除了官方的慈善，并没有如西方社会民间一样的慈善实践。朱友渔先生通过大量的事实材料证实中国古代民间自发产生和参与的慈善相当普遍，以至于来自西方国家的慈善相形见绌。出于合法性的需要，民间慈善机构名义上受所在地民政机构的管辖，实则由民间发起、集资和控制。中国大多数社会慈善工作由人民自己发起和控制，这一点值得庆幸，指出了中国民间的民主实践。[②] 在民国初期，每个城市、地区或城镇都有自己的慈善机构，这些机构是居民支持和由民众代表管理的。通常每个地方都有一家较大的机构，执行着当地中心机构的职能，如上海有仁寿堂，宁波有慈善实践协会，广东有爱育堂，烟台有慈善堂，等等。这些民间慈善机构的活动内容丰富多样，以烟台慈善堂为例，共有向贫民提供无息贷款、向贫民提供埋葬设施、废纸回收、资助寡妇、接济婴儿等十七项活动。[③]

（三）中国慈善事业的特点

基于以上中国古代慈善事业的思想与实践，朱友渔先生总结出中国式慈善的范围和特征，即中国式慈善可分为三大类：第一类是严格意义上的慈善，即向贫民提供无私的帮助；第二类为互助，通过互利帮助实施救济和保护的方式；第三类为公民改善，或通过居民自愿合作的方式促进民众福祉。[④]

朱友渔先生对中国古代慈善事业的传统与精神进行了系统研究，总结出中国式慈善的特点，不仅有助于我们深入了解农村社会及环境，更为我们发展农村社会工作提供了宝贵经验和教训。本文通过对朱友渔先生的中国古代慈善事业的传统与精神进行研究，以期为中国农村社会工作的发展提供理论依据与实践的指导。

---

① 朱友渔：《中国慈善事业的精神：一项关于互助的研究》，北京：商务印书馆，2016，第16页。

② 朱友渔：《中国慈善事业的精神：一项关于互助的研究》，北京：商务印书馆，2016，第16页。

③ 朱友渔：《中国慈善事业的精神：一项关于互助的研究》，北京：商务印书馆，2016，第17—18页。

④ 朱友渔：《中国慈善事业的精神：一项关于互助的研究》，北京：商务印书馆，2016，第18—19页。

三 中国慈善事业的思想与实践对当代农村社会工作的启示

(一) 中国慈善思想与社会工作的契合点和差异性

长期以来，由各种原因造成的弱势群体的现状，不仅需要人们的善心、善行推动慈善事业的发展来给弱势群体提供救助，而且需要社会工作者通过专业的、多元化的服务使弱势群体获得自助，自己解决自己的难题。[①] 朱友渔先生提出中国式慈善的特征和范围为慈善、互助及公民改善，[②] 与社会工作的专业助人活动有相似之处。

1. 助人的服务活动

朱友渔先生总结出中国式慈善的类别，第一类即严格意义上的慈善，即向平民提供无私的帮助。[③] 这与社会工作的本质契合。社会工作是指社会工作者运用专业知识与方法帮助社会上处于不利地位的个人、群体和社区，克服困难并预防问题的发生，恢复、改善和发展其功能，以适应和进行正常的社会生活的服务活动。[④] 在中国慈善事业的实践中，他们将老人、孤儿、寡妇和病人视为重点救济的对象，依据不同救助群体的特点，对其进行系统化和机构化的救济，不仅要解决救助对象当时的问题，更要考虑到他们的可持续生计问题，即不仅要克服服务对象当前的困难，还要发展他们的能力。比如，对老人的公共慈善援助分为家庭援助和机构援助，对孤儿的公共慈善救助主要有机构救济和弃儿送出抚养机制，对寡妇的救助以提高女性的地位和提高其入职率为主，而对于贫困病人的救济主要由施医局[⑤]、栖流所[⑥]完成。民间的慈善机构会依据弱势群体的需要，对其进行持

---

① 胡培：《慈善与社会工作之助人自助的特点比较与价值分析》，《华中师范大学研究生学报》2007 年第 2 期。

② 朱友渔：《中国慈善事业的精神：一项关于互助的研究》，北京：商务印书馆，2016，第 17—18 页。

③ 朱友渔：《中国慈善事业的精神：一项关于互助的研究》，北京：商务印书馆，2016，第 17—18 页。

④ 李迎生主编《社会工作概论》，北京：中国人民大学出版社，2004，第 6 页。

⑤ 朱友渔：《中国慈善事业的精神：一项关于互助的研究》，北京：商务印书馆，2016，第 58 页。

⑥ 朱友渔：《中国慈善事业的精神：一项关于互助的研究》，北京：商务印书馆，2016，第 59 页。

续性的服务，直到他们摆脱贫困和弱势地位。因此，慈善事业与社会工作的目标都是帮助社会上需要救助的人群，为残疾人、鳏寡孤独、处境困难的儿童等特殊困难群体提供各种形式的帮助，[①] 都是一种助人的服务活动。助人是社会工作的一项基本功能，通过专业社会工作者的介入，达到解决问题的目的。

2. 互助的服务理念

社会互助是中国慈善的重要特点之一，中国人民乐意团结起来扶危济贫，这种团结合作救危解难的倾向是中国慈善显著的社会特点。[②] 这种团结合作救危解难的倾向是受中国宗族意识、同乡意识和经济活动中商业活动习惯的影响，同族、同乡和同行业的人会更愿意加入互助组织。[③] 因为有相同的血缘纽带，因此宗族在社会互助中发挥着重要的作用；由于业缘的关系，村庄社区的居民拥有共同的归属感，乡间慈善机构承担着济贫救难的职能；会馆的存在使处于异乡的游子找到归宿并获得帮助，同时也是同乡群体交流、沟通的渠道；商业、手工业行会虽然因为共同的利益聚集在一起，但也有互助的功能，如保护行会会员使其摆脱困境。这些都是中国民间的社会组织，不仅大力发扬了民间的互助合作精神，也为中国式慈善实践提供了可行的方法或手段。在专业的社会工作中，也强调互助的精神，强调对弱势群体社会支持网络的构建。社会支持不是一种单向的关怀或帮助，在多数情况下是一种社会交换，是人与人之间的一种社会互动关系。它不仅涉及家庭内的帮助，还涉及正式与非正式的支持和帮助。[④] 正式的社会支持主要是由政府和社会组织（如妇联、非政府组织等）提供的，非正式的社会支持是由家庭、朋友、邻里、老乡，包括学缘（同学）及地缘（如进城农民工的工友支持）所提供的。社会工作尤其对于社区社会工作来说，需要发展社区居民的互助精神，构建他们的社会支持网络，提高他们的凝聚力。在农村地区，人们更愿意向非正式支持如亲戚、邻居、朋友等

---

① 龚晓洁、张荣：《慈善事业与社会工作的关系探析》，《华东理工大学学报》（社会科学版）2006 年第 1 期，第 20—22 页。

② 朱友渔：《中国慈善事业的精神：一项关于互助的研究》，北京：商务印书馆，2016，第 93 页。

③ 陈来编《梁漱溟选集》，长春：吉林人民出版社，2005，第 6—7 页。

④ 左习习、江晓年：《社会支持网络研究的文献综述》，《中国信息界》2010 年第 6 期。

寻求帮助，而不是专业的社会工作者，因此，社会工作者可以通过构建正式与非正式的社会支持网络，引导村民积极参与其中，发挥互助精神，建设美好社区。

3. 改善民生的服务目标

改善民生作为中国慈善发展的最后一个阶段，其内涵十分宽泛，即"推进社会福利"。受到中国政治体制的限制，中国政府对社会公益事业的作为甚少，中国政府对民众参与社会公益事业给予了绝对的自由，改善民生的重担几乎全部落到民众自己的肩膀上，中国人民联合起来，为改善民生承担着重要的慈善工作。社会慈善人士满怀利他主义精神，捐资建校、架设桥梁、提供义渡、提供无偿的公共服务，让更多的民众受益。[①] 这些慈善人士秉持着利他主义的救济思想与服务社会的责任心，为改善民生做出了巨大的贡献。慈善人士与社会工作者所秉持的价值观相似。社会工作者秉持着尊重、平等、接纳、个别化等价值观从事专业的社会工作，应该全心全意地服务民众，把服务作为自己的首要任务。[②]

虽然中国古代的政府对于慈善事业的贡献较少，但是朱友渔看到了民族意识和民族向心力的崛起。"中国政府已将自己视为国民福祉的推进者，不会愚蠢地阻碍民众的慈善活动，而会和人民携手推动慈善事业的发展。由于财力和法律的限制，善会善堂、城市和县镇政府对于兴办一些慈善活动一直力有不逮，中国政府将接手兴办这些慈善事业，并给予财政和法律支持。中国政府和人民已经意识到这一崭新的慈善理念。"[③] 对于今天来说，政府在改善民生方面起着很大的作用，颁布了很多改善民生的政策。社会工作者作为政策的解读者，应该更好地将社会政策转变为社会服务，促进社会进步。

4. 慈善与社会工作的差异性

虽然中国的慈善事业所体现的精神与社会工作存在很多相似性，但慈善

---

① 朱友渔：《中国慈善事业的精神：一项关于互助的研究》，北京：商务印书馆，2016，第74页。

② 王思斌主编《社会工作概论》（第二版），北京：高等教育出版社，2006。

③ 朱友渔：《中国慈善事业的精神：一项关于互助的研究》，北京：商务印书馆，2016，第64页。

事业不等同于专业的社会工作，二者之间依然存在差异性。例如，慈善事业更多的是一种救助事业，更多的是解决问题。但是在专业的社会工作中，不仅强调解决问题，而且强调受助者能力的发展，通过挖掘服务对象的潜能，使他们获得解决问题的能力，达到助人自助的目的。慈善事业主要是民众的自愿行为，是民众怀着同情和道义来进行募捐活动和慈善活动。而对于专业的社会工作者来说，社会工作是一项专业的服务活动，不仅要有专业的理论和价值观的指导，还需要掌握专业的技巧与方法。社会工作者在掌握了专业的知识后，经过培训与指导，才能更好地为服务对象服务。在今天来说，需要将慈善事业与社会工作协同发展，更好地服务社会，改善民众生活。

（二）对于当代农村社会工作的启示

从具体实践的角度来看，笔者可以从朱友渔先生的中国古代慈善事业的传统与精神中获得以下四个方面的启示，用于指导中国当前的农村社会工作，推进农村社会工作本土化进程，解决农村社会问题。

1. 依其所需，为农村弱势群体提供持续性服务

在中国古代慈善事业的精神中，无论弱势群体因何致困，站在社会团结的立场上，整个社区都需要解决社区成员个体的贫困负担。目前，我国农村人口居多，因贫致困的弱势群体也多集中于农村地区，严重影响农村社会的建设，从而影响整个社会的可持续发展，社会工作作为一种服务社会的专业助人活动，在救助农村弱势群体的工作中应该发挥重要作用。首先，在农村社会工作的研究和实践中一定要结合实际情况确定服务对象，切勿将西方社会工作中通用的服务对象直接套用于农村社会工作的识别中。特别要关注农村三种人群的发展，即留守老人、留守妇女和留守儿童的可持续发展。其次，通过实地调查了解他们成为弱势群体的原因及其面临的问题，有针对性地进行服务。随着青壮年劳动力大量外出务工，农村地区的留守老人不断增多，在日常生活中留守老人面临如生病时无人照料、传统养老面临困境和情感难以寄托等问题，农村社会工作要采取措施有效地弥补传统养老方式的缺陷。[①]农村留守妇女作为农村社会的弱势群体，面临

① 谭春霞、浦加旗：《文山边境地区农村留守老人的生存现状与对策思考》，《文山学院学报》2014年第3期，第74—78页。

劳动强度高、精神负担重和缺乏安全感"三座大山"。安全感是支持农村留守妇女进行生产、生活和维护家庭团结最坚实的精神支柱，由此农村社会工作要帮助留守妇女重建安全感。① 在快速的社会流动与社会转型中，农村留守儿童的成长环境和发展环境发生变化，农村青少年犯罪问题和留守儿童安全问题日益突出，② 如何解决此问题成为农村社会工作的重要任务。最后，农村社会工作应该为弱势群体提供系统性服务。就农村社会工作实践和研究现状来看，农村社会工作的实践无非两种形式，一是高校的短期实习，二是机构的项目实施，时间短且覆盖面小。这种缺乏系统性和长期性的跟踪研究与实践是很难推动农村社会工作领域不断转向深入化和专业化的，更不能使救助者的问题得到根本性解决。

2. 团结合作，充分发挥农村社会互助力量

现代社会的高速发展给传统的乡土社会带来了严重冲击，原本的同族、同乡和同行会意识渐行渐弱，社会互助意识慢慢淡化。在梁漱溟看来，近代中国人存在团体组织缺失以及科学技术匮乏这两大缺陷。③ 因此，当前中国无论是发展慈善事业还是发展社会工作，都需要建立团体组织，发挥社会互助的力量。这在民风民情犹存的农村开展社会工作更加值得推崇和借鉴。因此，在农村社会工作中，尤其要发展互助精神。面对当今复杂的农村社会问题，社会工作者作为"局外人"对问题发生地域的农村文化习俗和社会环境缺乏了解，成为彻底地解决农村问题的阻碍。这就需要我们重拾中国古代慈善事业的社会互助精神，充分发挥农村社会的互助力量。因此，农村社会工作者在日常的服务工作中，一方面，要与当地人进行沟通，了解当地的人情关系，发掘当地的领导人才，尽可能带动和组织村民参与到当地问题的解决、相关事务处理和社区建设中，倡导村民互助组织的建立，构建支持网络体系。通过当地村民的互助和社会工作者的共同努力，帮助当地弱势群体摆脱困境、亲身参与社区建设，不仅能提高村民自主解

---

① 孙可敬、傅琼：《农村社会工作与我国留守妇女社会支持网的建构——基于农村留守妇女的安全感解析》，《江西农业大学学报》（社会科学版）2010 年第 9 期，第 30—34 页。

② 姜立强：《农村青少年犯罪与农村社会工作》，《山东省青年管理干部学院学报》2007 年第 5 期，第 18—21 页。

③ 陈来编《梁漱溟选集》，长春：吉林人民出版社，2005，第 6—7 页。

决问题的能力，更有助于增进村民的凝聚力，形成团结向上的风气。另一方面，农村社会工作者通过实施项目在不同农村区域或重点建设区域加强农民群体间的交流合作，形成互助关系。随后，发挥农村社会工作的桥梁作用，使存在相同问题的农村社区相互借鉴解决问题的方式或者以先富带动后富的形式发挥社会互助力量，从而使这种社会互助的精神得到辐射和延伸，直至散播到中国整个农村社会。因此，当前中国农村社会工作不仅要大力发扬农村互助合作精神，更要将其视为发展农村社会工作、解决农村问题的可行的方法。

3. 关注民生，确保农村社会福利落到实处

与中国古代慈善事业中的政府角色相反，当前，政府在改善民生和推进社会福利的工作中发挥着重要作用，政府通过颁布各种社会政策全方位推进社会福利。而社会工作在其中的作用不可小觑，在实践中社会工作运用专业的个案、小组等直接工作方法和社会行政的方法将社会政策转化为实实在在的助人活动，将社会政策落到实处。当前农村地区面临的首要问题和主要任务是脱贫和农村社区建设。扶贫工作是当今改善农村社会民生、推进农村社会福利的重点，农村社会工作在执行扶贫工作的过程中发挥着重要作用，同时，扶贫工作也为农村社会工作的发展创造了新的发展机遇和空间。作为农村扶贫工作的主力军，社会工作者应该遵守自己的职业伦理，深入农村地区，与当地村民建立平等的关系，获得村民的信任；拥有强烈的社会责任感，才能做好农村社会工作，才能更好地完成精准扶贫的工作。

当今，农村社会工作在推动精准扶贫工作落实中的作用具体表现为三个方面：一是农村社会工作的个案工作和社区照顾等模式为有效实现贫困对象准确识别和定位、为服务对象获得精准的服务提供了专业的方法；二是农村社会工作者可以协助贫困人口和贫困社区培育和激活他们内部的资源优势，实现资源整合和资源链接，为他们的发展提供社会资本；三是农村社会工作者为贫困者提供知识、技能和相应的资源支持，通过专业的方法帮助贫困人口进行自我能力建设，促进他们的自我发展。社会工作始终强调从需求出发为服务对象提供服务，注重在动态过程中评估服务对象的需求变化，这无疑为精准扶贫政策的有效实施提供了保障。在农村社区建

设方面，伴随大量年轻劳动力向城市转移，老弱妇孺病残者"留守家园"，社区服务严重滞后，失去了对年轻有知识的农民的吸引力。① 为此，《中共中央关于构建社会主义和谐社会若干重大问题的决定》（2006 年）明确提出，"积极推进农村社区建设，健全新型社区管理和服务体制，把社区建设成为管理有序、服务完善、文明祥和的社会生活共同体"。毫无疑问，农村社区的快速发展离不开农村社会工作的介入，而且农村社会工作应当在农村社区发展与转型中发挥其重要作用。

4. 融合发展，发挥社会工作与慈善事业之合力

中国式慈善和西方慈善与社会工作的关系从初始阶段就完全不同。社会工作是西方慈善事业的延续性发展，19 世纪末 20 世纪初，与西方工业化举世瞩目的成就相伴而来的还有各种社会问题，个人及宗教团体的慈善行为已无法使这些复杂的社会问题得到有效解决，因此，政府及各种组织团体开始介入，开始出现有组织的、体系化的慈善服务活动，人们提出应该让接受过专业学习的人来承担助人工作。此后，社会工作渐渐从慈善事业中分化、脱离出来，朝着职业化、专业化的方向发展。② 而中国的社会工作来源于西方，社会工作没能由中国式慈善发展而来的原因之一是国家对慈善事业的忽视，即中国式慈善始终依靠民间力量，缺乏政府的推动，无法使中国式慈善走向专业化和职业化。而作为"外来物"的西方专业社会工作在进入中国后出现严重的"水土不服"，社会工作的专业方法用于农村社会出现"文化盲识"③ 现象。因此，我们急需将农村社会工作与中国式慈善事业相融合，发挥各自的优势，在两者的协调配合下，有效推动农村社会工作的本土化进程，彻底解决农村社会面临的现实问题。同时，基于时代发展的需要，慈善与社会工作相互融合已成为必然的发展趋势。社会工作作为一种科学的助人活动，不仅可以通过专业化、社会化以及职业化的方式为救助者提供帮助，而且可以在弘扬中华民族的传统慈善文化、推动慈

---

① 詹成付、王景新：《中国农村社区服务体系建设研究》，北京：中国社会科学出版社，2008，第 23 页。

② 龚晓洁、张荣：《慈善事业与社会工作的关系探析》，《华东理工大学学报》（社会科学版）2006 年第 1 期，第 20—22 页。

③ 古学斌、张和清、杨锡聪：《专业限制与文化识盲：农村社会工作实践中的文化问题》，《社会学研究》2007 年第 6 期，第 161—179 页。

善的组织化建设、让慈善事业接受第三方的监督而提升其公信力和组织更多的企业家等社会群体关心慈善事业等工作中充分发挥重要作用。[①] 同样，社会工作可以已有的慈善事业为基础，通过成熟的慈善事业弘扬社会工作的价值与理念，让更多的民众了解社会工作，减少因陌生而带来的主观排斥。通过传统的慈善事业深入了解服务对象的文化和需求，依据现实状况与需求改进专业的方法与技术，使其更加适应本土的发展，促进社会工作的本土化。在农村社会工作的研究和实践中，积极推动慈善事业与专业社会工作的融合，使慈善事业成为农村社会工作的重要工作领域，为农村社会工作的开展奠定坚实基础，实现两者的真正融合，发挥两者的合力，才能促进农村社会工作更好地发挥在农村社会建设中的作用。

总之，虽然朱友渔先生笔下的中国式慈善事业的传统与精神写作于中国政体变革之前，关于中国慈善事业的思想与实践中的有些部分可能已经不完全符合现状；但是，慈善事业与社会工作之间"源"与"流"的关系决定着朱友渔的中国古代慈善事业的传统与精神对当前发展农村社会工作依然具有重要参考意义，值得农村社会工作领域内的师生不断学习和体会。

第七节　雷洁琼农村社会工作思想[*]

一　引言

社会工作作为一项专业性的助人活动，是西方工业革命的产物。从英国 1601 年《伊丽莎白济贫法》问世开启了社会救助的先例，到 19 世纪末 20 世纪初工业革命迅速发展，社会问题不断出现，慈善组织活动蓬勃发展，再到 20 世纪初真正意义上的职业化和专业化的社会工作建立，现代西方社会工作的理论和方法也已经相对成熟和完善，运用社会

---

① 罗竖元：《论专业社会工作与慈善事业的发展》，《四川行政学院学报》2010 年第 4 期，第 64—66 页。

* 本节内容发表于《社会工作与管理》2017 年第 4 期，略有改动。

工作的理论和方法解决社会问题的理念早已深入人心。① 在我国，近些年来，社会工作经过诸多社会工作专家、学者的不懈努力和大力提倡，发展也渐入正轨。但追本溯源，在 20 世纪 20~30 年代，中国就已经兴起了乡村建设运动，这被认为是中国农村社会工作的初步尝试，而在提倡和参加乡村建设的学者中，既有一批进步的社会学家、经济学家，也有统治阶级改良派。② 笔者在这里要特别提出雷洁琼先生对我国社会工作的贡献。雷洁琼是同费孝通先生齐名的中国社会学家，是中国社会工作的领军人物。纵观雷洁琼的一生，无论是从事教育工作，培养社会学和社会工作专业人才，还是参加社会实践活动，为人民谋取更多福祉，她的一生都在为祖国和人民奉献。雷老的学生，中国社会工作教育协会会长、社会工作领军人物王思斌教授在雷老的追悼会上这样评价道："为国为民经世致用；做人做事德昭苍生。"③ 这副挽联高度概括了雷老的一生，同时也是雷老为人处世的真实写照。自 1931 年从美国获得社会学硕士学位回国后，她一直坚守在社会工作岗位上，在儿童、妇女、民政等社会工作领域都有自己独到的见解，无论是理论，还是实践，她都从未停歇。说到雷老的实践活动，笔者最为感兴趣的是她在江西从事妇女培训的活动。1937 年抗日战争爆发后，雷洁琼来到江西，通过组训妇女，动员和组织妇女参加抗战活动。理论源于实践，这也是后来雷洁琼的农村社会工作思想的来源。

二 江西妇女干部培训中蕴含的农村社会工作思想

七七事变后，抗日战争全面爆发。雷洁琼放弃了燕京大学的教师工作，毅然决定投身到抗日救亡的火热斗争中去。④ 其实早在 1936 年夏天，雷洁琼针对熊式辉（时任江西省政府主席）要在江西开办家政学院将妇女圈在家庭里，就提出："今天各阶层的妇女都应从家庭中解放出来，到社会谋求

---

① 朱眉华、文军：《社会工作实务手册》，北京：社会科学文献出版社，2006，第 3—4 页。
② 李卓、郭占锋：《梁漱溟乡村建设理论及其启示》，《新西部》（理论版）2015 年第 14 期，第 2—4 页。
③ 李芳、许娓：《"治学经世致用 为人德昭苍生"——社会学和社工界追忆雷老》，《中国社会工作》2011 年第 1 期，第 13—15 页。
④ 民进中央宣传部编《雷洁琼文集》，北京：开明出版社，1994，第 38 页。

职业，我们不仅要在城市开展妇女工作，还应在农村开展妇女工作。"[1] 1937年底，她来到江西，在江西省妇女生活促进会、江西省妇女指导处开展工作，动员和组织妇女尤其是农村妇女参加抗战活动。[2] 在《江西怎样组训农村妇女》一文中，她指出："保证民族解放战争取得最后胜利的主要条件就是发动全国民众，参加抗战后援工作。妇女在全民中占了半数，而农村妇女则占了全国人民总数的四分之一，如此庞大、雄伟的力量，因为受到资本主义、封建主义等的压迫，并没有起到重要的作用，如果把她们都动员起来，将会成为一支雄伟的力量。但是，她们必须加以训练和组织，才能发生伟大的作用。"[3] 历经四年的妇女干部培训，雷洁琼深入劳动人民中间，深刻认识到农村妇女对于家庭、国家、民族的重要性，积累了丰富的经验。笔者认为，雷洁琼的农村社会工作思想完全渗透到了组训农村妇女的活动中。

（一）注重培养妇女干部，重视领导的作用

雷洁琼特别强调提拔各级妇女干部，她非常重视干部的作用。她提出，干部决定一切，是领导群众活动的轮轴，因此，在组训妇女之前，要先提拔妇女干部。[4] 因为妇女干部是本地人，她们能用实际生活的实证去引导妇女，以自己的生活作为实验模范来打开风气，将妇女组织起来。在培训中，分别采用公开登记与保送两种方法，用小组讨论、座谈会等方式，广泛集中全县人才，挑选出热情、具有丰富的常识与组训技术和能力的妇女干部。[5] 雷洁琼提出的重视妇女干部作用的思想，和小组工作中所体现的重视小组领导者的思想是一样的，在小组开展活动时，小组领导者可以制订小组活动计划、统筹小组活动具体程序、指导小组发展，在小组活动过程中发挥着重要的作用，因此，要选择优秀的、具有领导特质的人来担当小组领导，统筹小组发展。

在《抗战中的农村妇女》一文中，雷洁琼指出，农村妇女一直不被社

---

① 小卫：《雷洁琼在江西开展妇女工作纪实》，《党史文苑》2009 年第 5 期，第 34—39 页。
② 民进中央宣传部编《雷洁琼文集》，北京：开明出版社，1994，第 38—39 页。
③ 民进中央宣传部编《雷洁琼文集》，北京：开明出版社，1994，第 38—39 页。
④ 民进中央宣传部编《雷洁琼文集》，北京：开明出版社，1994，第 39 页。
⑤ 民进中央宣传部编《雷洁琼文集》，北京：开明出版社，1994，第 40—43 页。

会重视，但是一年多的抗战事实证明，农村妇女如果有人领导是可以动员起来的，由此可见妇女干部的重要性，而且妇女的力量是伟大的。[1] 抗战以来，无论是江西农村妇女通过慰劳、救护、征募、鼓励壮丁上前线等方式支援前线，还是陕甘宁边区的妇女通过物质和精神等方式给前线将士予以大力援助，她们都在积极为抗战贡献自己的力量。这些事实证明，农村妇女在被广泛地动员起来以后，不仅提升了自己，而且对于抗日战争的贡献很大，她们是有很伟大的潜在力量的；但是，因为农村妇女意识观念的局限性，她们需要在知识妇女的帮助和领导下，才可以发挥更大的作用。[2]

（二）个别化与集体生活结合，民主参与

在组织妇女干部培训时，雷洁琼提出既要根据妇女个人的兴趣、生活环境、文化水准的不同，鼓励与领导她们各自参加团体活动，与此同时，也要统一组织、分工合作，运用各种可以激发妇女兴趣的小单位领导妇女，共同学习、工作和娱乐，参加社会活动，在团体活动中，养成一致的意志与行动。[3] 同样的思想也体现在她对妇女活动的指导中，根据各县的客观环境与妇女的能力和需求而确定。在具体组织妇女参加活动时，给予每个与会者参与的机会，认真听取她们的意见、建议，顾及个人的兴趣和能力，分配合适的工作，培养她们的自主精神和独立工作的能力。而且，在遇到困难时，个人的力量是单薄的，要通过集体讨论的方法来解决，养成集体讨论的精神和能力，打破个人的狭隘观念，并养成集体生活的习惯，帮助她们解决遇到的困难，满足她们的需求。

在进行妇女干部培训时，雷洁琼主张个别化原则与集体生活相结合、民主参与，这与社会工作的价值观、理念是相同的。社会工作认为，每个人都应当有权利和机会发展个性，因此，在提供服务的过程中，要充分考虑到服务对象在各个方面存在的差异，尊重个性化的需求，尊重服务对象个人的意见和决定，挖掘个人潜力，运用个别化原则来应对服务对象的需求。[4] 但是，它也指出小组成员在集体活动要相互帮助和学习，团结协作，

---

① 民进中央宣传部编《雷洁琼文集》，北京：开明出版社，1994，第127—129页。
② 民进中央宣传部编《雷洁琼文集》，北京：开明出版社，1994，第130页。
③ 民进中央宣传部编《雷洁琼文集》，北京：开明出版社，1994，第42—44页。
④ 王思斌：《社会工作综合能力》（中级），北京：中国社会出版社，2014，第35—38页。

增进小组成员与他人的关系，运用团队的力量来共同解决问题。

（三）倡导"平等、自由"思想，以人为本

在《妇女问题讲座》一文里，雷洁琼高瞻远瞩，深刻地剖析了妇女问题产生的根源。她认为，妇女问题是因资本主义社会的矛盾而产生的。从奴隶社会到封建社会，这漫长的历史中，妇女在经济上总是处于从属地位；而工业革命后，随着小规模的家庭手工业的破产，妇女逐渐被拉入生产领域，由此，经济上的独立程度增加。与此同时，她们身负家庭和社会两种义务，但是资本主义社会没有给予妇女相应的权利，她们感受到自己在社会上的不平等，由此产生了矛盾，而矛盾的增加促进了妇女的觉醒，促进了她们争取自由平等的思想。[①] 在讨论妇女问题的具体内容时，雷洁琼认为妇女问题反映在政治、经济和社会地位等方面男女不平等，而这些问题又具体表现在妇女参政问题、法律问题、教育问题、职业问题、劳动问题及母性保护问题等方面。[②] 她的"平等、自由"思想、以人为本理念与社会工作强调服务对象个人的尊严和价值是相似的。社会工作的自由、平等思想指的是要认识到服务对象自身的生命价值和其他基本权利，充分保障他们获得资源和专业服务的权利，以人为本，满足他们的生存和发展的权利。雷洁琼认为要彻底解决妇女问题，实现妇女和男子一样的平等、自由，就要使妇女获得和男子同等的社会地位；获得同等社会地位的前提是妇女能够参加生产劳动，而这个问题只有在平等自由共享的新社会中才能得到根本解决。

（四）开展妇女工作，增强妇女权利意识，注重妇女意识的培养

雷洁琼认为，妇女工作就是让妇女获得知识、能力、义务与权利等机会而进行的运动，而通过妇女运动，可以充实妇女的学识、增强妇女的能力、改善妇女的生活，最终目的是要提高妇女的社会地位。而家庭作为个体栖息最久的地方，家庭和谐与否，关系着一个人生活的方方面面。完善的家庭结构是基于男女地位平等和互相谅解与协助实现的。如果男子和女

[①]　民进中央宣传部编《雷洁琼文集》，北京：开明出版社，1994，第80—81页。

[②]　王思斌、杨善华：《雷洁琼的社会工作学术思想与实践》，《中国社会工作》2011年第1期，第11—12页。

子都可以管理家事与养育子女、参加社会活动，那么家庭则更和谐。妇女工作一方面解放妇女，另一方面则可以增进家庭的幸福。往更深层次来讲，整个社会的进化和幸福也与妇女工作相关。男女关系不平等，妇女就没有机会参加社会进化事业，社会损失了妇女的智慧，由此，人类进化的速度也降低了。而在关乎民族存亡的抗日战争中，城市让敌人占领了，因此农村显得尤为重要，而农村妇女占到人口的半数，农村妇女地位如此重要，更要推进农村妇女运动。雷洁琼指出，要在政府的提倡和主持下，组训妇女，纠正社会对于妇女的错误观念，改革束缚妇女的礼俗，增加妇女参加社会活动的机会，提高她们的民族意识，鼓起她们的爱国热忱，领导她们参加抗战建国工作。对于农村妇女来说，则可以在后方从事农业或手工业生产，做宣传、征募、慰劳等抗战后援工作，让抗战的力量更加强大，争取最后的胜利，这样，才能最终赢得抗日战争的胜利。雷洁琼认识到妇女的重要性，提出要开展妇女运动，而社会工作关注弱势群体的发展，其中一个领域就是妇女社会工作。妇女社会工作的内涵就是解决妇女面临的问题，满足妇女的需求，维护妇女的权益，促进妇女发展。① 在社会工作实践中，我们也要重视妇女社会工作的发展。

本项研究旨在通过对雷洁琼在江西妇女组训的实践中所体现的农村社会工作思想的研究，从中获得我们所需的经验和启示，来指导当前农村社会工作的开展，并为我们进行有关农村社会工作的研究提供理论依据和支撑。② 而在农村问题日益复杂且亟待解决的今天，对雷洁琼思想的探讨和研究，不仅有助于我们深入了解旧时代下农村的社会生活状况，更为我们当前农村社会工作的开展提供了宝贵的经验。

三　雷洁琼农村社会工作思想对当前农村社会工作的启示

雷洁琼的农村社会工作思想虽然是在抗日战争时期提出的，但是她的思想中所包含的开展妇女工作、重视农村干部、个别化和集体工作相结合、民主参与和倡导自由平等的理念，对今天的农村社会工作仍然有重要的借

① 史柏年：《社会工作实务》（中级），北京：中国社会出版社，2014，第147—149页。
② 张央央、郭占锋：《论梁漱溟乡村建设理论对农村社会工作的启示》，《山西农业大学学报》（社会科学版）2015年第11期，1103—1107页。

鉴意义和启示。

(一) 注重培养农村社区领袖人物

雷洁琼强调干部在群众中发挥的作用很大，因此，必须广泛召集全县人才，谨慎遴选适合的人担当。新中国成立以来，农村组织在很长一段时间都是以全能型政府组织的形式出现。改革开放以后，随着市场经济的发展，农村兴起了村民自治组织——村民委员会，村委会的建立为农村基层民主建设提供了坚实的基础。而村民委员会的核心人物——村主任一般都是村民中比较有威望和能力的人，村主任对于农村发展有重要的作用。他们的声望和地位在很大程度上是由其个人魅力和人际关系来决定的，是农村获得内在发展的重要推动因素之一，同时也是推动农村社会服务完善与提高的主导力量。研究发现，当农村社区居民有困难或需求时，首先想到的是社区里有威望的骨干居民，也就是社区领袖，社区领袖利用自己的经验、能力等为社区居民提供相应的服务；而政府、企业等组织部门有问题需要动员和组织社区居民时，也会首先找到社区领袖来发动和组织。[①] 然而对于农村社区来说，社会工作者只是外来者，是不可能一直为同一个社区服务的。因此，注重培养农村社区领袖，是建设新农村的题中应有之义，也是农村社会工作的重大议题之一。

(二) 提倡"以人为本，民主参与"

以能力建设和资产建立为核心的优势视角下的农村社会工作是当下中国社会工作介入模式的范式转向 (paradigm shift)，因为它既突破了传统"问题为本"的扶贫模式，也超越了"缺乏视角"和"工作者为本"的社会工作介入模式。[②] "社区发展的主导性最终是掌握在村民手中的，并不是外在的'强制性参与'，要培养农民参与的自觉性。"[③] 在召集妇女讨论活动时，雷洁琼指出要根据群众对象而定，给妇女发表意见的机会，在讨论中

---

① 娄海波、杨玉泉：《定县平民教育运动对农村社会工作发展的启示》，《河北广播电视大学学报》2015 年第 5 期，第 8—11 页。

② 李卓、郭占锋：《梁漱溟乡村建设理论及其启示》，《新西部》（理论版）2015 年第 14 期，第 2—4 页。

③ 李卓、郭占锋：《梁漱溟乡村建设理论及其启示》，《新西部》（理论版）2015 年第 14 期，第 2—4 页。

说服群众，而且在决定计划与分配工作时，要经过大家的讨论，实施以少数服从大多数来决定一切的原则。这一思想启发我们在今后解决农村问题、开展农村社会工作服务时要尊重农民的意愿和想法，发挥农民的自主能动性，让他们参与到社会工作服务当中来。具体来说，社会工作者应该注重农村社区居民自主性与自决能力的开发和培养，挖掘他们自身的潜力，"授人以鱼，不如授人以渔"，帮助他们进行自我能力建设，发挥农民自身优势和社会支持系统的作用，助人自助，让他们发展自己解决问题的能力，而不是仅仅是以"旁观者"的身份帮助他们解决问题。①

（三）挖掘农村弱势人群潜力，构建支持系统

从新中国成立后的土改运动到改革开放，从"包产到户"到大规模的外出流动，农民的行动往往促成了社会制度的变迁，使社会发展飞跃到一个新的阶段。现阶段下，经济社会迅猛发展，越来越多的农村剩余劳动力转移到城市务工。随着农民大规模外出打工，农村出现了大量的留守人群，他们成为留守老人、留守儿童和留守妇女。而通过调查发现，农村的留守人群在生产生活、受教育和安全保护等方面存在很多的问题和困难，已经严重影响农村经济社会健康发展。雷洁琼在进行江西妇女干部培训时，认识到妇女作为弱势群体，是男子的附属品，处于从属地位，因此要开展妇女工作，充实妇女的学识，增强妇女能力，改善妇女的生活，这样妇女才可以和男子一样。现阶段我国留守人群问题严重，而社会工作作为预防和解决社会问题、维护社会稳定的专业，让它介入留守人群，帮他们增强自身能力，改善生活状况，建立社会支持网络，挖掘他们的潜力，最终达到助人自助的目的。总之，社会工作要基于专业优势，在改善农村留守人群的生活质量和生产方式、复苏农村社会支持网络、发展农村社会组织以及农村留守人群的能力建设等方面发挥积极作用。②

雷洁琼在江西农村妇女干部培训中的原本目的是组织农村妇女去支援前线抗战，在实施活动中，雷洁琼及其同事将妇女发展与解放的问题加了

---

① 李卓、郭占锋：《梁漱溟乡村建设理论及其启示》，《新西部》（理论版）2015年第14期，第2—4页。
② 史铁尔、蒋国庆：《社会建设新常态下如何服务农村留守人群》，《中国社会工作》2015年第9期，第12页。

进来，这符合农村妇女工作的实际。而她在妇女培训中提出组织妇女运动，培养妇女干部，进行集体生活和民主参与，注重妇女意识的觉醒，倡导的平等、自由思想和以人为本等理念，成为她的农村社会工作思想。笔者也仅是收集了部分资料（尤其是《雷洁琼文集》）和文献，总结了她在江西农村妇女干部培训期间的农村社会工作思想和对中国农村社会工作事业所做出的巨大贡献的一小部分，但是因为才疏学浅，没有能够很好地全面总结。事实上，雷洁琼从事中国社会工作事业有 80 多年，从旧中国走到新中国，从社会主义革命与建设时期走到改革开放全面建设社会主义新时期，雷洁琼始终站在最前沿，为中国社会工作事业而奋斗①。

---

① 邓欣：《雷洁琼的社会工作思想》，《中国社会工作》2013 年第 8 期，第 54—57 页。

第四章　农村社会工作的实务介入

第一节　留守儿童心理问题的个案工作介入[*]
——以 B 村为例

在留守儿童心理问题日渐严重的今天，为了帮助留守儿童走出困境，不少学者对这一问题进行了探讨和研究。江荣华从教育学角度出发，在《农村留守儿童心理问题现状及对策》中提出从创设良好社会环境、提升学校和教育研究工作者素质、培养打工者家庭的教育意识及能力三方面入手，对留守儿童进行性格教育、心理教育、人生观教育以及价值观教育的解决对策。[①] 郑哲从心理学角度出发，认为以学校心理健康教育为主导，重视留守儿童心理健康问题，充分利用社会资源关爱留守儿童，是行之有效的解决办法。[②] 除此之外，吕英在《农村留守儿童的社会心理学视角解读》中提出，通过将社会、学校、家庭、个体四个系统有机结合，可以减少因缺乏家庭教育对留守儿童造成的伤害。[③] 这些研究尽管从各自角度给出了留守儿童心理问题的解决对策，并在一定程度上改善了留守儿童的心理状况及生活，但也存在学科背景单一、不易操作等缺陷。而社会工作作为一门多学科背景交叉、实务性强的助人专业，在留守儿童心理问题研究方面有其自身优越性。然而纵观以往研究，有关社会工作介入留守儿童心理问题方面的研究非常稀少。针对目前留守儿童所面临的不利现状，本节通过分析留

---

   * 本节内容发表于《新西部》（理论版）2016 年第 10 期，略有改动。

① 江荣华：《农村留守儿童心理问题现状及对策》，《成都行政学院学报》2006 年第 1 期。

② 郑哲：《农村留守儿童心理问题及对策探究》，《中小学心理健康教育》2006 年第 6 期。

③ 吕英：《农村留守儿童的社会心理学视角解读》，《校园心理》2011 年第 4 期。

守儿童的主要心理问题及其成因，从社会工作专业角度出发，以个案工作为主要方法，对留守儿童的心理问题进行针对性的干预，以充分发挥社会工作的专业优势和力量，帮助留守儿童渡过难关，也为本领域的其他研究者提供一些借鉴。

在具体个案工作方法引入之前，本节需要对留守儿童的主要心理问题及其成因进行必要的分析和说明，从而为接下来的具体介入工作提供合理的依据。为了清楚直观地呈现这些儿童存在的主要心理问题及其表现，本节在实际调查以及个案访谈的基础上，结合访谈对象的实际情况，借用部分访谈记录，以 B 村五名留守儿童为例，对这些儿童的主要心理问题及其表现进行以下说明。

一 留守儿童主要心理问题及其表现

由于特殊的成长环境及经历，留守儿童在其成长过程中容易出现诸多不良心理反应及其现象。通过心理健康诊断测验量表，有学者通过在贵州省的调查指出，95% 的农村留守儿童存在心理问题，其中，轻度心理问题者约占 58%，重度心理问题者占 37%。[1] 通过本次调查和走访，在与当地留守儿童的接触中发现，众多受访儿童当中，具有代表性的不良心理现象主要有以下五种。

（一）冲动易怒

在儿童自己及老师、同学的叙述中发现，有一半的留守儿童表现出冲动易怒的特点。[2] 在人际关系方面，通过学者自编问卷调查发现，选择"以争吵的方式处理人际矛盾"的留守儿童有 43.4%，接近被调查者人数的一半。[3] 同样，本次调查走访亦发现，不少留守儿童具有冲动易怒的性格特点以及相关行为表现，且以男生为主。根据老师、同学的反映，这些儿童通常会表现出做事冲动、欠考虑、脾气大、性格急躁等特点，部分儿童还存在打架现象。为进一步掌握留守儿童小凯的情况，笔者对小凯的一位同学

① 刘红、卢晓玲、张金勇等：《贵州省农村留守儿童心理健康状况研究》，《黔南民族师范学院学报》2008 年第 2 期。
② 申继亮、刘霞：《留守儿童与流动儿童心理研究》，北京：北京师范大学出版社，2015。
③ 梁建华：《河南留守儿童心理问题调查与对策研究》，《中国电力教育》2010 年第 15 期。

进行了如下访谈：

> 笔者：你认为小凯平常性格怎么样，容易相处吗？
>
> 小凯同学：小凯很爱发火，有一次我不小心碰了他的桌子，他那会儿正在趴着睡觉，然后突然站起来冲我喊叫。我赶紧说对不起，他还是很生气。我之后都不敢惹他，也不敢随意开他玩笑，害怕激怒他。
>
> 笔者：那你还见过小凯有其他什么过激行为吗？
>
> 小凯同学：之前有一次，他和我们班一个同学不知道因为什么突然吵了起来，别人劝阻也不听，之后两个人就打起来了。

显然，小凯是留守儿童中冲动易怒的典型例子。其不当行为以及过激表现，不仅不利于自身良好发展，也会给他人留下不良印象，极易出现人际交往问题。

（二）敏感自卑

敏感自卑也是留守儿童群体的"代表性"情绪感受。[1] 由于长期得不到父母疼爱，留守儿童心里会有一种被遗弃的感觉，容易导致自卑。有些留守儿童甚至会认为是自己的原因，父母才离家外出，从而陷入自责当中。[2] 另外，家庭不健全也容易使留守儿童产生心理欠缺，他们常常感到自己不如别人，感到被人瞧不起，进而进行自我贬低，缺乏自我认同感。[3] 在访谈过程中，不少留守儿童说到自己是个多余的人，并且觉得自己很不幸。下面是笔者和丹丹的部分访谈内容：

> 笔者：你觉得生活中，什么事情使你感到不开心？
>
> 丹丹：没有人喜欢我，爸爸妈妈不爱我，奶奶也只疼弟弟。别人都说我是没人疼的野孩子。
>
> 笔者：为什么觉得爸爸妈妈不爱你？
>
> 丹丹：他们那么久都不回来看我一次。

---

① 申继亮、刘霞：《留守儿童与流动儿童心理研究》，北京：北京师范大学出版社，2015。
② 叶峰、金绍军：《农村留守儿童心理问题及对策研究》，《内江科技》2006年第3期。
③ 高中建、刘超、李冲：《单亲家庭青少年成长困境的社会工作介入初探》，《青年探索》2011年第1期。

笔者：他们也想回来看你。只是现在他们需要努力赚钱，来为你们姐弟俩创造更好的生活和学习环境，这也是他们爱你的一种表现呀。

丹丹：可是我觉得我不是学习的料，脑子很笨，什么都记不住，成绩也总是比别人差。

可以看出，丹丹比较自卑，很在意别人的看法。学习上，她对自己的学业没有足够的信心；生活中，她也很敏感，认为父母和奶奶都不疼爱自己；对于自身，她也缺乏正确的认识。

（三）抑郁

除了以上两种常见的心理问题及其表现，由于长期远离父母，缺乏来自父母必要的关心和疼爱，生活中的喜怒哀乐无人倾诉和分享，不少留守儿童有严重的抑郁倾向。有学者调查显示，81.1%的留守儿童非常想念父母，谈及父母表现得非常焦虑，16.2%的儿童有不同程度的忧郁情绪，具体表现在：做事畏缩不前、胆小怕事、行为不积极、表情木然等。[①] 以下是笔者与梅梅间的部分访谈对话：

笔者：一般有心事了，会跟谁讲呢？

梅梅：自己消化，有时候会跟姥姥讲一点。但是姥姥现在年纪大了，有时候也怕她操心。

笔者：那心里委屈难受的时候，会跟爸爸妈妈讲吗？

梅梅：一般不会。

笔者：为什么呢？

梅梅：他们只是关心我的学习。

笔者：那你想他们吗？

梅梅：嗯。看到别的同学和爸爸妈妈在一起的时候，很羡慕。

笔者：目前有什么事情是你比较担心的？

梅梅：担心姥姥的身体。

从谈话中可以看出，面对现状，梅梅很委屈，也很无奈。梅梅尽管懂

---

① 梁建华：《河南留守儿童心理问题调查与对策研究》，《中国电力教育》2010年第15期。

事，却也难以对抗长期的孤独与无助。面对别人言语上的讽刺，梅梅心里的委屈无人诉说，还要担心姥姥的身体状况。面对生活的多重磨难，梅梅明显表现出抑郁和忧虑。

（四）缺乏安全感

由于缺乏来自父母的陪伴和呵护，与非留守儿童相比，留守儿童需要面对许多来自家庭的孤独和冷清。倘若情况一直得不到改善，容易导致留守儿童产生严重的孤独感。根据埃里克森的心理发展阶段理论，儿童期是孩子信赖感、依赖感、安全感等形成的重要时期，留守儿童的单亲或双亲长期远离儿童，必然会影响孩子安全感、信赖感以及依赖感的形成，[①] 容易出现性格胆小懦弱、渴望被人保护、做事黏人、独立性差等现象。有些儿童还会惧怕雷电等自然现象。以下内容是笔者对燕子进行的部分访谈：

> 笔者：晚上是自己一个人睡吗？
>
> 燕子：不是，和奶奶一起。
>
> 笔者：为什么现在还和奶奶一起（睡）？你已经长成大人了呀？
>
> 燕子：我也知道自己已经长大了。可是奶奶不在身边的时候，心里还是会很害怕，奶奶陪着我，我就会很安心。
>
> 笔者：除了怕一个人睡，还有什么事情会让你觉得害怕？
>
> 燕子：打雷闪电的时候，还有去陌生的地方。

由于父母在燕子安全感、信赖感形成的重要时期离开她，其出现严重缺乏安全感的现象。加上性格胆小，自主性差，其自我功能明显低于正常水平。

（五）厌学

家庭的缺损，使留守儿童难以得到父母的疼爱与关怀，容易形成心理偏差，从而出现偏差行为。由于得不到父母给予的精神关怀，他们往往倾

---

① 胡义秋、朱翠英：《不同学龄阶段农村留守儿童心理健康状况比较研究》，《湖南社会科学》2015 年第 1 期。

向于通过一些放任甚至对抗的方式来寻求内心的释放和满足。[①] 在留守儿童身上集中表现为厌学，如经常迟到、早退、逃课旷课；部分儿童还有严重的网瘾，经常出入网吧等地。有学者调查发现，部分留守儿童已经陷入一种新的"读书无用论"的状态，他们学习目的不明确，学习积极性不高，纪律涣散。认为自己"信心不足"和"没有信心"的留守儿童约占 1/3，另有 34.7% 的人感觉自己在学习方面信心十足。与此同时，学校老师和监护人一致认为，留守儿童普遍成绩较差。数据显示，有 63.9% 的留守儿童认为学习中最大的困难是"无人辅导"。多数留守儿童较少受到老师的关注和器重。留守儿童采取消极的态度，甚至自暴自弃，陷入恶性循环。[②] 另外，还有数据显示，初中阶段农村留守儿童的在校率只有 88%。显然，农村留守儿童的教育问题成了农村基础教育的缺陷和盲点。[③] 下面是笔者和小磊的部分访谈内容：

> 笔者：那小磊为什么要迟到早退，甚至逃课？
>
> 小磊：感觉学习没意思，学了也没有什么用。
>
> 笔者：那小磊觉得什么有意思呢？
>
> 小磊：上网，打游戏。打游戏的时候我觉得自己很快乐，不用想那些不开心的事情。
>
> 笔者：什么事情让小磊觉得不开心？
>
> 小磊：不能像别人那样和爸爸妈妈在一起。
>
> 笔者：那小磊想过自己以后怎么办吗？
>
> 小磊：毕业了就和爸爸妈妈一起去外面挣钱。

小磊是受访儿童当中厌学情绪比较严重的一个。对于学业，他既没兴趣，也不清楚其目的和意义。若长期得不到引导和改善，此类有厌学情绪的留守儿童不仅会厌学，还可能会形成错误的价值观，进而误入歧途。

---

① 高中建、刘超、李冲：《单亲家庭青少年成长困境的社会工作介入初探》，《青年探索》2011 年第 1 期。

② 梁建华：《河南留守儿童心理问题调查与对策研究》，《中国电力教育》2010 年第 15 期。

③ 潘华：《社会学视野下的农村留守儿童问题探析》，《社会工作》2007 年第 12A 期。

二 留守儿童心理问题成因分析

尽管造成留守儿童心理问题的原因很多，并且存在一定的地域性差异，不同个体问题的产生也有其复杂特殊性，但总结起来，导致留守儿童心理问题的主要原因基本来源于以下四个方面。

（一）个体方面

据了解，很多留守儿童在与父母分离时，通常年纪尚小，正处于弗洛伊德所说的个体人格受其家庭、社会等成长环境影响深远的时期，这一时期的儿童特别容易受来自家庭、社会等方面的影响，缺乏必要的关注和引导容易造成儿童不健全心理及人格的形成。[①] 这一时期正是儿童依恋父母，渴望父母陪伴的时期。由于经济因素，留守儿童的父母不得不把孩子留在家中，交由长辈或他人代管，自己外出打工挣钱。这些儿童年纪较小，身心发育不健全，自我功能较为低下，不善于进行自我控制与管理。心智的不成熟，使其缺乏理性的思维以及正确处理事情的方法。例如，小凯日常做事冲动、不善控制情绪等现象，包括小磊厌学心理的形成，除了特定环境所造成的影响之外，也是其人格、心理发展不健全的体现。大量数据显示，留守儿童普遍存在社会适应不良的状况。[②] 另外，有些儿童性格懦弱、胆小，独立性差，父母的外出又使其丧失了原有的依赖，一时变得无所适从，甚至安全感严重缺失，自主能力减退。本文中燕子的事例，就能较为清楚地反映这一现象。

（二）家庭方面

一般而言，任何个体行为问题的出现都是家庭系统内部问题的折射和表现，同样，留守儿童心理问题的形成也与其家庭系统运行不良息息相关。[③] 留守儿童的家庭结构不同于一般家庭，这种特殊结构往往使家庭原有

---

① 唐梦雅：《社会工作对农村留守儿童心理问题的介入》，《中小企业管理与科技》（下旬刊）2014年第3期。

② 葛明贵、汪昱娟：《留守儿童心理问题的教育思考：基于调查的分析》，《池州学院学报》2013年第2期。

③ 陈秀红：《青少年网络成瘾问题的家庭干预与社会工作介入——家庭功能理论视角》，《山东省青年管理干部学院学报》2010年第1期。

的诸多功能难以发挥。家庭作为个体成长的第一站，不仅是其各类物质资源的天然补给站，也是其精神食粮的源泉，更是其社会化的重要场所。父母作为孩子的第一任老师，在其成长过程中所发挥的作用是其他成员无法替代的。在家庭生活中，儿童对父母有其他人不可替代的依恋情结，遇到生活或学习上的困难往往是依赖父母来解决。[①] 而留守儿童由于父母长期缺位，感情交流得不到满足。正如访谈中梅梅曾提到，当看到别的同学和父母在一起时，就会很羡慕。事实上，不单是梅梅，很多留守儿童在日常生活中都有类似经历。由于远离父母，留守儿童缺少与父母进行情感交流的机会，在与父母少有的交谈中，也多是被问及一些学习及生活上的事情，而有关孩子的内心世界，父母往往了解甚少。另外，由于监护人多为祖辈，而老人与孩子的思想观念存在一定的差异，在日常交流中，会有明显的沟通障碍，[②] 并且多数监护人只能尽力照顾到孩子的日常生活，无法兼顾其感情世界。

（三）学校方面

客观上讲，留守儿童的生活环境对其身心发育非常不利。由于父母长期不在身边，这些儿童常常会感到家庭的冷清，极易产生孤独感，有些孩子甚至抵触放学回家。从时间分配上看，学校是孩子每天待得最多的地方，因而学校生活构成了留守儿童日常生活的重要组成部分。对于长期缺少父母关爱的留守儿童来说，老师、同学的理解与关心显得弥足珍贵。尤其是那些存在厌学思想的儿童，老师的及时关注与引导很可能会减轻他们的厌学情绪，并使其发生积极的转变。但实际生活中，由于多数农村地区办学条件及师资力量落后，加上思想观念相对滞后，老师对留守儿童的成长发展问题认识不足，往往不能给予这些儿童很好的重视与关注。他们生活和学习中遇到的困难得不到及时发现和解决，不良情绪也不能及时被疏导，容易积压起来，形成心理障碍。目前部分学校尽管已经意识到留守儿童的特殊需要，却也没有有效的措施予以改善。

---

① 张君玲：《我国农村留守儿童的心理问题研究》，硕士学位论文，中南民族大学，2008。
② 莫振华：《西部地区留守儿童心理问题现状分析及对策》，《科教导刊》（上旬刊）2013 年第 4 期。

（四）社区及其环境方面

在家庭及学校之外，社区及其相关环境也是影响儿童及青少年成长的重要因素。由于留守儿童长期生活在特定的村落环境中，因而社区及其环境也会作用于儿童本身，从而影响其身心发展。研究表明，在留守儿童群体中，不少心理及行为问题的产生，都与儿童长期生活的社区环境密切相关。正如访谈资料所反映的，在生活中，留守儿童经常会遭遇到周围小伙伴的冷言冷语，这些都会构成留守儿童日常的消极生活事件。① 不少儿童会因此受挫，并进一步导致错误归因，从而降低自我评价，本节中的丹丹正是如此。另外，梅梅长期抑郁性格的形成，也有来自其生活的社区环境方面的影响。作为一种开放式的环境，社区会持续不断地向生活在其中的每个个体输送信息、观念以及相关文化。良好的社区环境及氛围可以促进儿童的健康成长与发展，而不利的社区环境及氛围则会阻碍儿童的健康成长与发展。

三　个案工作介入方法

针对留守儿童存在的主要心理问题及表现，通过分析问题成因，本节内容以调查过程中重点访谈的五位留守儿童为例，结合他们的具体情况，从专业社会工作角度出发，以个案工作为主要方法，给出以下四种具体的介入方案。希望通过工作者的干预，可以为这些儿童带来心理上的积极转变。

（一）社会心理治疗模式挖掘深层诱因

梅梅抑郁心理问题的形成有其深刻的社会及心理原因，针对这一情况，工作者可以采用个案工作中的社会心理治疗模式对其进行具体的干预。

一方面，工作者首先要对梅梅长期形成的抑郁心理进行深入剖析，挖掘其产生这种心理现象的具体心理及社会原因。其次，工作者要深刻洞悉梅梅当前的心理状态，以及可能诱发其产生抑郁的主要心理机制。最后，工作者要结合梅梅当前的心理特征以及社会心理治疗模式的基本原理和方

---

① 申继亮、刘霞：《留守儿童与流动儿童心理研究》，北京：北京师范大学出版社，2015。

法，帮助梅梅平衡人格结构中本我、自我、超我之间的关系，使其能够进行良好的自我调适，同时增强其自我强度，使其能够有效应付挫折，并引导其合理利用自我防御机制，从而保持内心平衡。此外，工作者还可以建议梅梅多利用电话、书信等方式与父母进行沟通和联系，增加与父母交流的机会，鼓励其在谈话过程中将生活中的不快向父母诉说，从而释放内心的烦恼与困扰。

另一方面，工作者还需从梅梅生活的社会环境方面入手，进行必要的干预。首先，工作者可以建议梅梅的父母尽量有一方能够留在家中照顾孩子，如果做不到，就充分利用节假日回家看望孩子，让他们能够真正感受到来自父母的关心与爱护。① 其次，工作者可以与校方进行积极沟通，加强老师和同学对梅梅的关注和理解，尽量避免大家在梅梅面前谈及一些敏感话题，以免影响她的情绪。最后，工作者应联合整个社区的力量，团结所有社区居民，努力为梅梅创造一个温馨友爱、互助和谐的社区环境与氛围，使其获得良好的社会融入，建立起自己的社会支持网络。

（二）叙事治疗模式重构故事情节

针对丹丹的敏感自卑心理，工作者可以和丹丹一起，通过利用一组彼此相关且层次递进的问话，重新建构一组新的故事情节，进而改变丹丹以往看待那些事件的态度和观点，开始从新的视角出发，形成对自己所处环境以及相关事件的新看法，进而从压抑的文化假设中解放出来，成为自己生活的主宰。② 首先，工作者要通过引导使丹丹明白，父母长期在外并不代表他们不疼她，更不是不要她了，而是父母在努力为丹丹和弟弟创造更好的生活及学习环境，希望丹丹和弟弟将来能有更好的生活。这是父母疼爱子女的另一种表达方式。其次，工作者可以通过视角转换，让丹丹尝试换个角度思考，奶奶把注意力更多地放在弟弟身上，是不是因为奶奶觉得她已经长大，是个大人了，比弟弟更加懂事和独立，有能力一个人完成许多事情，因而并不是奶奶不在乎她，而是奶奶对丹丹很有信心的表现。再次，关于同学间的讨论以及丹丹的自我评价，工作者也要赋予其积极含义，帮助丹丹消除心理

---

① 申继亮、刘霞：《留守儿童与流动儿童心理研究》，北京：北京师范大学出版社，2015。
② 王思斌主编《社会工作概论》（第二版），北京：高等教育出版社，2006。

芥蒂，提升自我认同。最后，当丹丹逐渐转变以往的自卑心理，能够赋予故事新的意义时，工作者可以进行适当强化，以巩固成效。

（三）理性情绪治疗模式改变错误认知

从小磊的话语里可以看出，小磊存在明显的非理性信念。在他看来，读书没有太大用处，他渴望自己早日赚钱。很显然，小磊将注意力过多地投放在不该投放的地方，而对自己本该关注的学业反倒不感兴趣。所以，工作者应帮助小磊转变其非理性信念。

首先，工作者应携手小磊的老师，共同努力，以着手改变小磊的错误信念系统，并和老师一道，不断向小磊澄清：如何赚钱不是他这个年纪应该思考的，他这么做，会严重分散注意力，影响学业。工作者应通过耐心引导，让其明白：个体只有通过不断学习和积累，才能逐渐强大，进而拥有赚钱养家的本领；现阶段，正是他进行学习和积累的关键时期，不应该因为其他事情而耽误；而且父母在外辛苦赚钱，也是为给他创造好的学习及成长环境。工作者不断的澄清和引导，使小磊逐渐明白其中的道理以及父母的良苦用心，从而转变态度，认真读书。其次，工作者需要从多个角度引导小磊进行理性思考，并与老师积极配合，发挥老师在教书育人方面的优势，帮助小磊学习更多科学理性的思维方式，以理性的信念为指导，改变以往的错误认知，树立起正确的思想和观念。最后，工作者应帮助小磊进一步强化理性思维，使其不断内化为小磊的思想和观念，进而落实到实际生活与学习中，从根本上克服厌学心理及行为。

（四）行为治疗模式纠正偏差行为

1. 循序减敏法细分工作目标

循序减敏法主要是将行为矫治的大目标细分为一系列具体目标，通过相互抑制作用，按照一定的顺序，帮助案主逐渐脱离原来的消极行为。① 针对燕子目前的情况，对其进行直接的行为改变不易实现。其严重缺乏安全感的现象属于矫治工作中的大目标，在开展具体工作之前，工作者需要对这一目标进行适当分解，然后逐步进行。

---

① 朱眉华、文军主编《社会工作实务手册》，北京：社会科学文献出版社，2006。

例如，针对燕子晚上不敢独自入睡的问题，刚开始介入时，工作者可以允许燕子由奶奶隔天晚上陪她一次，并且通过协商，与燕子达成一致，等其熟睡之后，奶奶需要回到自己房间睡觉。持续一个月后，奶奶每隔两天陪她一次；持续两个月后，奶奶每隔三天陪她一次。以此类推，直到燕子可以独自入睡为止。对于燕子怕黑、恐惧打雷闪电等情况，我们也可以采取这种比较渐进的方式，将其需要矫正的大目标逐个进行分解，并进一步细化，分阶段进行，从而逐渐使其发生改变，最终完成矫治其安全感缺失这一大目标。

2. 正增强给予积极强化

正增强主要是对案主的特定行为给予一定的积极强化，以此来保持或增加该行为出现的频率和次数，最终实现预期的行为和结果。[①] 由于小凯具有冲动易怒等特征，易发火，并且乱扔东西，还伴有打架现象。针对这种情况，工作者可以利用正增强的行为治疗模式，帮助其克服不良行为，即通过设置一组清晰且易达到的具体目标，以及相应的奖励措施，在案主发生改变时给予及时奖励，使其不断获得改善。

例如，在打架问题上，工作者与小凯事先约定，如果小凯可以保持一个月之内不打架，就可获得一次在全班同学面前受到表扬的机会，工作者还可以奖励小凯一个他喜爱的玩具。在随意发火以及乱扔东西的问题上，通过监督，如果工作者发现小凯开始学着控制情绪，愿意通过协商来解决问题，不再轻易发火、乱扔东西，并能较好地保持以上改变，工作者便可满足小凯去游乐园尽情玩耍一次的心愿。总之，工作者需要帮助小凯不断完成先前所设目标并给予小凯及时的奖励，来增强小凯改善冲动易怒性格的信心和意愿，通过行为的不断改善，最终实现其良好适应。

四　结语

留守儿童属于儿童中的弱势群体，解决好留守儿童问题，有利于我国整个儿童事业的发展。针对留守儿童存在的心理问题及其困扰，工作者应恪守个案工作的各项原则，充分运用个案工作的相关方法和技巧，综合考虑多种因素进行实际干预。随着留守儿童数量的不断增多以及各种心理问

---

① 朱眉华、文军主编《社会工作实务手册》，北京：社会科学文献出版社，2006。

题的不断凸显，社会各界都应高度重视和关注，共同面对这一社会问题。只有全体社会成员共同努力和配合，才能为留守儿童创造更为有利的成长环境，才能使其拥有更利于身心发展的健康生活。

第二节　农村留守妇女互助的小组工作介入

——以 C 村为例

一　研究背景

改革开放以后，我国农村历经了三次变革浪潮，第一次是家庭承包责任制的出现，第二次是乡镇企业的崛起以及农民离土浪潮，第三次是80年代末90年代初的打工潮。[①] 20 世纪 80 年代以来，随着农村以家庭联产承包责任制为主的改革的推进以及城镇经济体制改革的开始，我国进入城市化和工业化的转型期，农村大量剩余劳动力从农村到城镇发生规模性的迁移和流动。但是由于我国现行的户籍制度造成的城乡二元分割，以及农民工自身经济条件的限制，农民不能突破各种现实的限制，实现整个家庭的迁移，从而形成了一个新的群体——农村留守群体。学界又将这一群体称为"386199"部队，其中"38"指的就是农村留守妇女群体。

随着越来越多的农民进城务工，留守妇女群体也越来越受各界的关注。由于丈夫的缺失，中国传统家庭结构和生产方式发生了变化，由"男耕女织"变为了"男工女耕"，这些变化给留守妇女的生活带来了各种问题。留守妇女问题带来了以下几方面的问题。首先，农村留守妇女成了农业生产的主力军，农业女性化问题逐渐严重。其次，农村留守妇女由之前的"半边天"成为现在家庭的"看家人"，承担了丈夫外出期间家庭的全部责任，如赡养老人、抚养子女、农业生产、家务劳动，各方面压力较大。最后，丈夫长期外出，给农村留守妇女心理以及婚姻等方面也带来了各种问题。农村留守妇女在丈夫外出务工期间，对家庭和农村建设都有重要的作用。然而，对留守妇女而言，她们面临双重的不公正待遇，一方面，在城市人

---

① 郭嘉：《城市农民工背后的留守妇女现状分析》，《中国城市经济》2012 年第 1 期，第 37—39 页。

与农村人的结构分野下,她们属于弱势的一方而受到忽略;另一方面,留守妇女虽然是农民工家庭的主要成员,但是在大众的视野中是模糊的,她们被淹没在了男性农民工的身后。[1] 大众对留守妇女的关注度并不够,与此同时,像许多发达国家一样,城市化与工业化的完成将是一个漫长的历史过程,我国的国情决定了中国城市化和工业化还将持续很长一段时间,这意味着留守妇女现象还将长期而大量存在。因此,如何解决农村留守妇女的问题就显得十分重要了。

我国农村一直都有互助的行为传统,这些互助行为由村民自发形成,涉及借贷、农业生产、盖房、红白喜事等农村生活的各个方面。受我国"男主外,女主内"的传统性别意识的影响,村民间的互助行为大部分被认为是女人的事情,在互助行为中,女人起着十分重要的作用。留守妇女在生产生活中逐渐形成了一定的互助行为和群体,自发地形成了相应的互助组织。社会工作是具有实务性的专业助人方法,[2] 其中小组社会工作是以群体形式开展的社会工作,农村留守妇女互助的行为以留守妇女群体为依托,女性敏感、细腻、喜欢群居的特质,使互助小组在留守妇女群体中开展有一定的群众基础。农村留守妇女在生活中由于丈夫的缺位常常会感到孤独,安全感降低,而互助小组的开展可以使留守妇女在小组中得到归属感,并且通过互助解决农业生产和家庭生活中的问题。

二　调查地区农村留守妇女互助现状

(一) 调查地区及研究对象情况

H 镇位于山西省 Y 县南部 16 公里处,太长高速公路、太焦铁路和榆洪公路穿境而过,交通便利,属于温带大陆性季风气候,四季变化分明,气温适中,平均海拔 980 米左右,地貌属于典型的半丘陵地形,沙体地质,产业是以农业为主。全镇总面积 206 平方公里,共辖 27 个行政村 4991 户13584 人,耕地面积 3.33 万亩,全镇农村经济总收入 5749 万元,人均可支

---

[1] 魏翠妮:《农村留守妇女问题研究——以苏皖地区为例》,博士学位论文,南京师范大学,2006。

[2] 蔡露露:《浅析社会工作对农村留守妇女问题的介入——基于某市农村留守妇女现状的思考》,《学理论》2012 年第 20 期,第 59—60 页。

配收入 4523 元。C 村位于山西省 Y 县西南部，邻太长高速和太焦铁路，交通便利。平均海拔 980 米，地势由西向东逐渐降低，属于典型半丘陵地形，沙土地质。全村有 186 户，土地总面积 6500 亩，其中耕地 1600 亩，退耕还林地 700 余亩，在耕地中，滩地占 80%，在林地中，经济林 800 余亩，防护林 260 亩。

本次研究共发留守妇女调查问卷[①] 220 份，收回有效问卷 210 份。本次调研中，留守妇女年龄范围为 20 岁到 60 岁，其中 20 岁到 30 岁的留守妇女占 14.76%，31 岁到 40 岁的留守妇女占 27.62%，41 岁到 50 岁的留守妇女占 38.57%，51 岁到 60 岁的留守妇女占 19.05%。留守妇女年龄段主要分布于 30~50 岁，大部分属于青壮年时期。

如表 4-1 所示，留守妇女整体受教育程度较低，受教育程度以初中文化为主，有初中文化的人占 63.5%，有高中及以上学历的只占 13.5%，有大专及以上学历的占 2%，而没上过学的人占 4.3%，有小学学历的人占 18.5%。较低的受教育程度在一定程度上降低了留守妇女外出务工的可能性，同时在农业生产技术、教育子女、参与农村社区管理、自我发展等方面都给留守妇女带来了一定的阻碍。

表 4-1 留守妇女受教育程度状况分布

单位：%

受教育程度	比重
没有上过学	4.3
小学	18.5
初中	63.5
高中或中专	11.5
大专及以上	2.0
缺失值	0.2

C 村丈夫外出务工年限较长，留守妇女留守时间较长。丈夫外出务工年限在 1 年之内的占 24.8%，外出务工 1~2 年的占 20.5%，外出务工 3 年以

---

① 叶敬忠、吴惠芳：《阡陌独舞——中国农村留守妇女》，北京：社会科学文献出版社，2008，第 417—429 页。

上的占 50.9%。

H 镇的男性外出务工地点主要集中在本省和本县（市），大都离家较近，个别留守妇女的丈夫打工地点较远，有的甚至在国外打工（见表 4 - 2）。H 镇外出务工人员大部分不愿离家太远，回家较为方便；留守妇女丈夫每年外出务工时间较为灵活，并且在外时间较短（见表 4 - 3）。

表 4 - 2　丈夫外出务工地点

单位：%

务工地点	比重
本县（市）	39.5
省内其他县（市）	48.1
外省（市）	6.7
国外	2.4
不知道	1.0
缺失值	2.3

表 4 - 3　丈夫每年外出务工时间

单位：%

丈夫每年外出务工时间	比重
3 个月以下	15.25
3 ~ 6 个月	31.0
7 ~ 9 个月	26.2
10 ~ 12 个月	21.4
未外出务工	6.15

在农村家庭，家庭主要经济收入来源于丈夫，占 88.1%；其次为留守妇女自己的收入，占 7.1%；父母和子女的来源最少，分别占 1.9% 和 1.4%。留守妇女在家，主要的任务是带孩子和务农，所占比重分别为 55.2% 和 45.7%，有 31.9% 的留守妇女主要做家务，17.6% 的留守妇女赡养老人，1.4% 的留守妇女做副业，4.8% 的留守妇女打散工。由此可见，留守妇女在家主要承担着家庭和农业生产的重任。

（二）调查地区农村留守妇女生活情况

在农业生产方面，丈夫外出后，留守妇女做农活的时间和劳动强度都有所增加（见表4-4、表4-5）。丈夫外出后，有44.3%的留守妇女认为与丈夫在家时相比做农活的时间大大增加了，有30.9%的留守妇女认为做农活的时间增加了，即大部分的留守妇女认为，丈夫外出务工后，做农活的时间增加了。有50.5%的留守妇女认为做农活有点力不从心，只有10.0%的留守妇女认为农活完全能承担。

表4-4　做农活时间

单位：%

做农活时间	比重
大大增加了	44.3
增加了	30.9
没变化	16.2
减少了	7.6
大大减少了	1.0

表4-5　承担农活感受

单位：%

承担农活感受	比重
完全能承担	10.0
基本可以承担	28.1
有点力不从心	50.5
不能承担	7.1
不做农活	3.8
缺失值	0.5

在农忙时，35.9%的留守妇女会叫丈夫回来帮忙，19.1%的留守妇女会找子女帮忙，21.1%的留守妇女会找双方父母帮忙，26.3%的留守妇女会找亲戚帮忙，10%的留守妇女会找朋友帮忙，6.7%的留守妇女会找邻居帮忙，只有2.4%的留守妇女会雇人干活。由此可见留守妇女遇到困难时，主要依赖的还是丈夫、子女以及双方父母，社会支持网络单一。

在丈夫外出务工期间，留守妇女在农业生产方面遇到的困难有：62.9%的留守妇女认为家里劳动人手不够，27.1%的留守妇女认为农药、化肥等农业生产资料购买不方便，24.8%的留守妇女认为在农业生产活动中自己不懂农业技术，10.5%的留守妇女认为农产品销售困难。由此可见在农业活动方面，留守妇女面临问题众多，但主要还是靠自己或者丈夫解决。在家庭生活方面，丈夫外出打工后，有64.3%的留守妇女认为做家务的时间增加了。

婚姻是家庭的基础，而夫妻关系是家庭关系中最主要的关系之一。留守妇女的夫妻关系是非常态的夫妻关系，由于丈夫在外务工，妻子留守家乡，夫妻二人长期两地分居。[①] 在丈夫外出打工期间，92.3%的夫妻选择电话联系，传统的写信、捎口信等方式已经逐渐被淘汰。使用新兴联系方式的人也较少，15.8%的夫妻通过短信联系，7.7%的夫妻通过微信、QQ等方式联系。由此可见，流行的网络社交方式在留守夫妻中使用率较低，电话是留守妇女夫妻最主要的联系方式。

丈夫在外出期间，联系的频率也比较高。每天都联系的占28.1%，每周联系一次的占47.1%，共占75.2%。50.5%的留守妇女夫妻联系的模式是谁有时间谁主动联系，31.9%的留守妇女夫妻是丈夫主动打电话联系。夫妻双方联系的主要内容集中于家里的情况，67.6%的留守妇女和丈夫聊孩子的情况，55.7%的留守妇女和丈夫聊家里的农活，31.9%的留守妇女和丈夫聊老人的情况，22.9%的留守妇女和丈夫会互相关怀和叮嘱。而夫妻双方很少相互吐露自己的烦心事，10%的留守妇女会聊自己的烦心事，4.8%的留守妇女会和丈夫聊丈夫的烦心事，9.5%的留守妇女会跟丈夫聊丈夫工作上的事，7.6%的夫妻会聊村里的事。由此可见，夫妻双方联系时，主要聊家里老人和孩子的事，而对彼此的心事这种情感上的关心和交流较少。

在情感方面，丈夫外出务工以后，留守妇女在家庭经济和农业生产方面承担了沉重的劳动负担且遇到很多问题和困难，给她们造成了一定的心理压力。夫妻相隔两地，对于留守妇女其他方面的心理感受也必然产生各种各样的影响。[②] 有14.8%的留守妇女在家经常觉得害怕，有44.8%的留守妇女在家有时会觉得害怕，丈夫外出使留守妇女的不安全感日益上升。而

---

① 叶敬忠、吴惠芳：《阡陌独舞——中国农村留守妇女》，北京：社会科学文献出版社，2008，第417—429页。

② 叶敬忠、吴惠芳：《阡陌独舞——中国农村留守妇女》，北京：社会科学文献出版社，2008，第417—429页。

丈夫外出务工后，留守妇女在一定程度上出现了孤独、情绪低落、烦躁、焦虑、易怒、压抑等不良的情绪反应，其中孤独感最为强烈，有47.1%的留守妇女感到十分孤独。在访谈中，留守妇女也经常谈到丈夫在家时，自己心里觉得踏实，丈夫不在家就觉得心里不踏实。而留守妇女闲暇时间的娱乐活动较少（见表4-6），以看电视为主。单一的娱乐生活使留守妇女生活中的压力无处释放，更容易产生不良情绪。

表4-6　留守妇女闲暇时间的活动

单位：%

内容	比重
看电视	70
打牌	15.2
打麻将	12.4
聊天串门	24.3
看书、看报纸	6.2
赶集	1.9
参加文艺活动	18.6
玩电脑	3.8
辅导孩子	12.9

除了由丈夫外出务工所带来的不安全感和不良情绪外，留守妇女还时刻担心在外的丈夫，75.7%的留守妇女担心丈夫在外的人身安全，45.7%的留守妇女担心丈夫的健康状况，31%的留守妇女担心丈夫吃饭和住宿的问题。担心的问题主要集中于丈夫的生活和健康上，对于担心丈夫感情出轨、与别人闹矛盾、赌博、工资被扣、乱花钱、上当受骗的比重较小，分别为4.8%、8.1%、1.4%、9%、1%、9.5%。大部分留守妇女对丈夫外出务工都比较理解和信任，认为他们也是为了家庭而付出，对丈夫情感方面的担心较少，主要是担心丈夫的健康和安全。

（三）调查地区农村留守妇女支持网络情况

基于血缘的社会支持是留守妇女社会支持网络中最为重要的支持。在农村，家中的男性无疑是顶梁柱、主心骨、经济支柱，丈夫的发展和状态直接决定了家庭和妻子的发展和状态，丈夫是留守妇女社会网络的有效辅助。① 留守妇女在农业生产和生活中遇到困难，主要依靠对象为丈夫。丈夫在家时，与同村人产生矛盾，49.5%的留守妇女主要依靠丈夫解决，自己解决的占23.8%；但是丈夫外出后，只有17.6%的留守妇女依靠丈夫协调解决，自己解决的比重变为30%。

丈夫外出务工后，双方家庭成为主要的支持来源。88%的留守妇女认为丈夫外出期间娘家人对自己的帮助很多，其中51.4%的留守妇女认为从娘家获取的帮助比丈夫外出前更多了。娘家是留守妇女求助的最主要的对象，49.3%的留守妇女遇到困难会求助娘家人，26.8%的留守妇女会求助婆家人。农忙时，21.1%的留守妇女会找双方家人来帮忙。同时娘家人和婆家人也是留守妇女情感交流的重要网络资源，从感情上来讲，留守妇女对娘家人更为亲近，丈夫外出务工期间，娘家人来留守妇女家串门的比重占27.1%，而婆家人只占8.7%。有16.9%的留守妇女会选择去娘家串门，而只有9.2%的人选择去婆家串门。留守妇女遇到烦心事首选会跟娘家人说，占比为27.6%，而婆家人只占6.7%。

因为丈夫外出务工，留守妇女情感交流的需求增加，在繁重的家庭劳作后，与他人的沟通交流这样的互动对留守妇女身心健康十分重要。邻居和留守妇女相互串门的比例是所有串门群体中比例最高的，一方面是因为地理位置接近的优势，如隔壁或对门；另一方面也是由于邻居之间少了许多家长里短的矛盾，更容易建立良好的感情。② 有37.7%的留守妇女在丈夫外出期间会去邻居家串门，而来留守妇女家串门的人中，邻居的比重占42.4%。

留守妇女的朋友也是串门的主要对象之一，有25.6%的留守妇女会选择去朋友家串门，而到留守妇女家串门的朋友比重占13%，留守妇女遇到烦心事时，有20%的人会选择跟朋友说。有54.6%的留守妇女的朋友同为留守妇女，她们遇到的矛盾问题较为相似，更能理解同为留守妇女的困扰

①　叶敬忠、吴惠芳：《阡陌独舞——中国农村留守妇女》，北京：社会科学文献出版社，2008，第417—429页。

②　叶敬忠、吴惠芳：《阡陌独舞——中国农村留守妇女》，北京：社会科学文献出版社，2008，第417—429页。

和心酸。

在遇到困难后，留守妇女会向血缘和婚缘网络、地缘和业缘网络，以及其他网络资源进行求助，[1] 向村干部这一正式网络求助的比例较少。丈夫外出后只有 11.9% 的留守妇女在遇到矛盾时会向村干部求助，而有 47.6% 的留守妇女认为目前自己没有享受到政府提供的优惠政策及相应的服务。

（四）调查地区农村留守妇女互助行为开展情况

H 镇村民中存在自发的互助行为，而这些互助行为主要建立在亲戚或者邻里朋友之间，比如有人盖房子时，邻居、亲戚去帮忙，而大部分这样的互助行为比较固定。在丈夫外出期间，有 16.7% 的留守妇女经常与别人家换工，有 31.4% 的留守妇女有时候会和别人家换工，有 51.7% 的留守妇女很少或从来不与别人家换工，可见换工现象在留守妇女群体中并不普遍。而雇工现象在留守家庭中也较为少见，一方面由于农村劳动力较为紧缺，另一方面雇工对于农村家庭来说费用较高。农忙时，留守妇女之间更多的是传统的互帮互助。

在调研和访谈中，并没有发现政府帮扶留守妇女的相应的政策和措施，留守妇女在生活中也没有享受到政府相应的政策帮助，更没有引导留守妇女互助方面的政策措施。随着生活水平的不断提高，C 村留守妇女自发组织了妇女自助队，本着自愿的原则，加入自助队参与活动。妇女自助队由村里热心公共事务的村妇女干部组织，主要安排健身、舞蹈等文体活动，在闲暇时间组织留守妇女练习舞蹈和锣鼓，参加县里的表演和比赛。通过妇女自助队的活动，村里留守妇女相互之间逐渐熟悉，认识了新的朋友，扩大了交往圈，平时关系好的留守妇女会私下聚聚，说说心里话，聊聊家常，一定程度上丰富了留守妇女的生活，同时也拉近了留守妇女之间的关系。随着妇女自助队越办越好，影响力逐渐扩大，自助队的活动内容不仅限于活动，平时还会帮助发布一些招工的消息，为留守妇女找一些做零工的机会。妇女自助队的开展在很大程度上得益于村妇女干部的组织和建设。

农村妇女干部在平时的工作中逐渐认识到留守妇女互助的重要性，意识到发挥留守妇女自身群体力量的必要性。但是这样的认识仅限于个别的

---

① 吕新萍：《小组工作》（第一册），北京：中国人民大学出版社，2010，第 70—73 页。

妇女干部，而且大部分认识仅仅停留在想法上，真正开展的活动少之又少。造成这种状况的原因有两点：一方面是缺乏有魄力的领导者；另一方面是缺乏开展活动的外部环境和政策支持，导致想法难以付诸行动。农村妇女干部由于自身资源和认识的限制，并没有找到实现这一想法的途径。

三　农村留守妇女互助的小组工作介入过程

（一）农村留守妇女需求评估

C 村留守群体较多，青壮年劳动力外出历史久，农村留守妇女相处融洽，在长期的留守生活中，逐渐形成良好的互相帮助的风气。在村妇女干部的带动下，C 村留守妇女自发组成了妇女自助队，积极开展健身、舞蹈等活动，留守妇女的生活状况有了一定的改善。

通过调研，社会工作者结合实际情况与其自身的个人能力和活动安排，分析留守妇女的各项需求，将本次小组工作的需求归纳为以下三方面。

首先是留守妇女自身群体的情感互助需求，丈夫外出务工后，留守妇女独自承担着巨大的压力，缺乏排解和交流的途径。通过小组活动，留守妇女获得一个群体内部的情感倾诉和支持的平台；通过自身群体的陪伴，留守妇女意识到自己并不孤单，同时学会相互帮助。

其次是留守妇女身心健康知识的需求。农村留守妇女由于自身认识和家庭经济能力的制约，一般都抱着"小病不就医"的想法，身体不舒服能扛就扛。同时，留守妇女缺乏正确的情绪管理方法，因此留守妇女对身心健康知识需求较大。小组活动能为留守妇女提供身心健康知识和理性的情绪管理知识，纠正其不良的认知和方法，缓解了留守妇女身心健康状况。

最后是留守妇女自我发展的需求。随着社会的发展和留守群体的出现，农业女性化和农村留守妇女参与农村管理的趋势不断加强，留守妇女在生活中面临的问题需要自己寻找办法解决，在这个过程中留守妇女群体的自我意识不断觉醒，她们由被动地探寻资源逐渐变为积极地寻求自我发展的机会和途径。通过小组工作，工作者引导留守妇女在生活中更多地关注自己，重视自己的需求，实现自我发展。

（二）农村留守妇女小组工作介入方案

根据 C 村留守妇女的生活现状和需求分析，社会工作者制定农村留守妇女的小组工作计划书，指导小组社会工作的建立和开展。

1. 需求评估

C村留守妇女在丈夫外出务工后，在生活和情感中都面临众多困难，留守妇女在身心健康知识、自身群体情感互助和自我发展方面都有需求。留守妇女在生活中缺乏健康知识和理性情绪的管理方法，自身互助群体的情感支持有限，同时留守妇女自我意识较低，留守妇女困境的解决和互助群体的发展都离不开留守妇女自我意识和自我发展意识的觉醒，因此留守妇女有自我发展的需求。

2. 小组性质

本次活动名称为"伴你同行"妇女互助小组，属于互助的封闭性小组，目的在于在分享和交流中促进小组成员完成情感支持、身心健康、自我发展方面的互助，树立正确的认知和自我发展意识，增强留守妇女解决问题的能力，扩大社会支持网络，促进留守妇女自我完善和自我发展。

3. 小组工作的方法和模式

（1）小组工作方法

运用小组工作方法指导留守妇女开展互助的小组工作。通过小组活动打破成员彼此间的陌生感和隔阂，鼓励小组成员倾听和分享彼此的经历和心路历程，在小组中不断发现自我、完善自我，与小组成员建立良好的关系，不断明确小组的共同目的，促进小组成员的共同成长。

小组工作开展前，要进行深入的调研和了解。通过问卷和访谈的形式，了解小组成员的基本情况和需求。在小组开展的过程中，重视小组工作技巧的运用，小组工作的技巧主要有沟通与互动技巧以及小组讨论的技巧。沟通是小组得以进行的一种重要动力，是小组组员互动的基础。良好的沟通机制，可以降低小组内部的冲突，提高小组的凝聚力，促进小组气氛和谐积极地发展，从而有助于小组目标的实现。社会工作者在小组活动中，要用热情、友善的语言和表情营造安全、轻松的小组氛围，专注地倾听小组成员的发言，并适当地做出回应和总结，加强自己与小组成员的沟通；而且要掌握促进小组成员沟通的技巧，提醒小组成员学会倾听，鼓励他们相互表达和相互理解。同时社会工作者要运用了解、提问、鼓励、限制、沉默、中立等方法，确保小组讨论的顺利和有效。

（2）小组工作模式

农村留守妇女的互助小组工作开展采用交互模式。交互模式又称互惠模式，强调小组工作的注意力主要集中在组员与组员之间的互动过程上，而这种互动过程主要是为了满足小组成员的共同需要。① 小组工作主要是借助组员之间、组员与小组及社会环境之间、小组与社会环境的互动关系，使小组成员在小组共同体中相互依存、得到成长，使小组成员得到社会功能的增强以及发展能力的提升。互动关系及其效果是互动模式中小组工作的焦点。

交互模式下的小组成员有共同的目标，分享彼此的故事和经验，通过彼此的联系达成共识，而小组成员在小组中有互惠的动机和能力。小组中的每个成员地位都是平等的。社会工作者在这样的模式中，充当着中介者或使能者的角色，是协调者，主要是协助小组成员通过互助完成任务、达成目标。

4. 小组工作目标

（1）短期目标

通过开展小组工作，进一步巩固留守妇女的互助行为，将互助行为从农业劳动中扩展到日常生活和情感交流中。通过互助合作，合理配置农村的劳动力资源，减轻留守妇女的生活压力和心理压力，为留守妇女在自身群体中提供情感支持，为小组成员提供应急帮助，在家庭遇到突发状况时增强抵御自然灾害和突发事件的能力。

通过分享和交流，为留守妇女传播卫生健康知识和理性情绪的管理方法，缓解留守妇女的不良情绪，为小组成员提供多样的休闲娱乐方式，改善彼此之间的交流方式，消除因生活困难而带来的孤独、焦虑的心理，加强留守妇女与亲友之间的关系，建立更加紧密的社会网络。

（2）长期目标

通过小组活动，增强小组归属感，为小组成员提供支持，挖掘小组成员的内在潜能。在小组活动中，发现和培养妇女领袖，维持小组的后续活动，保证小组活动的效果。此外，帮助留守妇女树立正确的认知，以及掌

---

① 吕新萍：《小组工作》（第一册），北京：中国人民大学出版社，2010，第70—73页。

握一定的心理健康知识。探索在农村开展社会工作的途径，将小组工作与留守妇女工作相结合，变被动为主动，发挥留守妇女自身的力量，提高农村留守妇女的自我组织能力，通过自助互助解决自身的困境，探索在农村开展留守妇女自助互助工作的途径。

5. 小组成员招募

首先由乡镇干部和村妇女干部推荐潜在的活动对象，了解这些留守妇女的情况后进行动员和宣传。同时社会工作者入户宣传，向留守妇女宣传本次活动的目的和内容，邀请留守妇女参加小组。并且采用滚雪球的方法，由决定参与小组活动的成员推荐其他的留守妇女参加。

在小组成员的招募和筛选中，要选择具有共同或相似问题的或者有共同或相似需求并且积极性较高的留守妇女，留守妇女相互之间可能存在的小团体或者亲属关系，要尽量避免。

经过社会工作者的调研和上门拜访，结合留守妇女的客观情况和意愿，筛选出 8 名留守妇女参加小组。小组成员具体情况如下：

L，50 岁，担任多年村妇女主任，性格热情，喜欢张罗事，村里留守妇女有什么困难都喜欢找她。由乡镇干部介绍而来，了解了社会工作者的目的后，积极参与活动，并且介绍了其他留守妇女来参与活动。目前 L 自己生活，闲暇时间组织村里留守妇女自助队开展活动。

A，45 岁，家里有一个儿子和一个女儿，孩子都比较小，儿子今年 16 岁，女儿只有 8 岁。丈夫在太原打工十多年了，一有空就会回家。双方老人已经过世，现在跟孩子一起住，家里有 5 亩玉米地，家庭情况较好，平时地里有活的时候丈夫回家帮忙的情况比较多。

S，45 岁，丈夫常年在国外打工，与老人、孩子一起住。由于身体不好，家里的地大部分承包出去了，自己只种很少一部分。平时很少出门，性格内向，说话比较少，性格有些懦弱，缺乏主见，是由 L 等妇女动员来参加活动的。

D，46 岁，丈夫在太原打工，家里有一个儿子和一个女儿，儿子今年 20 岁，女儿今年 25 岁，女儿已经成家，双方老人已经过世，家里的事情都要靠自己。D 性格外向，喜欢与人聊天，经常和 L 一起组织活动，是村里的热心人。

I，49 岁，自己居住，对村里的公共事务比较关注，家里种有 4 亩玉米地，丈夫外出务工多年。丈夫家里兄弟众多，关系和睦，加上丈夫是最小的孩子，平时生活中帮忙的人比较多，而且照顾老人的事情分给 I 夫妇的比较少。对村里的事情比较了解，遇到事情比较有主见。

H，46 岁，有两个儿子，分别是 19 岁、10 岁，与老人一起住，家里的活儿和地里的活儿老人都会帮忙做。H 身体不太好，丈夫在太原打工，家里需要的时候就会回来，H 平时没事的时候会跟要好的朋友坐会儿，但是话比较少。

O，47 岁，有两个儿子和一个女儿，女儿离婚后带着孩子跟她一起居住。家里主要种玉米，丈夫托亲戚在太原找了份工作，外出务工多年。老人已经过世，没有赡养老人的压力。

R，49 岁，跟老人同住，公公已经过世，婆婆瘫痪在床，需要她照顾。大儿子已经工作，小儿子还在念书。几年前盖了新房，丈夫在县城务工，家里盖房子以后经济压力较大。R 比较热心，亲戚有事她都会去积极帮忙。

6. 活动反思

（1）第一节活动反思

本次活动在开展前所招募的小组成员都是相识的，彼此之间比较熟悉。在刚开展活动的时候，由于对活动和社会工作者感到陌生，小组成员比较拘谨。在进行"滚雪球"游戏中，小组成员慢慢放松，成员彼此之间的互动逐渐变多。但总体来讲小组成员在自我介绍时比较简单，有的成员不好意思说很多，怕后面的组员为难。在订立约定的过程中，社会工作者没有考虑到留守妇女受教育的局限，留守妇女对社会工作并不是很了解，对要订立的约定内容不清楚，并且受文化水平的限制，很多小组成员不愿意动笔写字。在订立约定时，社会工作者通过自己示范，引导小组成员，同时不再要求成员自己写，而是社工帮助写下来。在分享自己人生起伏时，小组成员虽然都有发言，但大部分组员选择自己比较开心的事情分享，而很少主动讲述自己的人生低谷，在分享中主要讲了自己的生活，而没有回顾自己的生活起伏，与预期的效果有差距。活动之后社会工作者的总结比较重要，要点明这次分享的目的，引导小组成员进行思考。

（2）第二节活动反思

本次活动对小组成员的参与度和完成度要求较高，个别成员在活动中比较茫然和抗拒，常常会问别的组员怎么画，画画的过程中，用的时间较长。大家在分享的过程中，社会工作者要引导小组成员进一步分享，在逐渐熟悉的过程中，了解到一个小组成员身体十分不好，她因为身体和家庭而有些自卑，在小组活动中不太积极，参加活动总是需要别的组员鼓励和带动。她的分享引起了小组其他成员对于身体健康的共鸣。在"情绪球"环节，由于分享活动安排较多，时间较长，小组成员略显疲惫，在活动中不够积极。社会工作者要反思在设计活动时，不能设置过长时间的分享，两个分享活动中间没有缓冲，使小组成员感到疲惫，从而影响了活动的效果。同时，要注意在分享过程中，由分享而导致小组成员的情绪波动，进而影响小组活动的正常开展。小组成员在分享时，还是不能完全畅所欲言，可能因为社会工作者较为陌生和年轻，同时也可能因为小组成员是本村的人，所以组员在分享的时候有所保留。在一些小组成员不愿分享的时候，小组较为积极的成员会劝说，会对成员造成一种逼迫和压力，与社会工作中案主自决的价值取向不相符，不利于活动的效果，可能会让小组成员对活动产生反感情绪。

（3）第三节活动反思

农村留守妇女由于知识和文化限制，经常轻信一些虚假广告，在看病和买药时为省钱，被骗的情况时有发生。社工通过两次视频的播放，对小组成员身体健康和心理健康方面都有关注，积极引导她们关注自己的身心健康、爱护自己，防止上当受骗。在"气球保卫战"中，社会工作者希望能通过活动提倡组员培养"我好，你也好"的健康的生活态度，这个活动很容易调动组员的欢乐情绪，但是活动地点有限，在活动中难免会发生一些拉扯的动作。在活动之前要给组员讲明规则，防止游戏过度而造成的意外伤害。由于年纪偏大，组员在游戏中还是比较拘谨，很少去打别人的气球。由于小组成员不能完全放开参与游戏，参与性受到了一定的限制，需要社会工作者在开始和结束时做好总结陈词，有前后呼应的效果，点明活动的目的。同时对社会工作者调动组员积极性与活跃小组气氛的能力和技巧要求较高。"我眼中的她"环节是鼓励留守妇女看到自己的优点，发现自己平时没能发现的闪光点。这个活动开展比较简单，所用时间有点少，而且小组成员之间比较熟悉，难免会有敷衍和从众的成分。社会工作者在开展工作的时候要不断增强自己的实务能力和工作技巧，引导小组成员加入活动和展开思考。

（4）第四节活动反思

"快乐盲行"活动开展比较容易，主要在过程中要注意小组成员的安全，既要选择一些有挑战性的道路，又要顾及小组成员的安全。有的小组成员还是不能完全信任其他组员，在盲行的过程中呈现一些不协调的状态，在整个过程中十分的缓慢和僵硬，肢体有明显的拒绝行为。"快乐盲行"活动更注重小组的分享环节，鼓励成员积极讲出自己蒙上眼睛行走时的感受，引导成员反思信任和他人帮助的重要性。在蒙上眼睛时，小组成员的内心是不安的，因为盲行带来的是未知，而此时同伴的引导就至关重要。同伴的引导可以避免被引导者的危险，使被引导者完全信任自己的同伴，并让她相信自己不会受伤。在遇到困难时，大家就像是在盲行，最需要的是可以信任的指导和陪伴，而留守妇女应该是彼此最及时的依靠，相互的支持和信任可以帮助彼此走出人生的黑暗。社会工作者为小组成员播放电影《留守五姐妹》片段，希望留守妇女能从电影故事中学到自强不息的精神，同时提高自我组织的能力和意识。播放完电影后，社会工作者的总结十分重要，可以引导留守妇女思考自己的生活和群体的互助，启发她们开展互助行为和促进自我意识的觉醒。有的组员看完电影后，感慨较多，表现出了希望自己的生活也能那样积极向上的意愿。社会工作者要给予组员积极和正面的引导。

（5）第五节活动反思

最后一次活动，社会工作者希望通过活动让小组成员直面生活中的失败和挫折，在生活中允许失败和挫折的出现，在遇到困难时不要钻牛角尖，而是发动身边的资源和力量去解决问题和困境。通过"心有千千结"的活动，启发小组成员反思生活中与他人的关系。最后在活动的总结中，社会工作者带领小组成员回顾几次活动，巩固了本次小组的成果。小组成员年纪都比社会工作者大，生活阅历丰富，生活的环境与社会工作者差异较大，活动中小组成员参与度较高，与社会工作者的配合逐渐默契。社会工作者的实践经验少，在活动设置和实施中难免有考虑不周之处，小组成员都给予了极大的理解。为了缓解小组成员的离别情绪，社会工作者给她们带来了礼物。C 村留守妇女有自发组成的妇女自助队，妇女自助队主要组织留守妇女的舞蹈、健身等娱乐活动。在小组即将结束时，社会工作者希望通过这次活动，小组成员可以尝试自发开展互助小组的探索，在妇女自助队今后的活动中能多安排一些活动，不断扩大在留守妇女中的影响，将活动从健身、娱乐逐渐扩展到生产生活中，为留守妇女自身群体提供有力的情感支持和生活互助支持。

7. 小组工作评估

小组活动结束后，社会工作者发放了小组成员总结评价表,[1] 对本次小组活动的效果进行评估。

在小组成员总结评价表的分析中，对本次活动和社会工作者的满意度较高。对互助小组的评价，4 人选择了"非常喜欢"，4 人选择了"喜欢"，在活动过程中整体的活动氛围较好，小组工作开展相对轻松，组员满意度较高。对社会工作者的评价，大家都选择了"非常满意"，小组成员在年纪上与社会工作者相差较多，小组成员对社会工作者包容性大，社会工作者与小组成员关系十分融洽。在"您觉得这样的活动是否有用"的问题上，3 人觉得"都很有用"，5 人觉得"有的有用，有的没用"。这表明活动在一定程度上起到了作用，因为社会工作者经验有限，在方案设计上考虑不周，有的活动没能达到预期效果，在以后的活动中，要不断完善。在小组成员的活动收获中，均无人选择"非常不符合"和"不太符合"选项，在健康知识和情绪管理方法上，大家都有所收获。在希望帮助其他留守妇女的选项中，2 人选了"非常符合"，6 人选了"比较符合"。在"遇到困难时，会积极寻求他人帮助"问题上，其中 5 人选了"比较符合"，3 人选了"一般"，可见留守妇女可以寻求的帮助还是十分有限的，在相互帮助中涉及的

---

[1] 吴海龙：《小组工作在农村留守老人互助群体建构中的应用——以贺州市 H 村为例》，硕士学位论文，华中科技大学，2014。

人际关系、人情等因素依旧制约着留守妇女去寻找帮助。在"对互助群体有了进一步认识"的选项中，5 人选了"非常符合"，3 人选了"比较符合"。在"互助群体让我的生活不再孤单"的选项中，2 人选了"非常符合"，4 人选了"比较符合"，2 人选了"一般"。因为小组活动结束后，活动难以得到持续开展，留守妇女的生活状况没能得到根本的改善。改善留守妇女的生活状况，要持续地开展小组活动。

小组成员对小组活动评价较高，在小组活动结束后，组员自我意识和自我组织的能力有了进一步的提高，相互之间能够建立互助关系；通过活动，组员意识到了，帮助别人尤其是同伴群体的重要性，对以后的生活燃起了信心。在活动过程中，社会工作者能秉承着以人为本、助人自助的理念，在活动中运用社会工作技巧开展活动，同时由于个人经验和能力的限制，一些活动在设置上受到条件制约与预期效果有差距，在社会工作技巧的运用中不够娴熟，在之后的工作中要不断改进和完善。

四　总结与讨论

（一）总结

留守妇女互助的小组社会工作不仅要在生产生活中为留守妇女提供帮助，同时也要在情感、心理上为留守妇女提供支持，引导留守妇女将互助行为从无意识的自发行为发展为有意识的互助行为，同时将互助的范围从生活中的应急帮助，扩展为情感、心理的支持，深入生活的各个方面。在活动的过程中，由于种种因素限制，留守妇女互助小组的开展与预期效果有些差距。留守妇女互助小组的开展需要长期的过程，一次活动难以达到预期的效果。

在活动中，小组成员经常会表达"这个我做不了"或者"这个不是我可以做的"这样较为消极的想法，面对新的活动，小组成员本能地表现出抗拒的态度，常常会有"我不能"的想法，这样的认知会阻碍小组活动的开展和小组活动的效果。留守妇女在参与活动的时候，提前给自己设定了各种框架，这样的认知在一定程度上阻碍了工作的开展和留守妇女的发展。同时，在调研中笔者发现，留守妇女一方面对互助小组表示向往和欢迎，希望可以通过社会工作的介入改善自己的生活；另一方面将互助小组的开展寄希望于政府或其他组织，依然是被动地接受改变，并没有认识到自身在互助小组中的作用。

领导对于引导小组及其成员的发展是不可少的。在活动的过程中，个别小组成员通过几次活动逐渐显露出较强的领导能力，对小组的发展起了一定的作用。她们积极参与活动，配合社会工作者的活动开展，调节小组的气氛，带动小组成员积极参与活动，对活动顺利开展发挥了重要的作用。这些妇女领导普遍性格热情外向，有较强的同理心，知识水平和自我意识都较高，对留守妇女群体有一定的号召力，是开展互助小组的重要力量。

同时，如何将小组工作和留守妇女需求更完美地结合是需要思考的另一个问题。农村留守妇女不仅面临情感上的问题，也面临生活和农业活动上的问题。如何将村民日常互助行为和小组工作结合，在解决留守妇女生活、情感问题的同时，更好地开展小组活动需要社会工作者开展更多的实践活动和长期的探索。

（二）讨论

留守妇女问题属于一个时代的问题，她们所面临的问题不仅影响留守妇女自身的生活质量，也直接影响我国新农村的建设。一次社会工作活动的开展并不能解决留守妇女生活中的问题，留守妇女互助小组的开展不仅要依赖专业社会工作的介入，更需要留守妇女自身组织能力的提高。

在农村开展留守妇女互助的小组社会工作，首先，要重视留守妇女自身能力建设。互助小组的主体是留守妇女，小组的形成、开展、发展主要依靠参与其中的留守妇女共同维护，她们既是参与者也是所有者。而目前我国留守妇女对于自身能力建设认识不足，自我发展意识较低，在解决自身问题中，主要还是依靠求助，而忽视了自身群体对于解决问题的作用。要使留守妇女互助小组得以持续发展，留守妇女是最重要的因素，她们的主动性和能力决定着互助小组开展的效果。

其次，村镇干部以及各级妇女组织要为农村留守妇女发展提供必要的支持。随着我国城镇化的发展，农村留守现象在一段时间内还会持续存在，农村留守妇女在农业生产和村庄管理中越来越发挥着重要作用，留守妇女逐渐从家庭中走出来，参与到农业生产和村庄管理中。提高农村留守妇女的能力，不仅有利于留守妇女互助小组的开展，也有利于解决农村留守妇女问题，更有利于新农村的建设和妇女的发展。农村留守妇女能力的提高离不开村镇干部的支持。

再次，要重视妇女精英的培养，提高妇女干部的领导力。留守妇女互助小组的开展需要广大留守妇女的自主参与和建设，更需要有能力、有号召力的妇女干部牵头开展，在活动过程中也需要领导来协调各方面的关系和分配小组工作的各项事务。长期从事农村妇女工作的妇女干部熟悉农村事务，在村庄中有一定的威望和说服力，相比其他不了解情况的工作人员，这些妇女常年在工作中积累了不同的工作技术和经验，在妇女工作的开展中，她们是最合适的人选。

最后，要加强农村专业社会工作服务的开展。目前我国农村社会工作发展缓慢，社会工作应深入农村为留守群体开展活动，提供专业的服务。社会工作者受过社会工作的系统教育，对社会工作理念、职业道德和实务工作精神有深入的认识，可以运用专业社会工作评估留守妇女的需求，有针对性地开展工作。要加快社会工作在农村的开展和推广，培养一批热爱并愿意奉献于农村社会工作中的社会工作者，主动为农村留守妇女提供社会支持，对其开展培训和指导，帮助她们解决生活中的困难，增强她们参与社会生活的能力，引导她们主动地参与到改善自身环境的工作中去。农村留守妇女的互助工作需要长期的过程，社会工作者要做好持续服务的准备，以确保工作的成效。

第三节　留守老人社会疏离的社会工作干预[*]

——以 S 县为例

农村留守老人通常是指那些因子女（全部子女）长期（通常 6 个月以上）离开户籍地进入城镇务工、经商或从事其他经营活动而在家留守的父母。[①] 很多农村留守老人生活极其艰难，居住环境和生存环境差，通常需要承担繁重的农业劳动或"隔代教养"的重任，甚至可能遭遇物质赡养与精

---

　*　本节内容发表于《华中农业大学学报》（社会科学版）2016 年第 6 期。
　①　贺聪志、叶敬忠：《农村留守老人研究综述》，《中国农业大学学报》（社会科学版）2009年第 2 期，第 24—34 页。

神赡养的双重排斥，呈现一种"社会疏离"的状态。[1] 并且这种"社会疏离"的状态正伴随社会转型和社会变迁而加剧，[2] 已严重影响了留守老人的身心健康[3]、生活质量[4]，甚至引发了一系列社会问题。[5]

当前，对农村留守老人社会疏离的干预路径主要包括健康促进干预和自我能力建设。所谓的"健康促进干预"具备以下几个特点：一是必须群体干预且有重点的教育投入；二是必须要有具体的目标群体；三是必须选择具有代表性的目标群体；四是在干预之前能够让目标群体有适度的参与；五是对现存的服务和活动进行评估；六是必须赋予参与者自决的权利。但是在具体干预过程中，符合以上几个特点且有效的健康促进干预方法较少，小组（群体）干预方法在众多干预方法中被认为是最有效的，主要包括教育和培训投入、针对目标群体开展社会活动等。[6] 有学者指出通过公共健康专家逐步加强对老年人社会疏离的早期评估、链接社区资源等途径可以预防或阻止社会疏离对老年人身体健康、生活质量等产生的消极影响。[7]

自我能力建设路径方面，Deired 通过对北爱尔兰一个村庄的个案分析，探讨了在农村社区如何帮助居民提高自我发展能力来应对社会疏离，认为可以通过赋权、社区发展和自助等形式来建立老年人组织，以达到再社会化和发展老年人技能的目的，并鼓励他们通过自助和互助的形式，实现自

---

[1] Nicholson, N. , "Social Isolation in Older Adults: An Evolutionary Concept Analysis," *Journal of Advanced Nursing* 65 (2009): 1342 – 1352; Wenger G. C. , Davies R. , Shahtahmasebi S. , et al. , *Aging and Society* (New York: Cambridge University Press, 1996), p. 57.

[2] 吴瑞君：《人口城镇化过程中农村留守老人的照料问题研究》，载上海市老年学学会《第二届华裔老人国际研讨会论文集》，上海：上海市社会科学界联合会，2002。

[3] 罗敏、姜倩、张菊英等：《农村留守老人健康状况的影响因素研究》，《四川大学学报》（医学版）2011 年第 3 期，第 409—412 页。

[4] Nicholas R. Nicholson, "A Review of Social Isolation: An Important but Underassessed Condition in Older Adults," *Journal of Primary Prevent* 33 (2012): 137 – 152.

[5] 叶敬忠、贺聪志：《静默夕阳：中国农村留守老人》，北京：社会科学文献出版社，2008，第 17—18 页。

[6] Mima Cattan, Martin White, John Bond & Alison Learmouth, "Preventing Social Isolation and Loneliness among Older People: A Systematic Review of Health Promotion Interventions," *Ageing and Society* 25 (2005): 41 – 67.

[7] Nicholas R. Nicholson, "A Review of Social Isolation: An Important but Underassessed Condition in Older Adults," *Journal of Primary Prevent* 33 (2012): 137 – 152.

我发展能力建设。① 休闲活动也是老年人社会联系的一个重要组成部分，农村社区可以增进老年人之间的亲密关系和发展休闲娱乐活动，提高老年人的社会交往和生活质量，② 以减少社会疏离给农村留守老人带来的消极影响。

这两种干预路径均有不足之处，健康促进干预着重强调个体因素，方法上也只单纯强调提高服务对象的身体健康和生活质量，忽视了家庭环境、社区条件等客观因素的影响；自我能力建设主要强调组织作用的发挥，在组织中通过赋权、自助和互助等形式来提高农村留守老人的自我发展能力，却忽视了个体因素。

因此，本节基于抗逆力视角引入一种社会工作实务的新模式，并以陕西省 S 县农村留守老人社会疏离的社会工作服务实践为例，探讨这种新模式介入农村留守老人社会疏离的干预路径。

一　社会工作中的抗逆力与农村留守老人社会疏离的介入

（一）社会工作视野下的抗逆力视角

"抗逆力"是一个外来概念，抗逆力的研究始于美国，我国学者在引入这个概念时出现了翻译上的分歧，台湾学者将其翻译成"复原力"，香港学者则将其翻译成"抗逆力"或"压弹"，大陆学者将其翻译成"心理弹性"或"韧性"。③ 从翻译便可看出，学界关于抗逆力至今仍未形成统一的界定，但是他们都强调一点："抗逆力是指个体面对逆境时能够理性地选择正向的、建设性的应对方法和策略，在逆境中保持健康、正常的心理和行为的能力。"④ 抗逆力最早主要应用在心理学领域，后来逐渐被社会工作者扩展

① Deired Heenan, "How Local Interventions Can Build Capacity to Address Social Isolation in Dispersed Rural Communities: A Case Study from Northern Ireland," *Ageing International* 36 (2011): 475 – 491.

② Vera Toepoel, "Ageing, Leisure, and Social Connectedness: How Could Leisure Help Reduce Social Isolation of Older People?" *Social Indicators Research* 113 (2013): 355 – 372.

③ 于肖楠、张建新：《韧性（resilience）——在压力下复原和成长的心理机制》，《心理科学进展》2005 年第 5 期，第 658—665 页。

④ 王君健、薛小勇、董凌芳：《社会工作视阈下的抗逆力解读》，《社会工作》2010 年第 5 期，第 4—7 页；沈之菲：《青少年抗逆力的解读和培养》，《思想理论教育》2008 年第 1 期，第 71—77 页。

到社会工作领域，运用于儿童青少年的社工服务上，但伴随社会工作实践的不断发展，社会工作认为任何人群都存在抗逆力，都需要不断加强抗逆力的培养。① 因此，抗逆力逐渐由青少年群体扩展到社会中任何一个因处于逆境而面临社会风险的弱势人群，如留守老人、留守妇女等。但需要注意的是留守老人是一个异质性很强的群体，其抗逆力的表现形式会与其他群体有所差异，需要进行专门研究和分析。

在社会工作视阈下，抗逆力是一个联合个体与社会、整合微观与宏观的概念，侧重于对案主保护性因素的开发与挖掘，② 保护性因素一般分为内部保护因素和外部保护因素。个体挫折承受能力、社交能力构成了内部保护因素，而外部保护因素则由家庭和社区两个层面构成，分别包括家庭背景、家庭关系、社区环境和社区支持等。③ 使用社会工作中的抗逆力理论来指导干预农村留守老人社会疏离的实践，主要强调坚持优势视角的取向，发现服务对象的资产和优势，评估案主的抗逆力，将服务对象视为"情境中的人"，重视个人与社会的交互作用，关注身心与环境的整合。④ 根据实地调查发现，大部分留守老人的生活质量较差、精神文化生活匮乏、文化素质偏低、抵抗生活风险的能力较弱、社会融入性较差，尤其以低收入家庭留守老人的表现最为明显。针对这些状况，在干预过程中，工作者坚持以抗逆力理论为指导，分别从个人、家庭和社区三个层面对留守老人的抗逆力进行提升。

（二）社会工作介入农村留守老人的社会疏离：何以可能？

首先，社会工作中抗逆力强调整合微观与宏观，能有效开发案主的保护性因素，实现精准服务。与城市相比，当前农村社会保障体系尚不健全，老年人养老服务存在诸多不足，而留守老人这一特殊亚群体则面临家庭养

---

① 邓伟：《农村老年人自杀风险的社会工作干预模式——以抗逆力视角为例》，《中国农业大学学报》（社会科学版）2014年第1期，第33—40页。

② 杜立婕：《使用优势视角培养案主的抗逆力——一种社会工作的新模式》，《华东理工大学学报》（社会科学版）2007年第3期，第18—33页。

③ 邓伟：《农村老年人自杀风险的社会工作干预模式——以抗逆力视角为例》，《中国农业大学学报》（社会科学版）2014年第1期，第33—40页。

④ 王君健、薛小勇、董凌芳：《社会工作视阈下的抗逆力解读》，《社会工作》2010年第5期，第4—7页。

老功能被削弱之后，出现社会疏离的风险。政府虽已出台相关政策来保障农村地区困难群众的生活，但这些政策大都比较宏观，在政策实践中无法实现精准服务，① 尤其是面对异质性非常强的留守老人。农村地区当前还存在公共基础设施匮乏、留守人群需求被忽视和专业社会服务人员缺乏等问题，② 导致农村留守老人多元化的养老服务需求无法得到满足。社会工作中的抗逆力着重强调开发案主的内部保护因子和外部保护因子，有从微观切入和宏观把控的专业技巧，能提升案主的挫折承受能力、社交能力、家庭关系和社区环境，可有效实现精准服务。

其次，社会工作中的抗逆力主张联合个体与社会，有效链接社会资源，可以实现综合服务。农村留守老人问题是一个复杂的社会问题，需要多学科、多部门联合，综合性干预来解决，③ 而社会工作则是一种"遵循助人自助价值观，运用专业方法帮助有困难、有需要的个体、群体和社区，④ 通过增强其能力以适应社会生活的现代活动"。⑤ 同时，社会工作中的抗逆力强调个体与社会的联合，社工在实践中扮演资源链接者的角色，可以有效实现个人、家庭和社区的资源链接与整合，通过系统性的介入与综合性的服务，有效促进农村留守老人的社会融入。总之，抗逆力视角下的社会工作具有专业的助人方法和服务原则，在介入农村留守老人社会疏离问题上具备专业优势。

最后，社会工作中的抗逆力强调坚持优势取向，发掘案主的潜在优势和资产，可实现自我发展能力的提升。社会工作作为预防社会风险的"缓冲器"和"润滑剂"，可以在预防和阻止留守老人社会疏离的风险上发挥重要作用，社会工作关注弱势个人和群体的自我能力开发与建设，强调优势

---

① 李春艳、贺聪志：《农村留守老人的政府支持研究》，《中国农业大学学报》（社会科学版）2010 年第 1 期，第 113—120 页。

② 李迎生、李文静、吴咏梅等：《社会工作服务新农村建设：需要、模式与介入路径》，《学习与实践》2013 年第 1 期，第 78—89 页。

③ 孙唐水：《社会工作介入农村留守老人问题的对策探讨》，《社会工作》2010 年第 12 期，第 47—50 页。

④ Rex A. Skidmore, *Introduction to Social Work* (New York: Meredith Publishing Company, 1964) p. 6.

⑤ 王思斌：《和谐社会发展迫切需要社会工作的参与》，《河北学刊》2007 年第 3 期，第 64—73 页。

视角和服务对象的独特性，有利于对农村留守老人开展"一对一"的个案社工服务。同时，社会工作可以从事"基层 – 服务型"治理，通过提供社会服务参与社会治理，面向基层开展社会工作服务，切实解决民生问题，尝试解决深层次的社会问题。[①] 当前农村留守人口遭遇的问题与挑战，都需要社会工作的及时介入，并坚持优势视角取向，开发这一弱势群体的优势和资产，帮助他们提升自我发展能力，以便发挥社会工作参与社会治理的作用，解决基本的民生问题。

基于以上分析，社会工作关注和重视农村留守老人的社会疏离问题，不仅是农村社会工作和老年社会工作的一项重要内容，而且在解决当下农村社会问题和创新基层社会治理中显得尤为重要。而社会工作在介入农村留守老人社会疏离时具备专业优势，可以在抗逆力理论的指导下，应用科学的介入方法和技巧，帮助农村留守老人解决生活中的困难，改善留守老人的生活状况，提升留守老人的抗逆力。本节以陕西省 S 县农村留守老人社会疏离的社会工作服务实践为例，探讨社会工作介入农村留守老人社会疏离的干预路径。

二　社会工作介入农村留守老人社会疏离的实践模式

(一) 干预目标与服务方法

社会工作干预的总目标是提升留守老人抗逆力，增强留守老人抵抗社会风险的能力，改善留守老人的生活质量，实现留守老人身体、心理和精神健康协调发展，帮助留守老人摆脱社会疏离状态，更好地融入社会。分目标是增强留守老人的内部保护因子和外部保护因子，即分别从个人、家庭和社区三个层面增强留守老人的抗逆力。为实现干预目标，给留守老人提供专业的社会工作服务，在干预过程中主要采用以下几种专业的社会工作方法 (见表 4 – 7)，[②] 这里需要强调的是，各种方法在应用过程中是互相

---

① 王思斌：《社会工作在创新社会治理体系中的地位和作用——一种基础服务型社会治理》，《社会工作》2014 年第 1 期，第 3—10 页。

② Mima Cattan, Martin White, John Bond & Alison Learmouth, "Preventing Social Isolation and Loneliness among Older People: A Systematic Review of Health Promotion Interventions," *Ageing and Society* 25 (2005): 41 – 67.

配合和补充的，并不是相互割裂的，只有系统的介入和整合性的服务机制才能共同促进干预目标的实现。

表 4 - 7　农村留守老人抗逆力提升的具体服务方法

服务目标	服务对象（范围）	服务方法
提升抗逆力 内部保护因子	留守老人个体	个案管理、抗压小组
提升抗逆力 外部保护因子	家庭	家庭治疗、危机干预
	社区	村庄福利提升计划、社区支持计划

（二）抗逆力提升的逻辑层次

首先是个体层面。在农村留守老人个体层面主要采用个案管理、危机干预等介入方法，以提升留守老人挫折承受能力、社交能力和情绪控制能力等特质。[①] 在案例 1 中社工首先通过走访、谈心、帮助干农活和深度访谈等形式与留守老人逐渐建立良好的专业关系，让 CDL 老人及其家庭对社工产生信任感，并愿意配合社工开展服务。在这一过程中，社工从优势视角出发，挖掘 CDL 老人的特长与爱好，以及他的社会关系等"资产"和"优势"，为后期进行资源整合，提升 CDL 老人的生活自信心奠定基础。针对留守老人中普遍存在精神孤独、文化娱乐生活贫乏和社会融入差等状况，社工通过组建老年人兴趣活动小组等方式开展服务，以丰富他们的精神文化生活，提高他们的社交能力，帮助他们走出封闭的空间，更好地融入社区。在案例 1 中社工通过鼓励 CDL 老人制作手工艺品赠送给其他老人的形式，加强与其他同辈群体的交流，提高了 CDL 老人的社会交际能力。此外，社工还特地举办了提升留守老人抗压能力的小组活动，小组成员通过缅怀往事的形式与大家分享各自的人生经历和故事，以达到叙事治疗的目的。CDL老人通过与其他小组成员的沟通、交流，逐渐明晰了自我定位，实现了自我接纳，社会融入能力不断增强，规避了社会疏离的风险。

---

① 邓伟：《社区为本：农村留守青少年犯罪风险的社工干预策略》，《西北农林科技大学学报》（社会科学版）2014 年第 5 期，第 84—90 页。

案例 1：

个案基本情况。CDL，男，75 岁，孤寡老人，文盲，单独居住，丧偶且无子女，老伴曾经是他最亲密的人，却于两年前去世，这给他带来了很大的打击，从此不愿说话，与周围邻居的交往减少，经常感到孤独，几乎每天都待在家里，经常流露出"不如死了算了"的想法，现在仍然耕种 2 亩多土地，以此维持生计，沉重的农业劳动更让老人喘不过气。

案例分析。案主主诉的问题有两个：一是物质生活无法保障，日常生活无人照料，生活压力大；二是无人陪伴，精神孤独寂寞，心理压力大。

社会工作介入目标。长期目标是帮助案主提高抗逆力和社会融入能力，安享晚年。短期目标是帮助案主减轻生活负担，走出生活的封闭状态，重新树立生活的自信心，融入社区生活。

社会工作介入策略及过程。社工通过评估案主的需求，决定在服务期间主要为 CDL 老人提供个案和小组服务。个案服务主要体现在陪老人聊天，讲一些笑话让老人开心，在一些重要的节日陪老人度过，帮助老人做一些家务活，并为 CDL 老人建立个人档案，定期回访，帮助老人解决生活中的困难；小组服务主要是组织和鼓励老人参加小组活动，指导 CLD 老人制作一些简单的手工艺品送给其他老人，加强与其他老人的沟通和交流等，使 CDL 老人逐渐融入同辈群体和社区生活，走出孤独封闭的生活状态。在社工的帮助下，CDL 老人慢慢走出了生活阴影，重拾生活的信心，脸上露出了笑容。

其次是家庭层面。留守老人家庭层面的介入是干预的重点，社工通过对家庭结构进行调整、改善家庭成员之间的关系和沟通方式，加强留守老人与子女之间的联系，促进家庭系统的改变，提高留守老人的抗逆力。[1] 大部分留守老人主要存在与子女关系疏远、隔代养育负担沉重、缺乏沟通等问题，而案例 2 中的 LQY 老人也不例外。针对这些问题，社工需要借助现

---

[1] 赵芳：《家庭治疗的发展：回顾与展望》，《南京师大学报》（社会科学版）2010 年第 3 期，第 93—98 页。

代通信工具帮助留守老人与子女实现有效沟通。① 在实践中，社工主要开展了"面对面"视频和"心连心"亲情电话等活动，动员 LQY 老人在城市打工的子女主动加强与 LQY 老人的联系，常回家看看，每年增加陪伴 LQY 老人的时间。通过这些形式，社工帮助 LQY 老人与在城务工的子女重新建立起沟通的平台，改善了他们的家庭关系和家庭氛围，提升了家庭保护因子。同时，对于社区其他家庭遭遇变故、经济状况较差和缺乏家庭支持的"特殊留守老人"，社工通过链接社区资源和寻求政府福利支持等多种途径进行了危机干预，帮助这些留守老人提高抗逆力，让其主动适应生活，降低社会疏离带来的风险。

案例 2：

个案基本情况。LQY，男，83 岁，高中文化，丧偶，身体状况较差，患有较大疾病，老人独自居住在一条只有两户人家的山沟里，距离主干公路两公里，生活非常困难，一到雨季道路泥泞难走，几乎与世隔绝。虽有 4 个子女，但不给老人提供任何生活供给，老人仅依靠自己种植的粮食维持生存，日常生活完全靠自给自足，当生病卧床时便会出现无人照料的情况，几乎每天都待在家里。

案例分析。案主主诉的问题有：在社区中没有亲密的亲属和朋友，与子女关系较差，在生活中经常感到孤独，生活无人照料。

社会工作介入目标。长期目标是帮助案主提高抗逆力和社会融入能力，安享晚年。短期目标是改善家庭关系和家庭氛围，加强案主与子女的沟通和交流，改善与子女之间的关系。

社会工作介入策略及过程。通过对案主的问题与需求进行评估，社工认为不仅要在个体层面介入，为 LQY 老人提供个案服务，更需要从改善家庭关系入手，积极链接社区资源为 LQY 老人提供服务。因此，社工积极搭建 LQY 老人与子女交流的平台，开展"面对面"视频和"心连心"亲情电话等活动，加强与子女的沟通，努力改善 LQY 老人的家庭关系，发挥家庭系统的支持功能。同时，积极链接社区资源为老

---

① Robyn A. Findlay, "Interventions to Reduce Social Isolation amongst Older People: Where is the Evidence?" *Ageing & Society* 23 (2003): 647–658.

人提供基本的生活保障，改变老人的社会疏离状态，提高老人的抗逆力。

最后是社区层面。基于社区为本的双向互动服务机制，抗逆力理论强调的是整合性、非单一性的服务干预计划，注重对系统和个人优势与资源进行整合。① 因此，社工在实践中应该将农村留守老人的社会工作服务与社区建设结合起来。一方面，通过开展社区服务活动来提升留守老人的外部抗逆力因子；另一方面，通过链接社区资源参与留守老人社会工作服务反过来促进村庄环境的改变，形成良好的社会风气，提升村民的公共意识，尤其是社区自我发展能力的提升。简单而言，就是社区正向服务于留守老人，留守老人又反向服务于社区，这种思路充分体现了社工服务实践中的"社区为本"原则。② 在案例 3 中就秉承了社区为本的原则，通过举办文化娱乐活动，加强相互之间的联系，改善社区环境，以保证社区正向服务于留守老人，提升留守老人的抗逆力；同时留守老人也可反向服务于社区，留守老人大部分年龄都在 60 岁以上，具有丰富的人生经历和经验，而且很多老年人曾经做过社区管理人员，具有一定的社区管理经验，还有部分老年人具有书法、绘画等文艺特长，案例 3 中的 LCM 老人就具备文艺特长，可将这部分老年人具备的优势和资源进行有效整合，吸纳老年人进入社区议事会、组建老年人协会等组织，参与社区管理和咨询，带动社区其他成员发展文艺特长，服务社区文化建设。LCM 老人就利用自身的特长和优势，既实现了生活自信心的重建，又服务了社区文化建设，规避了社会疏离的风险。

案例 3：

个案基本情况。LCM，男，65 岁，初中文化，丧偶，共有两个子女，与儿子同住，老伴去世。儿子患有严重疾病，无劳动能力，女儿已出嫁，身体状况较差。LCM 老人觉得自己家庭经济状况较差，邻居

---

① 刘玉兰：《西方抗逆力理论：转型、演进、争辩和发展》，《国外社会科学》2011 年第 6 期，第 67—74 页。

② 邓伟：《社区为本：农村留守青少年犯罪风险的社工干预策略》，《西北农林科技大学学报》（社会科学版）2014 年第 5 期，第 108 页。

们看不起他，比较自卑，与周围邻居的社会互动频率低，社交网络规模小。

案例分析。案主主诉的问题有：身体健康状况差，家庭经济条件差，心理自卑而导致社区融入性差。

社会工作介入目标。长期目标是帮助案主提高抗逆力和社会融入能力，安享晚年。短期目标是改善社区环境，为LCM老人提供社区服务，改善其困境。

社会工作介入策略及过程。通过对案主的问题与需求进行分析，社工决定应该为案主提供综合服务，在提供个案服务的同时，还需要帮助其恢复家庭支持系统，链接社区资源为改善其困境服务。因此，社工在实践过程中开展了个案服务，为LCM老人建立了个人档案；积极与社区管理人员进行沟通，争取社区的低保政策和福利待遇向LCM老人倾斜，使其基本生活得到保障，让其感受到社区的关爱；积极争取民政部门的其他救助，以及链接其他社会资源，为改善老人的生活困境服务。在跟老人聊天的过程中发现其具有文艺特长，擅长二胡。由此鼓励其可以发挥文艺特长，利用空闲时间教社区其他老人练习二胡。一方面加强与其他老人的交流，另一方面通过这种形式提高生活自信心与自尊心。同时，积极动员社区其他老年人，在社区居委会的支持下组建老年文化协会，发挥老年人的优势和特长，参与社区文化建设，反向服务于社区。

（三）社工干预效果的评估

社工服务结束之后，需要对实践的过程、内容和目标实现程度进行评估。主要从两个层面进行，一是留守老人抗逆力提升的效果，二是对其他留守群体社会疏离的干预实践有何经验借鉴。评估认为社工干预基本上实现了初定的目标，通过从个人、家庭和社区三个层面的介入，部分老年人已经学会了如何正确处理不良情绪，留守老人的家庭关系变得融洽，缓解了部分老年人的抑郁和焦虑情绪，增强了其社会交往能力，对社会的融入性提高。虽然对留守老人社会疏离的干预取得了一定效果，但在实践中仍面临一些问题，如社区可利用的资源比较少、社区管理人员参与积极性不高、社区组织涣散等，这些问题会影响干预效果的提升。如何克服这些阻碍因素，这一干预模式是否可以应用于城市老年人的危机干预中，都是值得进一步思考的。

三 抗逆力干预服务设计的理念和原则

社工可以通过个案管理、家庭治疗等专业的社会工作方法实现农村留守老人的抗逆力提升，改善其封闭、孤立的生活状态，提高农村留守老人的社会融入能力。但是，当前中国正处在社会转型的历史阶段，城镇化和工业化进程还在持续推进，农村"空心化"问题将继续存在，而农村社会保障体系尚不健全、缺乏公共服务的现状势必会导致农村留守老人的社会疏离问题在未来一段时间内继续存在。仅仅使用一种或几种干预模式，从单一的学科视角出发，显然是无法解决农村留守老人社会疏离这一问题的。因此，为减少社会疏离对农村留守老人产生的消极影响，需要不断总结新的实践模式，从多学科视角出发，应用多元化理论，积极进行干预模式创新，利用当前国家正着力推动社会工作人才队伍建设和社会工作专业化的活动，并结合当前农村已有的组织和网络，积极发展本土化和专业化的社会工作干预模式。但总体而言，在使用抗逆力这一理论指导服务方案设计时，都应遵循或体现以下理念和原则。

首先，干预服务设计中应该秉承"社区为本"的理念。无论是从中国农村社会工作发展现状和生态系统理论出发，还是基于抗逆力干预模式的实践经验，"都应该在服务设计中以社区而非以案主个体或家庭为核心，因为社区起着环境、整合、链接及反馈的作用"。① 因此，要想提升留守老人的抗逆力从而预防社会疏离的风险，就需要结合新农村社区建设，通过社区营造和改善社区环境，进而改善农村留守老人的生活状态。抗逆力视角下社工干预模式的实践经验表明，一方面，只有将社区的基础设施建设好了，所谓的整合社区力量、链接社区资源和推动社区参与的方法才能实现；另一方面，农村留守老人社会疏离状态的改变，不仅可以促进社区氛围的

---

① 邓伟：《农村老年人自杀风险的社会工作干预模式——以抗逆力视角为例》，《中国农业大学学报》（社会科学版）2014 年第 1 期，第 33—40 页。

改善，还可以开发老年人群体的资源和优势，反向为社区发展服务。

　　其次，干预服务设计中应该避免问题化的倾向。抗逆力视角下的社工干预模式强调摒弃问题取向，避免将留守老人和社会工作服务内容问题化，这种倾向不利于调动服务对象参与服务的积极性和主动性，不利于社工开展服务，更达不到提升留守老人抗逆力的目标。但是，传统的社会工作服务实践大多坚持问题取向，将服务对象和服务内容问题化，这会影响社工干预的效果。抗逆力理论指导下的社会工作介入强调的是优势取向，认为案主的优势与问题并重，注重探讨系统与个人优势和资源的整合。① 因此，在社工干预的过程中，应该避免给农村留守老人贴上"问题老人"的标签，要注意发现留守老人的优势和资源，并进行引导和开发，为提升留守老人的抗逆力服务。

　　最后，干预服务设计中应该坚守四条行动准则。抗逆力理论指导下的社会工作干预，要求实践者必须坚持以下四条行动准则：在服务对象上，要从优势视角出发，关注和开发个人的优势与能力，而不是将其问题化；在服务手段上，强调系统介入与综合服务，而不是单一介入；在服务内容上，强调服务对象与环境的持续互动，而不是短暂的、即时性的；在服务基础上，注重理论与实践的结合，而不是偏向任何一方。② 基于此，在对农村留守老人社会疏离进行社会工作介入时，应该注重挖掘其优势和资源，运用综合性介入的手段，对异质性比较强的留守老人群体的"特殊问题"进行专门研究，方可开展具有针对性的社工服务，提升留守老人的抗逆力。

第四节　乡村旅游的农村社会工作介入[*]

——以 Y 村为例

　　随着城镇化进程的加快，农村地区纷纷利用当地资源，通过发展乡村

---

① 刘玉兰：《西方抗逆力理论：转型、演进、争辩和发展》，《国外社会科学》2011 年第 6 期，第 67—74 页。

② 刘玉兰：《西方抗逆力理论：转型、演进、争辩和发展》，《国外社会科学》2011 年第 6 期，第 67—74 页。

* 本节内容发表于《华中农业大学学报》（社会科学版）2017 年第 1 期，此处略有改动。

旅游业、乡镇企业等形式，优化农村产业结构，进行新农村建设，以实现就地城镇化，并且取得了良好的经济效益。但是，在经济发展背后，部分地区存在农村社区村民缺权、贫富差距不断拉大等社会问题，严重影响经济社会的可持续发展。特别是通过发展古村落旅游业实现农村产业转型的社区，旅游发展由政府或第三方投资商主导，作为古村落主人的村民却存在严重的去权，甚至无权问题，不但没有因旅游业的发展而产生"获得感"，而且成为旅游业发展的局外人，严重违背共享发展的理念。随着利用古村落资源实现产业转型的农村社区不断增多，旅游社区村民去权问题普遍存在，因此，对古村落旅游社区增权问题进行研究，对贯彻落实共享发展的理念和推进新农村建设无疑具有重要意义。

增权（empowerment/empower），又被译为赋权和充权，是社会工作专业的一个重要研究主题，而后被应用于社会学、传播学、政治学等众多学科。一般认为，增权的概念与"权力"、"去权"和"无权"密切相关，而且几个概念之间具有逻辑关系。权力（power）是指个人或群体拥有的权利与能力的总和，主要包括公民权、政治权和社会权，而这种权利在社会中表现为获得社会中各种资源、权力和关系的能力。① 权力不仅表现为一种客观的存在，而且表现为人们的一种主观感受，即权力感，它促进人们形成自我观念、自尊、尊严感及重要感。② 无权是指社会中某些群体"权能缺失的状态"，去权表现为"权力被剥夺"的过程，无权是去权的结果。③ 增权是指一定组织的个人或群体为了提高自身内在能力的确认和自立自强的行动，通过外部的干预或帮助充实或提升其权力或权能的过程，向获取权力的社会采取行动并导致社会改变。④ 公平性是增权的关注点，它强调通过提供资源以及培养知识和能力，在外部力量和弱势群体自身共同参与的过程中达到提升自我控制能力和社会影响力的目标，最终对社会资源的重新分

① 王和：《赋权论研究综述》，硕士学位论文，华东理工大学，2010，第7页。
② 陈树强：《增权：社会工作理论与实践的新视野》，《社会学研究》2003年第5期，第77—81页。
③ 左冰、保继刚：《从"社区参与"走向"社区增权"——西方"旅游增权"理论研究述评》，《旅游学刊》2008年第4期，第58—63页。
④ 王宁：《消费者增权还是消费者去权——中国城市宏观消费模式转型的重新审视》，《中山大学学报》（社会科学版）2006年第6期，第23—29页。

配产生影响。[1] 社区层面的增权是指在社区层面上，重点关注那些缺乏权利和自助能力的弱势群体，保证维护他们基本的权利和提高其社会参与度，并增强其面对及解决问题的能力。[2]

21 世纪初，社区增权理论被引入旅游领域，目的是关注社区的权力关系以及弱势群体增权的诉求，以促进旅游业的更好发展。学者斯彻文思（Scheyvens）提出了包含政治、经济、心理和社会四个维度的旅游社区增权框架。[3] 左冰等人将旅游增权理论引入中国，指出增权理论具有很强的解释力和运用价值，但因中西方政治、经济制度以及社会文化背景的差异，必须从中国复杂的历史背景和现实条件出发对该理论加以解释、补充和修改。[4] 随后，旅游社区增权引起国内旅游研究者的关注，盖媛瑾等人对贵州天龙屯堡和郎德苗寨两地不同古村落旅游开发模式下社区经济增权的差异进行了对比分析。[5] 陈志永等人以贵州郎德苗寨为个案，利用独立样本 T 检验及单因素方差分析的统计学方法，对不同特征村民对于旅游社区增权的感知状况及差异进行研究。[6] 翁时秀等人以浙江省永嘉县境内的楠溪江古村落为例，对旅游发展初级阶段弱权利意识型古村落社区展开研究，指出此类旅游地的去权根源及增权途径。[7] 郭凌等人对我国乡村旅游社区所面临的无权状态进行分析，得出社区增权是实现社区参与的有效方式。[8] 王纯阳等人以开平碉楼与村落为例，分析了旅游开发中社区参与现状及问题并提出从经济、心理、社会和政治四个层面实现增权，进而提高古村落旅游社区

① 郭华：《增权理论视角下的乡村旅游社区发展——以江西婺源李坑村为例》，《农村经济》2012 年第 3 期，第 47—51 页。
② 王和：《赋权论研究综述》，硕士学位论文，华东理工大学，2010，第 7 页。
③ Scheyvens, R., "Ecotourism and the Empowerment of Local Communities," *Tourism Management* 20（1999）：245 - 249.
④ 左冰、保继刚：《从"社区参与"走向"社区增权"——西方"旅游增权"理论研究述评》，《旅游学刊》2008 年第 4 期，第 58—63 页。
⑤ 盖媛瑾、陈志永、况志国：《天龙屯堡与郎德苗寨乡村旅游社区经济增权比较研究》，《贵州农业科学》2009 年第 10 期，第 212—217 页。
⑥ 陈志永、王化伟、李乐京：《少数民族村寨社区居民对旅游增权感知研究》，《商业研究》2010 年第 9 期，第 173—178 页。
⑦ 翁时秀、彭华：《旅游发展初级阶段弱权利意识型古村落社区增权研究——以浙江省楠溪江芙蓉村为例》，《旅游学刊》2011 年第 7 期，第 53—59 页。
⑧ 郭凌、周荣华、耿宝江：《社区增权：实现乡村旅游社区参与的路径思考》，《农业经济》2012 年第 8 期，第 45—46 页。

参与能力。① 王华等人通过田野调查分析了广东丹霞山断石村旅游发展的社区参与模式及增权途径，得出断石村为我国社区旅游实践提供了一种具有典型意义的"契约主导型社区增权模式"。②

从现有文献看出，国内外关于古村落旅游社区增权的研究仍处于初级阶段，已有研究的出发点均为如何实现古村落旅游业的快速发展，而非通过社区增权践行共享发展的理念，实现新农村建设的目标，故反映根源性问题的研究较少，而且研究的可操作性不强。本节在借鉴已有研究成果的基础上，以陕西省 H 市 Y 村为例，运用深入访谈法，辅之以观察法和文献法收集资料，围绕 Y 村旅游业的发展历程、社区发展现状和村民的去权情况等内容展开实地调查。分析在现有旅游发展模式下 Y 村村民去权的表现，并利用社区增权理论，探索实现古村落旅游社区共建共享发展的有效途径，以期为发展古村落旅游业来推动产业转型的农村社区实现经济和社会的同步发展，实现新农村建设的目标提供理论和实践的参考与借鉴。

一 研究区域概况及旅游业发展现状

Y 村位于陕西省 H 市，村中有党、贾两族，共 320 户 1400 余人，建村距今 670 多年。③ 全村有 125 处古民居四合院，保存有元、明、清三代的建筑，有文星阁、暗道、哨门、看家楼、节孝碑等 18 处公用设施，古巷道 20 多条。Y 村凝聚着关中地区的民居特色，不仅是陕西省古村落旅游资源的代表，而且被当代各国建筑学家赞扬为"世界建筑在中国，中国民居在韩城""东方人类古代传统居住村寨的活化石"。

Y 村旅游业大体经历了三个发展阶段，从 20 世纪 80 年代到 1995 年，Y 村从"无名"到"有名"，以接待国内外专家为主，村民在接待专家学者的活动中开始无意识地开展原始的旅游活动，摸索旅游业的发展。从 1995 年到 2012 年，Y 村"两委"为响应国家调整农村产业结构以及 H 市发展旅游

---

① 王纯阳、黄福才：《从"社区参与"走向"社区增权"——开平碉楼与村落为例》，《人文地理》2013 年第 1 期，第 141—149 页。

② 王华、龙慧、郑艳芬：《断石村社区旅游：契约主导型社区参与及其增权意义》，《人文地理》2015 年第 5 期，第 104—110 页。

③ 党康琪编《党家人说党家村》，韩城：陕西韩城党家村，1999，第 5 页。

业的号召，提出"旅游兴村"的新思路，正式发展旅游业，村委会带领村民克服重重困难，探索自主发展，旅游业从"无"到"有"，但因自身的局限性，发展缓慢。从2012年至今，市政府接管Y村旅游业，H市景区管理委员会牵头，修编《Y村旅游景区修建性详细规划》，Y村旅游业走上整体规划发展道路，旅游业发展蒸蒸日上。但是，作为Y村主人的旅游社区村民多数靠就近打工和种植传统农作物为生，未能广泛参与到旅游发展中、共享旅游发展成果。在村民心中，作为景区的Y村与历代家园的Y村被分割，社区旅游业的兴衰与村民关系不大，村民对Y村的归属感、自豪感和热爱逐渐减弱，村民存在严重的去权甚至失权现象。

二　Y村旅游业发展中社区去权的表现

在城镇化进程中，去权问题普遍出现，直接影响新农村建设和共建共享发展目标的实现。目前，Y村旅游发展过程中的去权问题主要表现为以下四个方面。

1. 社区旅游参与去权

社区旅游参与去权是指政府机构通过一定的制度性限制与规定增加村民参与旅游业的成本和难度，使之无法参与到旅游发展中。[1] Y村村民旅游参与去权主要表现在两方面。一方面是当地政府拒用村民作为景区工作人员，景区导游、售票员、保安及清洁人员等旅游景区的工作人员均为景区管理委员会外聘人员。个别几户经济条件较好、房屋地理位置较佳的村民在景区内经营农家乐或小商店，收益甚微，勉强维持生计。多数村民的家庭主要收入来源于男性劳动力外出务工收入，另有留村妇女和中老年人打理自家的一亩三分地换些口粮，入不敷出。

正如村里一位党老先生讲道：自己今年69岁，家中还有老伴和残疾的儿子，家中的收入只有一点政府补贴和旅游分红，生活困难。自己和老伴年事已高，打理好自家的几分地，换个口粮，勉强生活。关键是儿子，他还年轻，只是行动不便，简单的活儿还能干，近些年Y村旅游业逐渐走上

---

[1]　韩国圣、吴佩林、黄跃雯等：《山地旅游发展对社区居民的去权与形成机制——以安徽天堂寨旅游区为例》，《地理研究》2013年第10期，第1948—1963页。

正轨,"我想村里一定缺人手,看门或打扫卫生的工作,都适合我儿子"。大伙儿也都盼望着旅游业的发展可以就地解决就业问题,让人有口饭吃。但是管委会从 H 市聘请专人作为景区的工作人员,不让村民参与,这不免让人心寒。

从上面的访谈可以看出,作为古村落主人的社区村民,看到国家利用自家历代基业发展旅游业创收,却没有给村民机会共享发展成果,置村民的利益于不顾,村民仍需自谋生计,少数无青壮年劳动力、老弱病残的家庭,生活贫困,捉襟见肘。这样的发展模式不免有失人文关怀,违背共建共享发展的理念。

社区村民旅游参与去权的另一方面是景区内进行个体经营的个别村民对一般村民权力的排斥。如一位经营农家乐的张女士说道:"长期以来家里的主要收入来源于我丈夫外出务工的收入,随着 Y 村旅游业的发展,我们利用自家的大房子办起农家乐,本想可以沾村里的光,可现在不赔本就已是万幸。我家地方不好,又没啥关系,一年到头都没个游客,偶尔有学生来画图,村里分给我家几个,还经常被别家抢去,这农家乐和不开一样,没啥收入,还得靠我丈夫外出务工挣点辛苦钱养家。"

由上面的访谈可以看出,在 Y 村村民参与社区旅游业的过程中,个别村民利用人际关系等社会资本降低个体经营成本,占据游客必经的核心地段或争取更多的游客接待权,严重影响一般个体经营者的利益,更使有心进行个体经营的村民望而却步,导致多数村民在旅游参与方面处于去权或无权状态。

2. 社区旅游建议去权

社区旅游建议去权是指政府机构在指定旅游政策和发展规划时无视村民等利益相关者的意见和建议,一意孤行,使其建议权被剥夺的现象。Y 村景区因特有的建筑风格、深厚的文化积淀和重要的历史价值吸引着众多游客前来参观,而这些荣誉受益于 Y 村的祖先,是其祖先留给后代的宝贵物质和精神财富,所以 Y 村是 Y 村人的 Y 村,是不变的事实。20 世纪,Y 村"两委"带领村民自主发展旅游业,使 Y 村旅游业从无到有,被越来越多的游客知晓,但不能否认村里自主发展旅游业有其局限性。近些年,国家接管 Y 村旅游业,旅游业发展成果显著,旅游收益显著增加,而社区村民却并不满意。

据 Y 村一位知名退休教师党先生讲述：自 2012 年 Y 村旅游业被市里接管后，旅游业明显发展了，村民的不满情绪却与日俱增，主要原因是政府一意孤行，忽视村民意见。在古建筑的修葺方面，政府认为紧急重要的，村民认为暂且可以放一放，反之亦然。如贾家祖祠在村里管理时已经进行了修缮，维持 30～50 年没什么问题，然而才过了七八年，政府又开始修，而村中危房却无人问津。在基础设施建设方面，2012 年政府开始安装水、电、网、消防管道等，本可以一起解决，但挖了填、填了挖、随便挖、随便修，给村民生活带来严重不便，再三反映却无人回应。

通过上面的访谈可以反映出，因为地方政府对景区古建筑的开发和保护、基础设施及公共设施的建设无统筹安排，对上级政策选择性地执行与利用，以谋取自身利益为中心，对古建筑进行"破坏性"的修葺，忽视村民的利益，甚至影响村民的正常生活。面对这种情况，作为 Y 村主人的村民本应对当地旅游业的发展具有建议权，事实却相反，村民的话语权在社区旅游业发展中并没有完全被重视。众多的村民反映：政府的做法无法完全满足村民的利益，有些村民的意见没有得到重视。在修建过程中破坏了古建筑的原始风格，还影响了村民的正常生活。

3. 社区旅游获益去权

社区旅游获益去权是指古建筑保护政策和国家主导的旅游发展模式导致社区村民丧失经济发展权，即不能依托现有的资源发展经济或参与旅游业。2012 年政府从 Y 村"两委"手中接下 Y 村旅游业的管理经营权，政府与村委会达成协议，每年旅游局给村里 100 万元，由村委会统筹安排，除本村的日常活动开支外，最后分给每个村民每年 300 元作为旅游分红。起初，村民尝到了旅游业发展的甜头，对当地旅游业的发展充满信心，希望在政府的带领下，可以依靠当地旅游业走向小康。可事实并非如此，近年来 Y 村旅游业发展看好，物价不断上涨，可每年 300 元的旅游分红始终是多数村民唯一的旅游收益，与村民的愿望相悖。10 年前搬到 Y 村的余先生是一位退休工程师，早期参与过 Y 村旅游业的发展建设规划，余先生说："村民不能从旅游发展中获益，被迫紧锁院门进城务工，这于情于理都不是一种合理的发展方式，既不利于 Y 村旅游业的发展又不利于村民的发展。之前村里自主发展旅游业的时期，因为资金问题村里无法带领村民参与当地旅游业的发展，政府接管后投入的资金不少，但没能用到实处，应该设法让村民参与，使村民受益，国家应该扶持村民加强景点建设和发展旅游相关产业，让村民能靠旅游吃饭，实现 Y 村旅游发展与村民发展的双丰收，这才是正道。"可见，在政府主导的发展模式下，Y 村旅游业发展蒸蒸日上，村民却只能自谋生路，旅游获益权被严重剥夺。

对于个别有条件依托景区资源经营农家乐和小商店的村民，由于缺乏统一的管理与监督，存在价格偏高、卫生条件较差等问题，可谓是门可罗雀。只有一两家地理位置较好的农家乐和小商店在旅游旺季时有些收益，多数农家乐一年的收入不到千元，因此绝大多数村民仍然必须通过外出务工养家糊口。正如 Y 村的一位农家乐经营者说道："农家乐的收入十分有限，Y 村旅游一年的旺季也就 10 天左右，自家房屋不在旅游路线中，档次条件也不好，客流量有限，非节假日索性就关门休息，只在人多的那几天做生意，每年除去食材费和人工费，也就能赚个 1000 元左右。"

4. 社区旅游信息去权

社区旅游信息去权是指地方政府隐瞒或者选择性地发布旅游信息，造成社区村民因不知晓或不了解信息而无法做出正确决策，损害村民正当权利的行为。[①] 在现代社会，信息成为社会控制的最有效手段，对中国广大农村社区而言，农民由于信息的匮乏而处于弱势地位，他们不得不依附于掌握信息的强势集团并受其支配。自从当地政府接管 Y 村旅游业以来，从未发布过 Y 村旅游业发展的支出和收益情况，也没有向村民传播过参与旅游业、发展旅游相关产业增收的信息和知识。旅游发展的信息和知识是社区村民通过让渡自主发展古村落经济获利的权利，从国家发展旅游业中获得所需要的知识或技能的一种权能。但事实上，在政府主导的发展模式下，由于信息不对称，村民失去了自身应有的权利。

正如一位在 Y 村具有威望的 71 岁的党老先生表示：Y 村旅游业发展中政府信息不公开是个大问题。村民根本不清楚上面的旅游发展政策是什么，

---

① 韩国圣、吴佩林、黄跃雯等：《山地旅游发展对社区居民的去权与形成机制——以安徽天堂寨旅游区为例》，《地理研究》2013 年第 10 期，第 1948—1963 页。

村里有广播、公示栏，但是从来没有向村民说明过旅游发展的政策、规划、分红等问题，村民一直都是糊里糊涂的，政府说要怎么样就怎么样，至于为什么要这样，村民同不同意都不重要。村里也没有引导村民参与发展的信息和培训，好像景区的发展与村民没有关系一样。

通过面谈可以看出村民在旅游发展中旅游信息去权的现状，旅游信息去权使村民无法享受到以代价换取的旅游发展收益，无法获得公平合理的利润，无法获取参与旅游发展的途径、信息和支持，进而不能实现自身的发展、改变贫困的现状，导致旅游景区的发展与社区的发展严重脱节，经济与社会的发展不同步，违背共享发展的理念。

三　社区增权：实现古村落旅游社区共享发展的有效途径

政府在景区内一手遮天的状况使旅游社区村民在旅游发展中失去权能，村民理应享有的发展权利被剥夺，他们不再是古建筑真正的"所有者"，从古村落的"主人"变成"旁人"，若随之发展，最终的结果是旅游景区内出现贫民窟或者村民为生计而外出，景区出现"空壳化"现象。为避免此局面出现，必须重新审视古村落旅游社区的发展观念与行动，贯彻共建共享的发展理念，通过社区增权实现旅游社区经济与社会的同步发展。本节运用学者斯彻文思提出的旅游社区增权框架，[①] 结合 Y 村的实际情况，试从经济增权、心理增权、社会增权和政治增权四个层面提出解决村民去权问题、实现共建共享发展的有效途径。

1. 建立合理的利益分配机制，实现社区"经济增权"

要想实现乡村旅游社区脱贫致富，带领老乡奔小康，首先要建立合理的利益分配机制，实现社区"经济增权"。具体表现为政府要关注既有旅游收益的分配额度问题，同时增加村民在旅游发展过程中的盈利机会，恢复村民从旅游业中获得收益的权利，使村民以旅游业为生，真正实现农村产业结构转型。面对 Y 村的现状，政府应该将古村落景区的资源以及收益情况适当公开，按旅游业的实际收入给予村民分红。同时，景区管委会在选

---

① 钱宁：《农村发展中的新贫困与社区能力建设：社会工作的视角》，《思想战线》2007 年第 1 期，第 20—26 页。

拔员工时应优先考虑当地村民，根据工作性质的不同任用不同类型的村民，提高村民在旅游景区工作人员中的比例，为村民创造更多的就业机会。并鼓励有条件的村民利用景区资源进行个体经营，使村民从旅游开发中所获得的利益不仅仅停留在政府给每人每年几百元钱的补贴上。由于对经济利益的追求是构成不同特征村民群体旅游影响感知分异的焦点所在，[1] 因此，以上条件的满足既可以增加村民的收入，改善其经济状况，又能调动村民参与和促进旅游景区发展的积极性，达到古村落旅游业实现可持续发展与村民实现小康生活的双丰收。

2. 建立有效的决策参与机制，实现社区"政治增权"

随着古村落旅游业的发展，农村产业结构逐步实现转型，传统的乡绅治理渐行渐弱，民主的萌芽在农村社区的土壤中孕育而生。而一些地方政府及有关部门习惯性地将村民视为自私的小农，对农民的智慧和能力持怀疑态度，不愿意与农民分享权力。[2] 旅游管理者对旅游发展的规划一意孤行，忽视旅游社区村民的利益诉求，造成村民对政府的强烈不满。因此，加强古村落旅游社区基层民主建设，建立有效的决策参与机制，保障村民在旅游发展过程中民主参与决策的利益诉求，实现社区"政治增权"具有重要意义。Y村应该设立一个由社区精英领导的代表村民利益的地方调节机构，就古建筑修葺和公共设施建设等村民关心的重大问题与各利益主体进行探讨，反映村民的意见和建议，拓宽村民参与旅游发展决策的渠道，保障村民参与决策的平等权利和相应的话语权，使村民的利益诉求得以表达和伸张，提高旅游社区村民在旅游发展中的参与程度和主体地位，使村民的政治参与能力逐步增强。

3. 挖掘社区村民的文化自觉，实现社区"心理增权"

社区增权的另一个重要维度，即"心理增权"，一方面体现在旅游发展使社区村民意识到古村落文化遗产的价值，进而激发村民的"文化自觉"；[3]

---

[1] 卢松：《历史文化村落村民对旅游影响的感知与态度模式研究》，合肥：安徽人民出版社，2009，第1—10页。

[2] 吴九兴、杨钢桥：《农地整理项目实施中的农民利益表达机制现状研究》，《华中农业大学学报》（社会科学版）2014年第4期，第117—124页。

[3] 按中国著名社会学家费孝通先生的观点，"文化自觉"是指生活在一定文化历史圈子的人对其文化有自知之明，并对其发展历程和未来有充分的认识。

另一方面通过政府为旅游社区村民提供多元化的教育和培训机会，提高村民的参与能力和参与意识，增强其自信心。在 Y 村现有发展模式下，村民将自己定义为村落的外人，丝毫没有因为自己是 Y 村的后代，因祖先留给自己的荣誉而自豪，反而对村落的信心降低，对村落的感情淡化。因此，政府有必要适当放权给社区村民，引导村民认识到 Y 村旅游业的发展依托于 Y 村的物质及非物质文化遗产，而这都是村民祖先世代的基业，荣誉属于村民和其祖先，国家只是扮演扶植的角色，绝非占有，从而使村民产生对古村落文化的自觉，对未来旅游业的发展持有积极乐观的态度，主动参与古村落旅游业的开发和保护。同时，政府根据景区产业的实际发展状况和市场需求，增加如购物、娱乐、食宿等与旅游产业相关的服务行业，以延长旅游产业链，对村民进行相应的技能教育与培训，将村民就地转化为产业工人，使其能够顺利地参与到相关产业的发展中。政府也应当加强对这些产业的管理与指导，使其自身能够在服务于旅游景区的发展过程中成长，从而为村民提供更多的就业和发展机会，这是实现社区"心理增权"的重要手段。

4. 进行全方位的社区建设，实现社区"社会增权"

新型农村社区建设正在各地如火如荼地进行中，全方位的建设力图使农村社区的面貌焕然一新，发展古村落旅游业的社区也应该列入其中，不能只顾追求旅游景区的增收而忽视村落社区的建设，必须实现旅游社区"社会增权"。具体表现为将旅游景区的基础设施建设与社区建设相结合，同步推进，改善村容村貌；通过引进社区工作者、建立地方旅游协作机构以及培育社区精英等方式，促进社区的内部平衡，增强村民的凝聚力和社区归属感；加强对古村落传统文化的传播，尊重村民的生活方式和风俗习惯，使村民喜欢、热爱自己生活的社区，重拾对社区文化的认同感；建立和完善旅游社区的社会保障制度，在国家与地方财政加大投入的基础上，当地政府可以将 Y 村旅游收益的一部分投入社保，作为社区村民以景区资源主导权换取的社会权能，使村民在看病、养老等方面得到保障，实现旅游社区"社会增权"。

通过以上不同层面的增权，有效改善 Y 村村民去权的现状，形成相对平衡的权利关系，恢复村民的主体地位，增强社区村民在旅游发展中的参与权和利益分享权，进而实现 Y 村旅游社区共建共享发展，同步实现社区旅游业的可持续发展和村民的脱贫致富。

四　结语

村民的"去权"甚至"失权"是当今发展古村落旅游业的农村社区面临的普遍问题，旅游目的地村民在景区发展过程中出现社区旅游参与去权、社区旅游获益去权、社区旅游建议去权以及社区旅游信息去权现象，景区旅游业发展与社区村民的发展脱节，违背共建共享的发展理念，影响小康社会的构建。建立合理的利益分配机制、有效的决策参与机制，激发社区村民的文化自觉和进行全方位的社区建设，从经济、政治、心理和社会方面进行社区增权，是实现古村落旅游社区村民共建共享发展的重要手段。此外，要想将以上具体策略落到实处，需要不同的古村落旅游社区依据自身的旅游业开发特点、旅游业发展阶段和村民的社区参与能力做出灵活调整，循序渐进地实现社区增权。同时，在古村落旅游业的发展和管理模式上，不同地区要相互借鉴、取长补短，并结合自身特点进行发展和管理模式的创新，以促进社区增权的实现。但是不可否认的是，要真正实现社区增权需要政府长期的支持和社区自身不断的努力，任重而道远。

第五节　环境污染的农村社会工作介入

——以 Y 村为例

一　问题提出与文献回顾

随着社会经济的不断发展，社会问题层出不穷，近几年来，各地产生的环境问题也越来越多。农村加快了工业化、城镇化的步伐，但是部分农村环境污染由于主客观因素的影响越来越严重。近年来，党和政府将环境保护事业提到一个新的高度，不断加大资金、技术等的投入。但我们必须承认，国家将环境保护的重点放到了城市，城乡环保资源之间存在分配不均问题。为了改善城市环境，城市将一些污染较为严重的工厂、企业迁至郊区或农村地区，农村环境状况不容乐观。因此，虽然城市环保状况在不断改良，但是我国农村环保状况止步不前，甚至隐约有恶化趋势。现在，农村环境保护问题已经成为农村可持续发展较为重要的一节。农村环境的治理和改善是关系人民群众生产、生活的关键要素，也是构建和谐社会的重要基石。生态文明建设是我国现代化建设中相对薄弱的领域，党的十八大就已经提出要把生态文明建设放在重要位置。十八届五中全会又提出"绿色发展"。国内外环境危机的出现，生态环境建设与经济迅猛发展的节奏之间产生的矛盾使人们认识到自己不恰当的行为对环境造成的负面影响，逐渐提升了公众对环境的关注度，唤醒了人们的环境保护意识。诸多学者认为测量现代文明的标准是环保参与程度的普及和提高，而要提升公众的环保参与程度，就要唤起公众环保参与的意识，学习环保知识。因此，在环境状况较为糟糕的今天，许多西方发达国家都采取措施加强环境教育，提高公众的环保参与程度和环境行为水平，建立人与自然的和谐关系，重视环境保护，最终实现可持续发展。本节通过对 Y 村村民环境保护参与的社会工作介入研究，以 Y 村村民环保参与状况为观察对象，一方面，通过对 Y 村村民环保参与现状的调查和研究，分析村民环保参与程度低的原因；另一方面，在关于如何提升村民环保参与程度问题中试图引入社会工作视角，运用社会工作的社会支持理论、生态系统理论和增权理论，分析社会工作介入的可行性和必要性。

虽然本节旨在探讨社会工作介入农村环境保护的村民参与问题，但因为环保参与专业性较强，而且涉及范围非常广泛，因此，本节结合对陕西韩城 Y 村环境保护的研究实际，以农村环境保护事业中的"公众参与环保"和"社会工作介入环保"为主题，开展了国内外文献的整理与归纳。

（一）公众参与环保现状研究

1. 国外公众参与环保现状

回溯西方发达国家的发展进程，由于工业化、城市化发展较早，环境污染问题也更早地爆发出来。在历经曲折的环境保护工作之后，无论是环境保护的程度，还是环保工作的参与程度，较之发展中国家都相对较高。美国将通告制度、公众意见的回复制度、立法听证会制度、法规制定的监督制度等，融入监督政府的立法工作当中，提高立法的完备和透明程度，同时为公众的参与奠定良好的法律基础；加拿大将公众参与的程序纳入

《环境影响评价法》、日本《环境影响评价报告》的意见自由提出、俄罗斯的公众听证讨论、欧盟的《关于一定公共和私人项目环境影响评价指令修正案》等，这些举措都体现了国外公众参与环保的成熟性和完善性。[①]

2. 国内公众参与环保现状

我国环境保护部于 2015 年 7 月 13 日颁发了《环境保护公众参与办法》（2015 年 9 月 1 日正式实施），规定公民、法人和其他组织有权利参与环保，从法律上确定了公众的环保参与权利。马丽娜是从主客观两方面分析现阶段我国公众参与环境保护的现状的。主观方面：由于人们已经感受到环境污染的危害，社会上出现了一些民间环保组织，呼吁公众参与环保，随着环保观念的普及，现阶段我国公众的环保意识已经得到一定程度的提升，但是总体上而言，公众真正参与到活动中的还是很少，且多为被动、消极的参与。从个人和企业两方面分别来说明此种情况：就个人而言，在部分公民身上存在破坏公共环境卫生、过度使用资源或对能源不合理的运用等状况；就企业来说，由于受到资金、技术等方面因素的影响，部分企业存在只顾经济效益乱排乱放、弄虚作假等严重破坏环境的行为，而且相较个人，显然企业在公众参与环保方面的责任更大。客观方面：公众参与环保的现状与缺乏法律保障、参与形式单一和公众参与成本较高有关。[②] 学者张安毅认为现阶段我国农村居民在环保参与方面没有发挥应有的积极作用，不仅存在参与落后问题，而且即使参与也多为被动甚至是形式主义，没有明晰环保参与的目标。[③] 他认为农民环保参与不足主要是农民知情权缺乏保障、生态参与程序规则缺位、农村缺乏非政府环保组织的支持、环保诉讼道路闭塞等主客观原因造成的。张红认为，城市是由许多的社区居民构成的，所以在城市环境保护中一定要重视公众的力量，重视公众参与，注重公众提出的建议和策略。但是，现阶段由于各方面的原因我国城市环保参与存在许多问题，主要表现为：公众参与无序，

[①] 张寿生、吴犇：《国内外环境影响评价中公众参与的差别性研究》，《才智》2012 年第 21 期，第 259 页。

[②] 马丽娜：《城市社区环境建设中公众参与的几点思考》，《科技风》2009 年第 18 期，第 52 页。

[③] 张安毅：《农村生态保护中农民生态参与的困境、成因与对策》，《财经科学》2014 年第 10 期，第 133—140 页。

政府在公众参与环保方面缺乏指引；公众参与不足，对环境保护的整个过程参与较少；公众参与缺乏必要的制度保障和支撑；非政府环保组织的发展机制有待完善。[1]

（二）公众参与环保对策研究

1. 国外公众参与环保对策

在关于加强公众参与环保的措施方面，秦洪良[2]在针对青少年开展环保教育中提出，应该从以下三个方面来实施：建议学校承担环保教育的责任，将环保教育任务放到教学计划中，培育专业的环保人才；通过在相关环保课程上设置一些需要动手操作的环节，从小培养青少年良好的环保行为；组织丰富多彩的社会实践活动，提升青少年的环保参与程度。张腾在探讨发达国家环境治理经验时认为：应采用行政手段治理环境，完善环境保护机制；通过一些措施调动公众参与意愿、主动参与；制定激励或奖惩的经济举措，增强环保治理效率；加大环境教育的投入，培育共同的民族心理；增加科技投入，重视科技进步，发展环保产业，积极推动公众参与环境治理。[3] 而范圣楠则提出四条对策：首先，环境法应该有一个基本原则——公众参与原则，并且要通过直接或间接的方式体现出来；其次，以立法的形式规定公民在环保工作中的主体地位，规范非政府环保组织的行为；再次，承认公民有知情权、环境诉讼等权利；最后，明确政府在提升公众参与方面的任务，并且形成全面参与环保的共识。[4]

2. 国内公众参与环保对策

针对现阶段环境保护中公众参与存在的问题，学者们有不同的建议和解决措施。马丽娜是从三个方面来解决参与不足的：首先，政府要完善环保方面的法律，让公众有明确参与环保的法律支持；其次，政府要加大对民间环保组织的扶持力度，扩展公众参与环保的门路或途径；最

① 张红：《城市环境治理中公众参与面临的困境与对策》，《中共青岛市委党校青岛行政学院学报》2015 年第 3 期，第 47—49 页。
② 秦洪良：《科学发展观研究综述》，《前线》2006 年第 2 期，第 41—42 页。
③ 张腾：《国外城市环境治理经验及措施初探》，《企业导报》2012 年第 6 期，第 249—250 页。
④ 范圣楠：《国外公众参与环境保护的途径探究》，《科学与财富》2013 年第 8 期，第 60 页。

后，政府要推动公众参与到环境保护中，不断提升我国公众参与环保的
水平。① 张红在《城市环境治理中公众参与面临的困境与对策》中认为：
要确保公众参与的有序性，实现全体参与，完善公民参与制度供给，引导
城市环境治理中民间环保组织的健康发展。② 张安毅认为解决农村环保参与
中村民参与不足的问题：首先，要完善农村环保信息公开受理制度，使农
民的环境知情权得到满足；其次，建立具有针对性的环保参与的法律，设
立环保参与的立法保障；再次，大力发展非政府环保组织，适当时在法律
上承认它们的合法地位；最后，规定农民拥有环保诉讼的资格，并制定一
些具体的奖励办法。③ 潘岳则认为推动我国公众参与要从以下三个方面着
手：首先，针对现阶段环保法律的不足，不断改善公众参与环保的法规、
条例；其次，创新公众参与环保的路径，积极寻求公众参与环保的道路和
方法；最后，大力支持培植民间环保组织，促使非政府环保组织不断发挥
作用、健康发展。④ 刘芮希在《居民的参与式管理与社区环境保护研究》一
文里针对加强公众参与环保方面的对策提出：改变传统的社区管理模式，
建立、健全社区管理中居民参与的法律机制，整体提高社区的管理水平。⑤
胡志英认为提高公众参与需要注意三点。一是要与时俱进，提高社会公众
的环保意识：加强环境宣传教育，增加社会公众参与环境保护的机会。二
是要强化社会公众参与环境保护的立法：进一步明确宪法和法律对公民环
境权利的规定，不仅涉及权利，同时也应该涉及义务，强化社会公众参与
环境保护的法律依据，确保社会公众更好地参与到环境保护中；进一步明
确社会公众的环境诉讼权利，明确社会公众的知情权。三是要优化社会公
众参与环境保护的效果：建立社会公众意见的回应制度，充分发挥非政府

---

① 马丽娜：《城市社区环境建设中公众参与的几点思考》，《科技风》2009 年第 18 期，第
   52 页。
② 张红：《城市环境治理中公众参与面临的困境与对策》，《中共青岛市委党校青岛行政学院
   学报》2015 年第 3 期，第 47—49 页。
③ 张安毅：《农村生态保护中农民生态参与的困境、成因与对策》，《财经科学》2014 年第 10
   期，第 133—140 页。
④ 潘岳：《大力推动公众参与 创新环境治理模式》，《环境保护》2014 年第 23 期。
⑤ 刘芮希：《居民的参与式管理与社区环境保护研究》，《现代经济信息》2015 年第 22 期。

环保组织的重要性，强化社会公众参与环境保护的奖惩机制。①

（三）社会工作介入公众参与环保研究

周宏霞在《浅谈农村环境保护中的社会工作介入》一文里，在谈到社会工作者介入时，认为：首先，通过专业的调查了解农民需求，获得可信的第一手资料；其次，在社会工作者进入农村后，要宣传保护环境的思想，使村民认识到环保的必要性，提升村民的环境保护意识；再次，环境保护要获得资金和技术支持，社工要发挥专业优势，调动各方面的支持，包括环保人士和一些专家学者进村入户，为农民讲授环保知识；最后，社会工作者要站在农民的立场上帮助农民谋福利，发挥中间人角色，向政府、企业反映农村环境状况，建言献策，监督企业行为，减少环境污染。② 温馨以呼和浩特市回民区环境污染为主题，以回民区环境状况为调查对象，认为社会工作者应该从以下三个层面介入：社会工作者作为政策的影响者，注意调节政府与居民的关系；社会工作者要扩展资源获取渠道，广泛链接资源，联合各个群体，保护环境；社会工作者要与高校、科研机构建立联系，加大对环保的技术投入，从技术层面根治环境污染。③ 焦亮在《社区环境保护实践中的社会工作介入探索》一文中，以济南市 D 社区垃圾分类为例，针对公众环保参与的社会工作介入，提出自己的对策：第一，社会工作者在介入前，首先要对社区居民做充足的调查，明确居民的需求，多听居民的反馈，结合社区居民的实际情况进行社会工作服务，一切以居民的需求为先，如果情况有变，要适时做出调整、改善；第二，针对社区居民存在的差异性，提供具体的、有针对性的服务，多关注社区居民的情况；第三，在给社区居民提供服务时，注意调节居民与社区管理人员的关系，起到润滑剂的作用，增强彼此间的沟通，建立良好的合作关系；第四，社会工作者作为政策的执行者与倡导者，在具体的介入过程中，针对现阶段法律存

① 胡志英：《试析环境保护下的公众参与》，《资源节约与环保》2017 年第 2 期，第 95—96 页。

② 周宏霞：《浅谈农村环境保护中的社会工作介入》，《法制与社会》2012 年第 5 期，第 218—219 页。

③ 温馨：《环境保护中的社会工作介入——以呼和浩特市回民区环境污染的防治为例》，《北方环境》2013 年第 4 期，第 127—128 页。

在的不足，及时建言献策，建立相对完善的环保管理机制；第五，社会工作者作为外来人员进入社区后，不能拘泥于原有的工作模式，要灵活结合当地实际，转变工作思路，建立多样化的发展模式。[1] 针对社区居民垃圾分类问题，杨小军和李海艳认为可以针对运用社会工作的三大方法——个案、小组和社区社会工作方法进行介入，解决垃圾分类问题。[2] 在运用个案社会工作方法解决时，首先，社会工作者要运用访谈法和社区居民访谈，了解居民的需求；其次，社会工作者要适时调整居民所处的系统，调动居民的参与积极性；再次，针对垃圾分类中社区居民的差异，具体分析不同居民的差异，尊重居民的不同，提供切实可行的服务。在运用小组社会工作提供帮助时，既按照居民的垃圾分类习惯和需求建立小组，又根据垃圾分类中是否回收利用成立小组，既有学习小组、兴趣小组，也有成长小组、支持小组，总之，最大限度地调动社区居民参与，提升居民的参与意愿。在使用社区社会工作方法的时候，首先，为了增强社区居民的垃圾分类意识，社区要开展环境教育活动，邀请环保专家到社区讲授环保知识，在互联网等新媒体上宣传环保知识；其次，社会工作者作为活动的组织者和引导者，要联系政府、企业、环保组织等群体，链接资源，挖掘社区居民的潜力，让更多的人参与到垃圾分类活动中；再次，社会工作者要重视志愿者的力量，号召、呼吁社会环保人士加入垃圾分类大军，注重志愿者的培育，在社区组织垃圾分类捐赠活动，让社区居民捐赠书籍、衣物等，形成人人参与的良好局面；最后，社会工作者要促成整个社区的行动，包括从政府入手，做好宣传立法工作，让社区的管理部门——社区居委会、物业等在社区宣传垃圾分类的好处，鼓励更多居民参与，企业也要兼顾效益与环保，加大对垃圾回收的投入。

二 社会工作介入农村居民环保参与的意义

农村环境污染治理是环境保护的一个重要组成部分，也是当前一个较为薄弱的环节，运用社会工作的理论和方法介入，对其进行研究具有一定

---

[1] 焦亮：《社区环境保护实践中的社会工作介入探索——以济南市 D 社区垃圾分类项目为例》，硕士学位论文，山东大学，2014。

[2] 杨小军、李海艳：《生态文明视域下的社区垃圾分类社会工作方法的介入探讨》，《黄河科技大学学报》2016 年第 4 期，第 92—96 页。

的意义。

（一）理论意义

社会工作专业的产生就是为了解决出现的各类社会问题。虽然在环境保护问题上社会工作者不能够带来技术性、工程性的指导，但是社会工作作为一门有良知的专业，可以通过开展一些宣传教育工作，提升公众的环保参与程度。环境污染问题的产生，终究是人类行为不当导致经济发展与人类失衡的结果。20 世纪 60 年代以来，随着经济发展对环境的破坏，人们的生活发生了巨大的变化，环保问题引起了人们广泛的关注，一种新的思想——"环境保护主义思潮"在西方兴起，现阶段已经发展成为"地球村"人们的共识——保护环境，人人有责。近年来，随着经济的发展，各地环境问题也爆发出来，环境保护主义产生了新哲学——"绿色哲学"，在最近几年传播到中国，并获得了许多专家、学者的支持。受"绿色哲学"的影响，社会工作界还提出了"绿化社会工作"概念。秉持"绿化社会工作"观点的学者认为，由于人类发展给环境造成严重的负面影响，社会工作者应当秉持社会工作的宗旨和道义，为环境和人类社会的可持续发展找出新道路。本节的观点则是社工从农村环境保护中村民参与的角度出发，为改善 Y 村的环境问题，以引导者、教育者等身份，成立村民环保成长小组，为缓解 Y 村环境问题贡献出自己的一份力量。本节通过在陕西省 Y 村村民环境保护参与实践中对社会工作方法尤其是小组社会工作方法的运用，在一定程度上为今后社会工作在环保领域的研究提供了理论支持，并对现阶段社会工作在环保领域的研究进行了补充与探索。通过此次研究，不仅有益于考量"绿化社会工作"这一命题在具体的社会工作实践中的应用，同时也是对相关社会工作理论领域的推进。

（二）实践意义

第一，为环保组织开展社会工作服务及其他部门开展环保工作，提供较为有效、具体的工作方法。通过采用小组社会工作方法，运用社会支持、生态系统和增权理论，成立村民环保成长小组，提升村民的环保参与程度，为社会工作组织或个人在农村开展环保参与活动提供更为有效的工作方案。对于社会工作者而言，在 Y 村提供社会工作服务时，作为引导者和教育者，既培育村民环保参与意识，帮助村民提升自己的环保知识与能力，也有助于社工自身业务水平的提升，不断提高社工的实践能力和综合素质。

第二，提升村民的环保参与程度是改善农村环境、遏制环境污染的重要途径。长期以来，农村经济、文化等各方面相对落后，更有政府决策尤其是城乡二元体制的影响，城市的发展优于农村发展。城市将一些污染严重的企业转移到农村地区，本质上农村居民对环境问题的认知程度并不高，他们的环保知识极其缺乏。加上国家对农村建设的支持力度不够，国内对环境保护的研究很少涉及农村领域。因此，研究我国农村居民环境参与问题，是符合农村实际情况的，是极具现实意义的。

三　Y 村村民环保参与现状及原因分析

（一）企业对村庄环境的污染

2003 年前后，以黑猫为代表的 7 家民营企业（黑猫 J 公司、黑猫 T 公司、CS 煤化、黑猫 N 公司、G 公司、F 公司和 Y 公司）陆续入驻 Y 村，企业的繁荣发展带动了周边地区的发展尤其使 Y 村面貌焕然一新，解决了 Y 村部分劳动力的就业问题，不定时给 Y 村村民发放福利，的确承担了企业责任，减轻了当地政府的财政负担；但是由于焦化企业的特殊性，企业在得到巨大经济效益的同时也导致 Y 村环境污染严重。作为焦化企业，从原料到产品，从生产到使用，都有造成环境污染的因素。企业排放出来的废弃物并没有"变废为宝"，Y 村的大气污染、水污染都很严重，给 Y 村村民的正常生产生活都带来了许多不便，严重威胁他们的身心健康。近几年这些企业逐渐意识到自己的发展给当地村民带来了消极影响，采取了一些措施控制污染源，选择合理的生产流程和设备，对废弃物进行妥善处理、回收利用。Y 村村民表示，近些年也的确感受到村庄的环境有所改变，但是环境依旧比较恶劣。企业在经济责任和社会责任的博弈权衡过程中，更偏重于追求经济利益，造成近年来 Y 村村民身体健康状况下降、癌症发生率提高等一系列负面效应。

（二）村民环保参与程度低

1. 村民参与理念偏颇

调查结果显示，大部分村民认为企业对村庄环境污染应负主要责任，而自己无能为力。根据生态系统理论观点，这一认识是错误的，脱离了"人在情境中"的理念。固然企业应该对村庄的环境负责任，但是村民身为Y村的主人，是Y村能够建立最重要的因素，因此，"村庄环境是企业、政府的责任，村民无能为力"这一认识是错误的。

2. 村民缺乏环保知识的学习

Y村大部分村民为初中文化程度，忙于生计，缺少时间和能力学习环保知识。况且"经济基础决定上层建筑"，村民的经济条件一般，自然不会过分关注环保问题。而且村民更看重经济利益，在一定程度上对环境污染没有正确的认识。环保知识的欠缺导致村民忽视环境污染的危害，文化水平低下导致村民缺乏环境保护意识，又受到经济条件的制约，对保护自身生存环境的必要性认识不足。此外，部分村民只重视能否增加收入，轻视焦化企业对村庄环境造成的不良影响。

（三）环保宣传工作不到位

1. 地方政府监管不力，村委会宣传不足

Y村所在地方政府在一定程度上忽视环境保护，重视经济发展，监管不力。当地政府为了拉动本地区发展，积极招商引资，大力发展本地区经济，在一定程度上忽略了本地区的环境保护，使环境行政监管权沦为地方经济利益的俘虏，更遑论鼓励村民参与环境保护。当环境问题爆发出来后，政府部门之间互相推诿，这是由政府部门没有精确划分责任、职能引起的，近年来环境污染问题也越来越频繁地出现。

2. 环保组织缺乏

Y村现有两个社会组织，分别为红白理事会①和老年人协会②。但是没有成立由村民组织的环保机构，缺乏环保志愿者、社会环保爱心人士的加入，无人组织和管理环保事务，而且就整个H市来说，环保组织也很少。

---

① 杨村的红白理事会是以组为单位的，杨村共有7组，因此，共有7个红白理事会。每组红白理事会理事长均由组长兼任，并设理事3~5名，会员是由村子里有威望、责任心强并热爱此项工作的人来担任。红白理事会负责教育、指导、监督本村所有人员为本人、子女和直系亲属操办婚丧事宜。

② 杨村老年人协会是2004年由村委会组织发起成立的，协会成员均为本村60岁以上的老人，协会有正会长1名、副会长2名、每组1名小组长组成，由村民选举产生。企业每年给杨村提供15万元现金，专门用来支持老年人的工作。

民间环保事务无人问津，缺乏社会组织的关注和监督，村民缺乏环保参与的引导，就更加会忽视环境问题了。

四　反思与建议

（一）反思

1. 村民参与实践的模式单一

虽然在小组计划里，招募小组成员的方式有三种，但是在具体实施过程中，参与小组活动的组员大多是和村委会关系较好的村民。依靠村委会在村庄的权威性，可以尽快挑选出适合参加小组活动的服务对象。而且由于这样遴选出来的组员对村委会更加信任，对社会工作者的接受度也相对较高，更快产生信任感，也为后期的小组工作的介入打好基础。但采用这种方式挑选组员，组员不是主动报名的，是被动地接受社会工作服务过程的。而且由于地理位置限制，并没有涉及所有小组的村民，尤其是 7 组的村民。在后期活动宣传开来后，其实有许多并未选中参与村庄环保的村民，他们表示自己也愿意参加小组活动，为村庄发展尽一份力，但缺乏参与实践的机会。

2. 工作方法单一

社区社会工作方法在本次环保活动中有更广泛的作用和影响力，但是由于主客观原因限制，社工在介入环保参与问题过程中采用了小组社会工作方法，也有少量的个案社会工作方法，但并未使用社区社会工作方法。在参考文献的过程中，笔者发现有专家、学者在针对社区环保参与问题提出介入策略时，很多建议采用社区社会工作方法。社区社会工作方法强调整个社区居民的参与，的确更适合环保问题。但是在实际调研中，受社会工作者个人能力和村民、企业、政府等各方面的影响，在介入方法上大多采用了小组社会工作方法。

3. 参与不足

社会生态系统理论强调"人在情境中"，把服务对象面临的环境看作一种社会性的生态系统，例如他所面临的家庭、社区或者单位等。此理论认为，分析 Y 村村民环保参与不足的主要原因，是他们对社会工作者缺乏信任，环保参与意识淡薄。虽然在每小节活动中社工都设计了参与活动，但是就整体效果而言，组员参与不足。

4. 后期追踪与回访较难实现

由于距离原因，社工对村民环保参与后期的追踪仅能通过电话、网络等渠道获得，这与平时在村里的监督和指导是不一样的，效果也会大打折扣。而且村民平时生活也比较忙，社工远距离沟通效果有限。

（二）建议

1. 与当地村委会建立良好关系

村委会作为基层民众自治组织，管理村庄的各项事务，对村庄整体情况有一个较为全面、综合的了解。所以，社工在进入调查地区时，首先要从村委会入手，拜访村委会的相关领导干部，和他们建立良好的关系，这样才能顺利收集到资料，进行社会工作服务。村委会是社会工作者和农村社区居民沟通的桥梁，建立良好的关系是非常必要的，不仅有利于组员的招募，而且能够尽快让村民放下对社工的戒备心理，产生信任感。综合本次经验，无论是在 Y 村发放调查问卷，还是找 Y 村村民访谈，都是在村委会的帮助下完成的，第一手资料收集得很顺利，可以说是事半功倍。到开展小组工作时，面临招募村民参加小组活动时，村委会更是发挥了重要的作用，与社会工作者一起在村民中间宣传社会工作，呼吁村民参加小组活动，使社会工作者成功招募到适合参与小组活动的组员。在小组活动场所的选择上，村委会更是主动提供了活动场所，将村委会办公室主动无偿借给环保小组，这不仅有助于增强村民对社工的信赖，而且保证了小组活动有一个固定的场所，有利于活动顺利开展。总之，社会工作者一定要重视村委会的重要作用，和村委会班子形成良好的关系，保证环保小组活动顺利开展。

2. 根据调查地区实际情况开展社工服务

调查社区实际情况，了解社区居民的真正需求才是社会工作者开展一切服务的基础。虽然社工在未进入调查地区时已经制订好针对调查地区的计划，但是社区的情况不是一成不变的，是发展变化的，因此，社工进入调查地区后，要针对居民的需求开展服务。本次调查中，社会工作者还未进入 Y 村就已经针对村民的环保需求设计好了问卷、访谈提纲，制订好了小组活动计划书；社会工作者到达 Y 村后发现，虽然村民有参与环保的意愿，但是参与理念错误而且村民缺乏环保参与的知识，因此，社工首先给村民播放了环境污染与环境治理视频，从真实案例着手，让村民直观感受环境污染的危害，激发村民的参与意愿，这样才能够保证活动顺利进行，之后学习环保知识就显得顺理成章，村民也容易接受。总之，社工要尊重调查地区的实际情况，有针对性地提供服务，一切从服务对象的实际状况出发，让服务对象切实参与到活动中去，达到小组活动的目的。

3. 实现多元化服务模式

本次调查中由于主客观原因，社会工作者提供的服务较为单一。主观方面：因为参加实习的只有四名社工，所以前往 Y 村的社会工作者仅有四名（其中一名社工有事提前离开了）；而且不是长期在一线服务、实践经验丰富的社工，社会工作者平时所学多为理论知识，参加社会工作实践的机会较少，从事社工服务的经验短缺，导致社工提供的服务较为单一，力量较小；此外，后期一名社工由于其他原因提前离开了小组，更是增加了服务的难度。客观方面：Y 村人口众多，常住人口达到 2000 人，面对众多的村民，招募难度较大，组织难度更大；由于社工实习时间是 8 ~ 9 月，Y 村村民忙于采摘花椒、照顾农作物，无暇参与，因此，社会工作者只能采用小组社会工作的方法为村民服务。因此，在今后同类型活动中，应该将小组和社区的社会工作方法相结合，给村民提供多元化服务，采用多元化服务模式。

通过以上对 Y 村环保现状和村民环保参与状况原因的分析，笔者设计了一系列小组活动，期望引起村民共鸣，认识到村庄环境保护的重要性，最终能改善村庄环境。回顾从 2015 年 7 月到 2016 年 10 月，笔者和同门多次前往韩城地区调研，看到焦化企业对 Y 村环境的污染很严重，村民健康已经受到影响。Y 村地方政府强调经济发展，忽视环境保护。企业在政府的管理下虽安装了污染处理装置，但是治污工作效果不明显，改进环保装置也多是形式主义。平心而论，2016 年后半年 Y 村环境较之前有所改善，但是要从根本上改善 Y 村环境问题，既需要韩城政府转变经济增长观念，转变政绩观，发展绿色 GDP，也需要环保局等部门加大对企业的监管力度；与此同时，Y 村村委会要发挥中间人角色，协调政府和居民的关系，为环境保护做贡献；每个村民也要树立社区主人翁意识，参与到环境保护中，为环保事业尽一份力。

第六节　少数民族村庄的农村社会工作介入

——以 J 村为例

一　引言

我国是由 56 个民族所组成的多民族国家，政府和学术界对于民族地区都较为关注，对于民族工作也较为重视。民国时期，对于少数民族地区的关注较多的主要是学术界。由于战争因素的影响，民国时期众多的国内学者迁移至西南大后方，对边疆地区的经济、社会、文化等多方面展开调查与研究，为人们所熟知的如费孝通对禄村农田的调查，吴泽霖在云南、贵州等地开展的田野调查研究。[①] 而其中，将社会工作与边疆研究结合起来的则属李安宅在华西地区所做的研究与实践，1942 年 2 月社会部发起"社会行政丛书"的编写，李安宅的《边疆社会工作》也被列入其中。李安宅作为民国时期对边疆地区进行研究的学者之一，在其《边疆社会工作》一书中，明确对"边疆"、"社会工作""边疆社会工作"等概念做了阐述。[②] 而在新中国成立之后，则是由政府主导，通过行政手段在民族地区开展活动与工作。

而 80 年代以来，体制改革使社会的活力被逐渐激发，各类社会组织的职能开始分化，一些原来由政府和企事业单位包揽的社会职能，逐步被剥离出来并回归社会和社区。[③] 因此，各类本土社会组织随之建立与发展，相关国际 NGO 组织相应地也进入中国进行社会服务或社会工作活动。90 年代之后，大量非政府或非营利的民间团体在我国出现，并在慈善、环保、教育、妇女、儿童等多方面的社会福利或社会发展事业中发挥了积极的作用，对于民族地区的扶贫与环保问题的关注也极大地促进了民族地区的发展。[④]

---

① 聂蒲生：《民族学和社会学中国化的探索：抗战时期专家对西南地区的调查研究》，北京：中国社会科学出版社，2011。

② 李安宅：《边疆社会工作》，石家庄：河北教育出版社，2012，第 6 页。

③ 徐永祥：《试论我国社区社会工作的职业化与专业化》，《华东理工大学学报》（社会科学版）2000 年第 4 期，第 56 页。

④ 谭艳：《NGO 与民族地区的发展》，《社会工作》2006 年第 4 期，第 29—30 页。

在此种趋势下，民族社会工作的重新发展获得了可能，众多社会组织在民族地区开展服务活动。以云南为例，截至 2007 年，超过 200 家国际非政府组织和不计其数的中国本土非政府组织在云南设立机构或开展项目，其类型呈现多样化，广泛涉及慈善、扶贫、赈灾、环保、卫生、教育、禁毒等诸多公益领域。①

同时，在新时期，民族地区也在发生着急剧的社会变迁，对于城市地区来说，最为明显的变迁就是城市化与工业化的推进，而对于民族地区的农村社会来说，在受到城市变迁影响的同时，其内部也在发生着转型与变迁。在转型期，民族农村地区产生了许多"内生性"问题，如由城市化所引发的人口大量流动，出现了大量的留守儿童、留守妇女与留守老人等，使本来人口就较为稀少的民族地区面临农村空心化的问题，这对农村经济、环境、社会等方面都产生了较大的影响。② 此外，在民族地区，不仅存在农村空心化现象，在一些偏远的民族地区乡镇，还出现了"物不足"、"财贫弱"和"人悬浮"的问题，严重影响乡镇政府的社会管理和公共服务能力。③ 在此背景下，民族农村地区出现了民族中社会问题与社会中民族问题相互交织的趋势。而以往靠政府主导的行政性的民族工作往往只能从宏观上解决民族地区的相关问题，而对于微观上的问题，则显得力不从心、鞭长莫及，仅仅单纯地依靠政府所主导的民族工作对于解决民族地区农村社会问题的效果并不显著。正如李安宅所说的，一般国民中，有占优势的和不占优势的，为了保障后者，则需要社会工作。而民族地区长期作为不占优势的地区，必然需要社会工作的介入，而少数民族农村地区作为民族地区中不占优势的地区，更是需要社会工作的介入。在此种趋势下，专业社会工作者要介入民族地区，开展更深层次的工作来解决民族地区相对较为微观层次如少数民族个人、村庄等层次的问题，从而实现与民族工作的

① 《云南非政府组织居全国之首　被誉为中国"NGO 摇篮"》，《领导决策信息》2007 年第 40 期。
② 兰继华：《民族地区城镇化进程中农村空心化问题研究》，《前沿》2014 年第 Z1 期，第 132—134 页。
③ 苏祖勤、韩冬：《偏远民族地区乡镇政权"空心化"问题的调查与思考——以湖南通道侗族自治县为主要分析对象》，《中南民族大学学报》（人文社会科学版）2014 年第 4 期，第 95 页。

互补。

这需要社会工作在民族地区实践的不断深入，也需要对民族地区社会工作展开系统的研究。而不同的社会工作组织在少数民族地区进行农村社会工作实践的路径是不同的，因此本研究拟对农村社会工作在少数民族地区的实践模式进行分析，显然是必要的，其对于促进少数民族地区社会工作的开展和农村社会工作的发展也有现实意义。

二　少数民族地区农村社会工作实践模式介绍

通过对相关文献的查阅，以及相关少数民族地区农村社会工作开展模式的收集，并结合实地参与式调查，本研究按照主导少数民族地区农村社会工作开展模式的主体的不同，将少数民族地区农村社会工作开展模式分为三种类型：高校科研实践型、政府主导型和非政府组织运作型。

（一）高校科研实践型

高校科研实践型模式就是高校在一些基金会的支持下，在少数民族地区开展农村社会工作模式探索的过程，其将实践作为一个学术探索和科学研究的过程，同时将项目点建设成为高校社会工作专业实习点。较为有名的是"绿寨模式"，该模式是由中山大学等高校所进行的"探索中国农村社区发展的能力建设模式"的学术探索。此外，类似的还有云南大学在云南 J 村所进行的农村社会工作的实践，其也是为了进行"以社区为本的民族社会工作介入模式"的学术探索与研究。

云南大学近年来在云南省昆明市禄劝彝族苗族自治县 J 村所进行的尝试，笔者也曾参与了该项目的一部分，对该项目的实践进行了实地观察。云南大学在少数民族地区所进行的农村社会工作尝试是一个名为"探索以社区为本的民族社会工作介入模式"的社会工作项目，该项目是由香港凯瑟克基金会所支持的。

在香港凯瑟克基金会的支持下，云南大学在位于云南省昆明市周边的禄劝彝族苗族自治县 J 村开展了这一项目。J 村是一个典型的少数民族村庄，是一个苗族村落，全村人口较少，总共 200 人 60 户村民。而且由于地处山区，该村的耕地也很少，人均耕地只有 0.4 亩，而由于耕地多为山地，因此村民平时多种植玉米和土豆，不种植水稻，村民需从市场上购买口粮。由于大部分耕地为山地，土地较为贫瘠，因此也只能出产少量的土豆、玉米和麦子，出产的粮食也基本上用于饲养牲畜。由于自然条件不占优势，又只能靠务农解决生计，因此村民的经济水平也较低，人均年收入不足800元，近年来，每年都有20%的村民外出打工，年轻人较少在家。[1] 村民除了收入水平较低之外，基础设施水平也有待完善，1995年，J村才实现通电，1999年接通自来水，2005年则修通了由乡镇进村的土路。此外，J村村民整体的文化水平也较低，多为初中以下，截至目前全村只有6名大学生。因此这也导致许多村民不会讲普通话，甚至是听不懂普通话，尤其是大部分女性基本上不能用普通话进行交流。[2]

云南大学在J村的这一农村社会工作实践项目主要是由来自云南大学的社会工作团队领导苗族村民实行一系列生计、文化传承、环境保护和城乡协同的计划。同时该项目也旨在为社会工作专业的学生们创造一个实践地点，同时在该地进行实践的团队也会和来自其他高校的工作人员进行少数民族地区农村社会工作理论和实践模式的探究。[3] 该项目的团队由核心团队和外围督导团队组成，致力于建立云南本土的农村和民族社会工作实践基地，同时服务于少数民族村落和社会工作专业学生，探索中国农村和民族社会工作的发展模式。核心团队中有多位成员为云南大学社会学与社会工作系教师，都从事过关于农村或边缘社区的社会工作实践。外围督导团队成员则为长期在中国大陆地区从事农村或民族社会工作的大学教师。[4] 该项目还在J村设立了社工站（未正式挂牌），基本上有一名社工长期驻守村庄，与村民共同生活，同时吸收各大高校的学生作为实习生在村庄与驻村社工开展农村社会工作的实践。虽然该村小学已被撤销，但是之前的两间教室被保存下来。因此云南大学的农村社会工作项目小组对教室进行了充

---

① 孙瑞婷：《社区影像的赋权困境——云南禄劝县金多村社区影像实践研究》，硕士学位论文，云南大学，2015。

② 孙瑞婷：《社区影像的赋权困境——云南禄劝县金多村社区影像实践研究》，硕士学位论文，云南大学，2015。

③ 香港凯瑟克基金会官方网站，http://www.keswickfoundation.org.hk/en/cn-cswpf.html，最后访问时间：2016年4月16日。

④ 滕燕、董欣梅、黄亚军：《"探索社区为本的民族/农村社会工作介入模式"项目建议书》，2013。

分利用，其中一间作为社工站的驻地，另一间则计划与村民一同协作建设成为村庄公共空间。项目小组在村庄的活动主要是通过个案工作方法和小组工作方法来开展农村社会工作的实践。

因此该项目围绕上述目标开展了各项具体的实践探索，在笔者实地参与到该项目之前，其所做的主要是尝试对 J 村这一农村社区进行影像赋权，并结合对口述史的整理和社区文化活动的组织，从而实现对村庄传统文化的传承和保护。而影像赋权的具体做法就是项目团队为村民提供影像记录设备，通过村民自己的拍摄来实现影像赋权。该项目中笔者亲自参与实践的部分主要是参与社区公共空间的建设、整理村庄的影像资料、号召村民进行村庄基础设施建设以及号召妇女成立苗绣小组等几个方面。建设村庄社区公共空间，主要是希望通过物理意义上公共空间的建设，为社区居民提供一个互相交流的地点，通过社区居民的相互交流，从而提升村庄的凝聚力；同时也是希望通过物理公共空间的建立，为村民保护传统文化提供场所，也就是说为诸如苗绣小组等社区组织提供活动的场所，从而更好地促进村民解决自身生计能力的提升以及更好地保护村庄和自身民族的传统文化。

（二）政府主导型：湖南 S 县的实践

政府主导型的实践模式也是少数民族地区农村社会工作的实践模式之一，而在这种模式中较为典型的是湖南省 S 县的实践。该模式的实践地点位于少数民族聚居地区，S 县在 2007 年被民政部正式确定为全国农村社会工作人才队伍建设试点县，通过实践探索形成了一套政府主导的运行模式。相关学者也对该模式进行了深入研究，因此笔者也借助已有的一些文献资料来对该模式进行简要介绍。

该模式的实践地点为湖南省常德市 S 县，S 县位于湖南省西北部。S 县是较为典型的多民族聚居地区，该县境内除汉族外，还生活着土家族、白族、回族、佤族、苗族、维吾尔族、蒙古族等 26 个少数民族。该县 2014 年末总人口约为 67 万人，而少数民族人口为 38.7 万人，占全县人口的57.8%。该县 2014 年末的全县人均生产总值为 32161 元，低于全国 46629元的平均水平，且该县农村贫困人口数也较多，2014 年为 6.79 万人，约占全县人口总数的 10%，农村居民最低生活保障人数约为 3.6 万人，占全县总人口的 5.4%。^① 2014 年全县农村人口约为 57.1 万人，农村居民最低生活保障人数为 36000 人，此外 60 岁以上人口占 19%，外出打工人口占 28%，留守儿童占 12%。^② 从以上的数据可见，S 县是较为典型的多民族聚居地区，该县经济发展水平低于全国平均水平，经济发展较为滞后，且该县也出现了人口外流导致的留守儿童与留守老人的问题。

S 县的农村社会工作实践模式主要是由政府主导推进的农村社会工作人才队伍建设模式。S 县在 2007 年被民政部确定为全国农村社会工作人才队伍建设试点县，使该县政府对农村社会工作人才队伍建设给予了极大的关注与支持力度，可以说，S 县的农村社会工作人才建设得以快速推进是政府主导所定下的基调所致。政府从组织领导、整体规划和经费支持等方面主导推进 S 县的农村社会工作实践。从组织领导方面来看，该县成立了以县长为组长的社会工作人才队伍建设领导小组；集合了县委组织部、人力资源和社会保障部、司法部、财政部、卫生部、教育部和民政部等多个部门的力量，成立了社会工作人才队伍建设办公室，办公室设置于民政局，并由民政局局长任主任，全面负责该县社会工作人才队伍建设的各项事宜。从整体规划上来看，该县不仅多次以县政府的名义召开了全县农村社会工作人才队伍建设工作会议，同时还制定了《2007～2009 年 S 县社会工作培训大纲》、《S 县民政事业单位社会工作专业岗位设置方案》和《S 县社会工作人才队伍建设试点实施方案》等 8 个具有整体规划意义的指导性文件。在经费支持上，S 县从县一级福利彩票公益基金中提取 10%、慈善拨款中提取 5% 用于对社会工作人才队伍建设工作的支持，并在县财政中每年预算专项工作经费 20 万元，同时建立自然增长机制，每年递增 5 万元。同时当地政府联合其他社会资源如高校建立了社会工作人才培训基地，并将社会工作人才队伍建设融入社区建设。在当地政府的大力支持与主导下，该县形成了"政府、社工、从工和义工"的社会工作平台，从而形成了民间协会服务模式，村民自治委员会、农村社区工作站和农村社区服务站相结合的工作模式，以及县社会工作局、乡镇社会工作服务中心和村级社会工作服务

---

① 中华人民共和国湖南省 S 县人民政府官网，http://www.shimen.gov.cn/Category_23/Index.aspx，最后访问时间：2016 年 5 月 3 日。

② 民政部社会工作司编《农村社会工作研究》，北京：中国社会出版社，2011，第 282 页。

站的管理模式。①

(三) 非政府组织运作型：行动援助组织的实践

除了上述两种少数民族地区农村社会工作实践模式类型外，另一种典型的开展模式就是由非政府组织运作开展的类型。2012 年的相关研究显示，在少数民族地区开展工作的非政府组织有 13 万个左右，大部分组织以关注社会中的弱势群体为宗旨，并根据少数民族地区社会经济发展水平较低和存在多种文化的现实情况，在妇女、卫生、环保、文化和教育等多个领域开展活动。② 而国际行动援助组织就是在我国少数民族地区开展工作的非政府组织之一，其在贵州省雷山苗族和侗族聚居区也开展了农村社会工作的实践。

其在少数民族地区所进行的农村社会工作项目主要是在贵州省 L 县的实践。L 县位于贵州省黔东南苗族侗族自治州西南部，2012 年末总人口153031 人，全县境内世居苗族、汉族、水族、侗族、瑶族和彝族 6 个民族，苗族人口占总人口的 84.78%，少数民族人口占全县总人口的 92.32%。L 县是国家扶贫开发重点县之一，整体社会经济发展水平较低。③ 贵州省是我国 31 个省区市 (不含港、澳、台) 中第二穷的省份，许多村庄都处于基础设施较差的极端偏远山区。许多贵州省的农民则处于自然资源浪费和贫穷的恶性循环之中，由于耕地资源的极度稀缺，农民被迫在陡坡上进行耕作，同时为了开垦新地而大量砍伐森林，进而引发了岩石荒漠化、水土流失，并导致了洪灾的频发。而在 L 县，超过 90% 的人口都为苗族，这也使其在教育等方面处于较为弱势的地位，有超过一半的乡村妇女是文盲或半文盲。

国际行动援助组织 1972 年成立于英国，其宗旨是"与穷人和边缘人群一起通过战胜导致贫困的不公正和不平等来消除贫困"。国际行动援助组织在 20 世纪 80 年代末期在欧洲国际设立分支机构，同时在发展中国家开展一

---

① 民政部社会工作司编《农村社会工作研究》，北京：中国社会出版社，2011，第 294—308 页。

② 孙自法：《中国约 13 万个社会组织在少数民族地区开展工作》，http://www.mzb.com.cn/html/Home/report/353778-1.htm，最后访问时间：2016 年 4 月 16 日。

③ 中华人民共和国贵州省 L 县人民政府官网，http://www.leishan.gov.cn/mlls/xqgk.htm，最后访问时间：2016 年 4 月 16 日。

系列项目，其开展项目的方式也逐渐将重点从"社区发展"转变为"社区赋权"。国际行动援助组织在中国大陆开展工作的起始时间为1998年，其与中国科技部合作在河北省怀安县开展了一个参与式的扶贫项目，其内容包括食品安全、牲畜饲养、妇女健康和饮用水等，并鼓励当地村干部和社区自己管理各种发展计划。2003年和2004年，国际行动援助组织分别在贵州省L县和甘肃省及广西壮族自治区开展农村社区发展项目。国际行动援助组织在中国开展工作的资金主要来源于英国行动援助组织，英国行动援助组织也是该组织在国际范围内工作的最大支持者。[1]

国际行动援助组织中国办公室在2003年启动了在L县的项目，其与L县的农民一起工作，通过对自然资源的可持续利用和管理，致力于贫困家庭的食品安全、改善饮用水质量和灌溉方式，其同时也通过社区健康计划，来为边远农村家庭的基础健康服务。此外，L县的项目也致力于性别平等状况的提升，并为少数民族儿童提供接受有意义教育的机会。[2] 该组织在L县建立的发展示范区是其在中国建立的14个发展示范区之一，该组织在L县所进行的具体活动，以2007年为例，主要是继续支持建立了农民学校，旨在帮助农民获得促进乡村发展和执行生计项目的能力。在2007年，农民学校组织了6次农业管理和技能等方面的培训，其中每个培训基本上都会有60~70位农民参加。同时组织农民们学习了在水稻的种植、土豆的培育、牲畜的饲养和水果的种植等方面的农业基础管理技术。这些技术有效地帮助农民改善了农业生产、畜牧业等方面的质量，同时也增加了农民的收入。技术的学习使农民在种植土豆时产量预计会增加40%，同时也有助于畜牧业的发展。农妇们往常在养猪时，11~13只仔猪中通常会有2~3只死亡，而在农民学校进行了饲养技术的培训后，所有仔猪都可以生长至可出售阶段，这可以给每位农妇带来200~300元的额外收入。[3]

（四）三种实践模式的比较分析

上文对在我国大陆少数民族地区开展农村社会工作的三种类型的实践

---

[1] 中国发展简报官网，http://www.chinadevelopmentbrief.org.cn/org280/#，最后访问时间：2016年4月15日。

[2] ActionAid International – China，http://www.actionaid.org/china/guizhou – province，2016 – 04 – 16.

[3] ActionAid International – China，Annual Report，2007，pp. 4 – 9.

模式进行了简要介绍，三种模式都各具特色，但是由于实践主体的不同，其实践方法、实践成果等方面都存在较大差异。因此下文将结合几个案例，从实践主体、实践目标、实践开展的主要方法、实践取得的主要成果和实践存在的问题等几个方面对三种模式进行简要的比较分析（见表4-8）。

表4-8 三种实践模式比较分析

	高校科研实践型	政府主导型	非政府组织运作型
实践主体	云南大学等高校	S县县委、县政府和民政局等政府部门	国际行动援助组织
实践目标	建立农村和民族社会工作实践基地，探索中国农村和民族社会工作的处遇模式	大力推进农村社会工作人才队伍建设	与穷人和边缘人群一起战胜不公正和不平等，进而消除贫困
实践开展的主要方法	个案访谈、小组工作和社区工作	组织领导、整体规划、经费支持和协调资源	对农民进行能力培训，动员村民参与式发展
实践取得的主要成果	建立了一定数量的农村社区组织和兴趣小组	成立了农村社会工作人才领导小组和办公室，建立了培训基地，拓展了社工岗位，协调农村社区和民间协会资源，开展了个性化的社会服务	提升了农民自我发展能力，促进了农民收入的增加
实践存在的问题	高校实习生缺乏经验，高校缺乏资源支撑和聚集资源的能力	易于陷入"形式化"	易于失去实践活动的自主性，并陷入表象的参与式发展中

通过实地参与和对相关资料的查阅，笔者对少数民族地区农村社会工作的三种实践模式进行了简要比较。从实践主体来看，高校科研实践型的实践主体为云南大学等高校，政府主导型的实践主体则是S县的相关政府部门，而非政府组织运作型的实践主体则是国际行动援助组织。从实践目标来看，高校开展农村社会工作实践，其目的还是以学术研究为主，探索的是民族地区农村社会工作的模式。此外，高校的另一目的就是要通过项目的开展，为学生提供相关的实践基地，使学生在实践中提升自身对社会工作的理解和认识。政府主导型模式的主要目的就是要快速推进少数民族地区农村社会工作，具体又可体现为快速促进农村社会工作人才队伍的建设。而非政府组织运作型的主要目的就是要消除贫困。虽然各项目在具体开展

工作的过程中所设立的目标有所差异，但本质都是以帮助边缘群体或弱势群体为目标。从开展过程中所使用的方法来看，高校主要采用的是个案访谈、小组工作和社区工作等相对较专业的社会工作方法；而政府则通常通过行政命令或方法来开展工作，如上文所提的组织领导、整体规划、经费支持和协调资源等方法；非政府组织则通常采用对少数民族地区的农民进行赋权的方法，即通过培育其能力，动员农民参与式发展。从取得的成就方面来看，高校通过相关工作的开展在少数民族地区建立了一定数量的农村社区组织和兴趣小组；政府则通过行政方法建立了相关的领导小组和办公室，并建立了相关的培训基地，为农村社区协调了一定的资源，同时还有针对性地开展了社会服务；非政府组织则通过对农民进行培训，使其自我发展的能力得以提升，进而实现了收入的增加。

但是，三类模式在开展工作的过程中还存在问题与缺陷，高校所主导的实践模式存在的问题主要有两个方面，一是高校社会工作专业实习生缺乏实践经验从而影响农村社会工作在少数民族地区的实践效果，二是高校缺乏较为丰厚的资源作为实践的支撑条件。高校社会工作专业的实习生虽然具有较为丰厚的理论知识，但是缺乏社会工作实务经验，在实践过程中极易处于被动的处境之中。此外，高校主导型模式最大的问题是缺乏资源支撑，如"绿寨模式"在试图构建城乡联动时，就出现了资源聚合能力不足的问题，使城乡联动的实现难度也较大。而 S 县所进行的实践中可能出现的问题就是，政府在推进社会工作人才队伍建设的过程中，虽然在政策、制度等宏观层面给予了较大的关注，但是出于完成行政任务的考虑，在具体工作的落实中，则可能会出现形式化的趋向。而在国际行动援助组织所进行的实践中，则可能会出现为实践地当地政府和当地势力所主导，从而缺乏主动性的问题；同时在号召当地村民进行参与式发展的过程中，则可能又会被当地村民欺骗，陷入表象的参与式发展之中。

三 总结与建议

（一）探索多主体协同合作的实践模式

上文已提到，高校主导的实践模式虽然在专业性上有相对优势，但是也存在实践经验不足和缺乏资源支撑的劣势；而政府主导型少数民族地区农村社会工作模式，虽然可以在较大范围内集中各类资源，但是也极易陷于形式化的困局；非政府组织运作型的模式，往往关注某些特定的领域，但是又极其容易在与地方政府的博弈中丧失主动权；同时三种类型的模式也都有在农村社会变迁背景下农民参与积极性不高和语言不通等问题。基于此，笔者认为，少数民族地区的农村社会工作实践应构建多主体协同合作的优化模式，通过集合各参与主体的力量，形成合力。各实践主体在实践过程中应扬长避短，发挥自身的优势，同时通过相互合作来弥补劣势，具体来说就是要构建"政府规划支持－专业机构开展工作－高校进行研究与评估"的协同合作的少数民族地区农村社会工作实践的优化模式。政府进行整体的规划与支持，由专业社会工作机构开展具体的工作，高校则为政府规划提供建议并作为第三方对专业机构的服务效果进行评估，实现各主体之间的协同合作（见图4－1）。

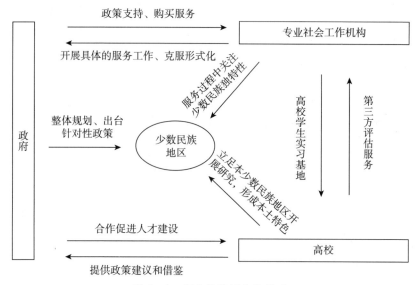

图4－1 多主体协同合作模式

1. 政府进行整体规划与支持

从上文的分析来看，政府部门在宏观主导层面具有较大优势，因此政府部门应进行顶层设计，从完善少数民族地区农村社会工作制度的层面来促进民族地区农村社会工作的发展。要促进少数民族地区农村社会工作实践，需要有完善的制度机制的保障，这就需要发挥政府的作用，对少数民族地区的农村社会工作制度机制进行整体规划，具体来说，应从政策、人才建设、经费支持等几个方面着手来进行规划与设计。同时，政府应通过购买专业性社会工作机构的服务，引领专业性的社会工作机构来进入少数民族农村地区，使用专业性的社会工作方法来开展农村社会工作服务。此外，政府还可与高校合作开展少数民族地区农村社会工作人才的教育与培训，来增加少数民族农村社会工作人才的数量，提高服务质量。

2. 专业社会工作机构进行具体工作的开展

上文提到了政府在进行实践的过程中，易于陷入形式化的处境之中，即其在实践过程中可能出于完成行政任务的考虑而对具体工作的落实关注较少，同时上文中所提到的非政府组织在实践过程中又会陷入表象参与式发展和缺乏自主性的问题。针对以上问题，政府应引领专业性社会工作机构开展农村社会工作来落实相关的具体工作。由专业性的社会工作机构进行具体活动的开展，可以通过其专业性的社会工作方法来落实具体的服务，从而克服政府形式化的倾向。同时，专业性的社会工作机构也可作为高校学生的实习基地，促进高校社会工作专业学生实务能力的提升。

3. 高校为政府规划提供研究建议并作为第三方评估专业机构的实践

高校由于在科研上有优势，因此应发挥自身优势，进行相关研究，为政府的规划提供借鉴和建议，同时可作为第三方来对专业社会工作机构所进行的工作进行评估。高校社会工作专业的教师和学生可以选择本地境内的项目点，进行定期的社会调查，收集一定的调查材料之后，进行总结与分析，形成一定的文字性材料向政府部门提交，为政府部门的规划提供建议和借鉴。同时，高校还可作为政府购买专业社会工作机构服务评估的第三方，来对专业社会工作机构的服务效果进行评估，反馈给机构和政府。

（二）具体的对策与建议

1. 制定出台促进少数民族地区农村社会工作开展的政策

目前政府并没有制定出台促进少数民族地区社会工作开展或者农村社会工作开展的权威性政策文件，因此需要政府出台鼓励少数民族地区农村社会工作实践的指引性文件，对少数民族地区农村社会工作的开展进行整体规划和引领。政府应在少数民族地区展开广泛的调研，在调查研究的基础上，出台具有权威性的政策指导文件。

2. 完善少数民族地区农村社会工作人才建设机制

人才建设应依托学校教育和社会教育两个层面展开。从学校教育层面来看，少数民族地区的相关高校应立足于本地实际，开展专科、本科和硕士等多层次的农村社会工作教育，形成完整的少数民族地区农村社会工作教育体系，为少数民族地区农村社会工作的实践输送专业性的人才。从社会教育层面来看，政府应联合高校对政府部门从事社会管理的工作人员进行培训，同时吸纳广大的志愿者群体，并对其进行培训，扩展少数民族地区农村社会工作人才的吸纳范围。通过以上两个层面工作的开展，形成专业性人才教育和社会性人才培训的少数民族地区农村社会工作人才队伍建设机制。同时在进行农村社会工作人才队伍建设时，还应积极吸纳少数民族地区村庄内部的积极分子，对其进行专业培训，在实践过程中，使其充当社工与村内不能使用普通话进行交流者的中介，从而在一定程度上克服语言不通的问题。

3. 建立少数民族地区农村社会工作经费支持机制

少数民族地区农村社会工作的开展需要公共财政的大力支持，因此建立少数民族地区农村社会工作经费支持机制，需要从前文所述的完善相关政策着手，通过调研，出台指导性文件，并建立国家、省、县、乡等多个层级的公共财政支持体系，在各级政府公共财政中划拨专项资金用于支持少数民族地区农村社会工作的开展。同时借鉴 S 县等地的经验，从彩票收入中提出一部分资金用于支持相关工作的开展。此外，还应动员社会力量，号召个人或企业捐款资助，设立少数民族地区农村社会工作支持基金。与此同时，也要建立严格的资金使用和审查机制，使经费的使用获得有效回报。

4. 引领专业社会工作机构服务少数民族农村地区

首先，政府应出台相关的优惠政策，鼓励少数民族地区本土性专业社会工作机构的成立。可以给予一定的财政补贴和奖励，或是对有意成立本土性社会工作机构的人员给予银行贷款优惠政策，或是对创立本土性社会工作机构的组织和负责人给予表彰，同时对加入新成立社会工作机构的专业社会工作者给予经济补贴和表彰。通过类似的一系列激励政策，鼓励本土性社会工作机构的成立，参与少数民族地区农村社会工作的实践。同时政府应扩展购买专业性社会工作服务的范围，向少数民族农村地区覆盖。通过加大政府购买服务的力度以及鼓励本土性专业社会工作机构的成立，来引领专业社会工作机构进入少数民族地区开展农村社会工作服务。这不仅可以通过专业社会工作机构来进行各项具体工作的落实，克服政府部门形式化的倾向，同时也可通过社会工作机构较为专业的社会工作方法，来克服如国际行动援助组织所出现的表象的参与式发展的困境。

5. 专业社会工作机构开展服务时关注少数民族的独特性

专业社会工作机构在少数民族农村地区开展具体的实践时，还应对少数民族的独特性给予关注。从少数民族的文化层面上具体来说，就是各少数民族所独有的语言、宗教信仰、风俗习惯和价值观念等，因此这就需要专业社会工作机构在开展专业性服务时对少数民族的独特性给予关注。实际上，因为农村社会工作和少数民族地区的农村社会工作在我国的发展历程还较短，相关专业方法还在探索的过程中。因此，对于专业社会工作机构而言，其在开展专业服务时应对少数民族的独特性加以关注，并根据实际对工作方法做出调整，避免因为文化差异而导致冲突活动的产生。

6. 高校就近选择项目点，形成本土研究特色

高校的优势在于可以通过专业方法进行调查研究和政策分析，其劣势在于链接资源的能力较弱，因此高校应立足自身优势，将政策研究作为自身优势，并与专业教学相结合。首先，高校应就近选择合适的项目点。高校在少数民族地区进行农村社会工作模式的探索，属于占有的资源较少的实践主体，缺乏充足资源的支撑和链接资源能力较弱是高校主导模式中的一大弱点。针对这一点，高校应就近在学校周围，或本省范围内选择合适的项目点。就近选择项目点的优点主要有三点：首先，使高校开展农村社会工作的交通路程较短，可以更方便地组织学生到项目点进行实习，从而减少花销，节省成本；其次，使高校处于较为熟悉的社会场域中，在开展工作时介入难度较小，"入场"也较为容易，同时也可以利用地域优势更好地动员服务对象参与相关的服务活动；最后，有利于利用本地优势实现农村社会工作在该地的本土化，并形成具有地方特色的独特模式。通过就近选择合适的项目点，立足本土，发挥自身调查研究的优势进行少数民族地区农村社会工作实践的政策研究，为当地政府的决策提供借鉴材料。同时

还可将项目点打造成为专业实践和教育的基地，促进专业教育质量的提升。同时政府还可以作为中立的第三方来对专业社会工作机构的服务效果进行评估，并将评估结果反馈给政府与机构，促进服务质量和效果的提升。

（三）总结

在我国，政府拥有强大的资源聚合力，因此要促进少数民族地区农村社会工作的开展，需要依赖政府的支持。政府作为可以集中各类资源的实践主体，有行政权力、资金、资源链接等强大的优势，其应加强与高校、非政府组织以及专业社会工作机构之间的合作。一方面，其可以为高校、非政府组织和专业社会工作机构提供资源或政策上的协助和支持；另一方面，政府还可与其他主体相互合作进行少数民族农村社会工作人才的建设与培训。高校由于自身链接资源能力较弱，因此要发挥自身优势，将政策研究和专业教学相结合，为政府政策的制定提供建议，也可以作为第三方评估社会工作机构的服务效果，并反馈给服务提供者和服务购买者。

总结来看，我国许多农村社会工作的尝试其实都是在民族地区进行的，对少数民族地区农村社会工作的探索过程其实就是一个对我国农村社会工作模式的探索过程。在我国农村社会面临快速变迁的宏观背景下，少数民族地区的农村社会也经历着快速变化，少数民族地区的工作重点已经不仅仅是维护社会稳定和民族团结，民族地区民生问题的解决也应纳入工作的重心。"绿寨"、金多、雷山等地都曾面临村内人员外出务工，而使项目的开展陷入困境的局面。可见，少数民族地区农村社会的变迁使农村社会问题也越来越多，进而影响到了社会工作的开展，但是社会工作的良好开展则又有助于社会问题的解决，因此形成了一个循环的系统。如果社会工作实现突破口，那么对于整个系统的良好运转必然有积极意义。由于农村社会工作和民族社会工作的发展较为缓慢，国内农村社会工作的实践经验还相对较少，加之各地区的实际发展现状、自然条件的差异以及资源环境的禀赋，不可能形成一个完全适用于所有少数民族地区或者全国农村的统一的农村社会工作开展模式，因此在进行具体实践时，还应着眼于当地实际，具体问题具体分析。

第七节　基层社会治理的农村社会
工作介入研究*

中共十八届三中全会通过《中共中央关于全面深化改革若干重大问题的决定》，明确将"完善和发展中国特色社会主义制度，推进国家治理体系和治理能力现代化"作为全面深化改革的总目标，① 为了完成这个目标，迫切需要提高基层社会治理能力和水平。社会工作作为专业的助人服务活动，可以在农村基层社会治理中发挥重要作用。本节以社会工作的优势和功能为着手点，研究社会工作介入农村基层社会治理的路径转变。

一　问题的提出

改革开放以来，中国经济快速发展，人民生活水平得到提高。但是目前我国还处于社会转型期，社会结构变化导致社会矛盾滋生、社会问题频发。伴随市场经济因素的生长和社会利益结构的多元化，当今小农户已经越来越深地进入或被卷入一个开放的、流动的、分工的社会化体系中来，与传统的封闭的小农经济形态渐行渐远，进入社会化小农的阶段。② 农村社会的巨大变化使农村基层社会治理面临重重挑战。但当前农村基层政府管理水平低下、治理功能弱化，迫切需要转变治理方式。

治理被看成多元利益主体围绕公共事务而进行协商与达成共识，进而采取共同行动的过程。③ 虽然政府在社会治理中处于主导地位，但社会组织和公众是参与社会治理的重要力量。社会工作作为社会力量可以协同参与社会治理。从治理方式来看，社会治理携手社会工作是刚柔相济的治理技术与艺术的生成，政府倚重行政和法律等刚性技术，而社会组织和公众更

---

* 本节内容发表于《社会工作与管理》2017 年第 5 期，此处略有改动。

① 陈荣卓、唐鸣：《农村基层治理能力与农村民主管理》，《华中师范大学学报》（人文社会科学版）2014 年第 2 期，第 11—20 页。

② 徐勇：《"再识农户"与社会化小农的建构》，《华中师范大学学报》（人文社会科学版）2006 年第 3 期，第 2—8 页。

③ 王思斌：《社会工作参与社会治理的特点及其贡献——对服务型治理的再理解》，《社会治理》2015 年第 1 期，第 49—57 页。

偏重于共情沟通、自治自律等柔性技术实施治理。① 从参与类型看，社会工作参与社会治理是服务型治理。② 从治理手段看，社会工作可以在挖掘村民潜能、链接资源等方面发挥重要作用。因此，社会工作参与基层社会治理能有效弥补政府工作的不足。但目前来看，我国基层社会治理主要由政府负责、政府管理，强调政府的责任。虽然政府也支持社会工作的发展，但主要采取传统的具有行政性的社会工作方法，缺乏一定的专业性。因此，我国专业社会工作的发展是嵌入性发展，③ 社会工作需要依附政府发展，但在具体服务时社会工作的作用也相对受到限制。专业社会工作具有自身优势，却因为传统农村体制的限制而难以有所作为，传统行政社会工作因为依附国家体制而具有较强的行政性、排他性，因而难以改变现有农村治理格局。④ 因此，我国的专业社会工作只是机械参与到基层社会治理中，并没有发挥自己的专业优势。一方面，专业社会工作受制于传统社会工作的发展；另一方面，专业社会工作直接落地本土农村社区，忽视了专业社会工作进入原先占主导地位的农村社区服务体制时，可能会受到后者的阻拒、排斥甚至同化等反作用力。本节认为社会工作参与基层社会治理的路径不应该只是"机械嵌入"，而是积极融入的过程。当前农村社会工作的服务领域已经从单一的人群聚焦和服务供给向更为整体的农村社区建设转变，质言之，社会工作不再作为单一领域的服务供给和问题解决手段，而是成为具有整体性、系统性的农村社区治理的有机组成部分。⑤ 因此，可以将社会工作与农村基层社会治理有机融合，将农村社会工作与传统的社会工作有机结合，号召公众积极参与，解决基层社会治理中存在的问题。

---

① 何芸、卫小将：《社会治理携手社会工作：刚柔相济治理技术与艺术的生成》，《浙江工商大学学报》2016 年第 1 期，第 113—116 页。

② 王思斌：《社会工作在创新社会治理体系中的地位和作用：一种基础——服务型社会治理》，《社会工作》2014 年第 1 期，第 3—10 页。

③ 王思斌：《中国社会工作的嵌入性发展》，《社会科学战线》2011 年第 2 期，第 206—222 页。

④ 李伟、张红：《中国农村社会工作专业性和行政性的双重悖论研究》，《社会工作》2012 年第 4 期，第 10—15 页。

⑤ 徐选国、杨絮：《农村社区发展、社会工作介入与整合性治理——兼论我国农村社会工作的范式转向》，《华东理工大学学报》（社会科学版）2016 年第 4 期，第 8—17 页。

二 农村基层社会治理中存在的问题

我国政府积极转变治理方式，取得了不错的成效。但是由于基层社会发生巨大变迁，基层治理依然存在问题。第一，近年来，农村人口流动性显著增强，甚至向常态化①发展，社会流动频繁使基层社会治理面临挑战。第二，城市化进程加快，打破了农村原有的生活状态。随着现代化文明和价值观的涌入，农村传统习俗和道德受到冲击，加大了农村基层社会治理的难度。第三，处于转型中的农村社会，个体原子化明显、传统的整合方式弱化、群体间社会联系薄弱，整个社会的联系纽带松弛，每个人都陷入利己主义的小圈子。② 农村社会的变化引发基层社会治理存在如下困境。

（一）农村人口流动导致村庄管理者流失

目前，我国农村青壮年常年在外打工，农村精英的流失给村民自治带来了严峻挑战，不仅降低了村委会的选举质量，还使村级组织后备人才空虚，村民自治主体力量逐渐萎缩。③ 农村人口流动频繁，导致部分农村"空心化"问题严重。"空心化"问题制约部分农村的发展，导致一些村落已经无法承担正常的公共生活，乡村公共事务无人问津。④ 越来越多的农村精英离开故土投身到城市化的建设之中，使村庄的管理者大量流失，村级组织管理主体严重缺失，不利于农村基层社会治理。

（二）资源利用问题影响村庄发展

农村人口流失及"空心化"村庄的出现，导致农村公共资产闲置和耗损现象严重，农村资源没有得到充分利用，使村庄发展缺乏有效资源依托

---

① 李凌、张小飞：《农民社会流动增强与农村干群关系新变化》，《西南民族大学学报》（人文社会科学版）2012年第4期，第198—202页。

② 张红霞：《农村现代化变迁与社会工作介入农村社会治理路径研究》，《中共福建省委党校学报》2015年第4期，第82—87页。

③ 方明：《新农村建设背景下村民自治的困境与思考》，《江苏社会科学》2016年第4期，第133—138页。

④ 周群英、赵梅星：《社会工作参与社会治理的路径探析》，《社会治理》2016年第4期，第54—58页。

而停滞。良好的社会治理，必是因地制宜，根据实际，充分尊重当地特定的历史文化和环境，积极利用当地可支配的各种资源。① 每个村庄都有其独特的自然环境、人文景观和历史底蕴，农村自身资源没有被充分挖掘会严重制约村庄的发展，不利于村民生活质量的提高。

（三）村民参与不足导致村庄自治能力不强

我国实行村民自治制度，主要由村民自己管理农村事务，但是目前村民在村级治理中的作用并没有体现出来。随着市场化改革的深入以及经济的快速发展，我国城乡差距越来越大。为了解决日益突出的农村问题，国家更多的是运用外部性力量，② 政府掌握着大量有效的资源，从而忽视了农民自身的作用以及能力。政府的无限责任使社区治理中各个行为主体的责任被有所取代，治理主体之间各自为战现象严重，对社区公共生活的合作治理责任不明。③ 政府过分干预使村民的主体作用丧失，导致农民丧失自治的主导权，从而缺乏主动参与的动力和空间。

（四）村级关系不良导致村庄凝聚力减弱

传统的农村社会是"熟人社会"，人与人之间合作互助、相互支持，邻里关系和睦。改革开放以来，通过与外界的接触，人们的视野逐渐开阔。人们的思想更加开放，生活方式日益多元化，亲密有序的乡邻关系开始瓦解，农民逐渐脱离原来的乡村生活。农村社会普遍出现了只强调自己权利而无视对公众或他人的义务与责任的"无公德的个人"现象。④ 部分村干部出现腐败作风，导致干群关系紧张。村庄原有的人际关系网络受到冲击，村民之间合作减少，村民关系疏远。村级关系不良和复杂化影响了村庄凝聚力，不利于对农村的治理。

---

① 林映萍：《发挥乡贤在农村基层社会治理中的作用——以广东省汕头市濠江区为例》，《中共银川市委党校学报》2016 年第 4 期，第 59—61 页。
② 徐勇、赵德健：《找回自治：对村民自治有效实现形式的探索》，《华中师范大学学报》（人文社会科学版）2014 年第 4 期，第 1—8 页。
③ 周昌祥：《创新基层社会治理的有效方式：以服务为本的社区社会工作》，《社会工作》2014 年第 4 期，第 26—32、99、152 页。
④ 〔美〕阎云翔：《私人生活的变革——一个中国村庄里的爱情、家庭与亲密关系（1949 - 1999）》，龚小夏译，上海：上海书店出版社，2009，第 261 页。

三　社会工作介入基层社会治理的优势

农村社会工作拥有以人为本的价值观、助人自助的服务理念及专业的方法，通过与政府工作人员的合作，旨在减少农村冲突，改善村民之间的人际关系，提升村民的生活质量。针对基层社会治理中出现的问题，农村社会工作可以利用自身优势参与基层社会治理，并发挥自己的作用。

（一）强调以人为本的价值观

价值观是社会工作的"灵魂"，社会工作者在正确价值观的指导下才能更好地服务大众。社会工作倡导以人为本的价值观。以人为本的价值观强调平等、尊重、接纳、个别化等原则。[1] 在农村基层治理中，很多干部以高姿态与农民沟通，"为人民服务"的宗旨意识薄弱，导致干群矛盾冲突严重。农村社会工作者与农民进行平等的沟通，不仅可以获得他们的信任，还可以缓解干群矛盾。每个人经历不同，所处的背景不同，对于事物的看法也不同。社会工作者应该尊重、接纳服务对象的想法，理解他们的行为。受时间、地点、服务意识与技术的限制，现有基层社会治理人员往往忽视农民的个人需求。社会工作可以为农民提供个性化的服务，[2] 通过与农民进行一对一、面对面的沟通，了解每个人的需求，提供有针对性的服务。在以人为本的价值观的指导下，农村社会工作参与基层社会治理在价值观方面具有优势。

（二）倡导助人自助的服务理念

助人自助是社会工作最重要、最核心的价值观。农村社会工作关注弱势群体的利益，致力于改善他们的生活条件，改变他们的生活状况，为他们提供支持与服务。社会工作者强调"授之以鱼，不如授之以渔"，即不仅要帮助农民解决问题，更重要的是挖掘他们的潜能，帮助他们获得解决问题的能力。现在农村大量青壮年流失，不仅留守老人、留守妇女、留守儿童问题严重，残疾人、五保户等弱势群体也需要关注。农村社会工作者不仅需要为他们提供政策的支持、呼吁社会公众的关注以及为他们争取利益，

---

① 王思斌主编《社会工作概论》，北京：高等教育出版社，2003，第25、52—53、57页。
② 周昌祥：《创新基层社会治理的有效方式：以服务为本的社区社会工作》，《社会工作》2014年第4期，第26—32、99、152页。

更重要的是帮助他们发现自己的能力，提高面对困境的勇气与信心。农村社会工作者相信每个人都是有潜能的，每个人都具有独特性。在农村社会治理中，社会工作者应该用发展的眼光看待村民及村庄的发展，充分挖掘农民的潜能，创造良好的环境和氛围，鼓励村民积极参与农村社区治理，相信他们的能力。

（三）遵循科学的工作方法

社会工作不是盲目地解决基层社会治理中出现的问题，农村社会工作者拥有一整套系统科学的工作方法。在解决问题之前，社会工作者首先需要深入了解农村的基本情况及历史背景，了解当地农民的真正需求，与他们建立信任和谐的关系；然后对收集到的信息进行科学分析，开始制订服务计划；最后还要对服务效果进行评估。社会工作的特点是在科学评估基础上精心制定可行的服务方案，而且这种服务方案是有层次、有系统的，也是可行的。[①] 但这种服务计划不是一成不变的，它根据方案具体的实施情况以及服务对象需求的满足情况进行适时的调整，以达到最佳的服务效果。这种精细化的服务方案是社会工作服务型治理不同于领导者随意拍板治理的重要区别，[②] 如针对农村中的"三留守"群体，社会工作采取不同的介入方法。针对留守老人，采用个案的工作方法，为他们进行情绪疏导；针对留守妇女，采用小组的工作方法，提高她们的生存技能；针对留守儿童，可以将个案与小组的工作方法结合起来，关注他们的身心健康。农村社会工作遵循系统科学的工作方法，在基层社会治理中具有专业性。

（四）拥有系统的理论指导

社会工作是专业性的助人活动，社会工作者在助人过程中不仅受专业价值观的指导，还拥有系统的理论指导。增能理论[③]、优势视角理论[④]、生

---

① 王思斌：《社会工作在构建共建共享社会治理格局中的作用》，《国家行政学院学报》2016年第4期，第43—47页。

② 王思斌：《社会工作在构建共建共享社会治理格局中的作用》，《国家行政学院学报》2016年第4期，第43—47页。

③ 聂玉梅、顾东辉：《增权理论在农村社会工作中的应用》，《理论探索》2011年第4期，第80—83页。

④ 张和清、杨锡聪、古学斌：《优势视角下的农村社会工作——以能力建设和资产建立为核心的农村社会工作实践模式》，《社会学研究》2008年第4期，第174—193、246页。

态系统理论①等都是社会工作重要的理论，致力于提高受助者的能力，解决他们的问题。除此之外，功能主义理论②和诠释学③等社会学理论也可以为社会工作提供指导。功能主义取向的农村社会工作不仅能够促进社会整合，稳定社会秩序，还可以"协调社会与个人的关系"，能够最大限度调节农民个人、群体及社会组织（包括政府系统）之间的关系，有利于强化农民的社会功能。④ 诠释学农村社会工作关注如何有效地融入农村社区，要求农村社会工作者必须走进农民的日常生活世界，有效地理解和评估农民的需求（问题），而且强调工作者应该从农民的角度设身处地理解他们的需求。⑤ 诠释学对于农村社会工作主要是技巧、方法方面的指导。虽然不同的理论流派具体内容与研究方向不同，但在系统、科学理论的指导下可以帮助社会工作者更好地开展工作。

四　社会工作介入基层社会治理的功能

社会工作参与农村基层社会治理的路径应该是从"机械嵌入"到"有机融合"的过程。农村社会工作具有价值观、方法、理论等方面的优势，能够参与到基层社会治理中，并发挥一定功能。社会工作者可以培育村级干部的服务意识，培养社区领袖，加强村庄的管理；有效整合村庄内外资源，合理配置资源，提高资源利用率；动员村民参与村庄事务，提高村民的自治能力；缓解干群、村民之间的矛盾，提升村庄凝聚力。农村社会工作深入农村社区，不仅可以获得村民的信任，而且可以为村民提供专业的服务，发挥维护社会秩序、稳定社会秩序的作用，可以有效解决基层治理中出现的问题，促进和谐社会的建设。

（一）培育村级干部服务意识，培养社区领袖参与意识

乡镇政府工作人员及村干部在农村基层社会治理中扮演着重要的角色。

---

① 卓彩琴：《生态系统理论在社会工作领域的发展脉络及展望》，《江海学刊》2013 年第 4 期，第 113—119 页。
② 张和清：《农村社会工作》，北京：高等教育出版社，2014，第 96—100、121 页。
③ 张和清：《农村社会工作》，北京：高等教育出版社，2014，第 96—100、121 页。
④ 张和清：《农村社会工作》，北京：高等教育出版社，2014，第 96—100、121 页。
⑤ 张和清：《农村社会工作》，北京：高等教育出版社，2014，第 96—100、121 页。

政府在社会治理中居于主导地位，它能诉诸行政力量快速而有效地解决一些普遍性和结构性社会问题，从宏观制度和政策层面化解社会矛盾，提升民众福祉。① 村干部在角色与行为上的特征是村庄秩序的"守夜人"和村政中的"撞钟者"，具有双重性。② 但是，在农村治理中，村干部既不当家也不代理，缺乏服务意识。农村社会工作者可以对村干部及乡镇政府人员进行培训与指导，增强他们的服务意识，使他们吸收社会工作助人的价值理念，获得社会工作的专业知识与技巧。社区领袖是在农村中享有较高的名誉和声望、熟悉村庄历史、了解村庄基本情况、关心村级事务、热心参与村庄治理并受村民尊重和信任的人。他们通常也是农村中的精英群体，办事能力强、拥有较多的资源和一定资金、能够有效解决村庄的矛盾和纠纷，在村庄治理中扮演着重要的角色。一方面，针对村庄中已经存在的领袖及精英，社会工作者应该将他们热心公益的事迹通过大众传媒进行宣传，激励更多村民参与农村基层社会治理。另一方面，社会工作者应该通过观察和访谈发现有能力的村民，通过培养他们参与村庄治理的意识，培养他们成为社区领袖。因此，农村社会工作者应该培养社区领袖的参与意识，引导他们积极参与农村基层社会治理，贡献自己的力量。社会工作不仅在培养村庄管理者方面发挥作用，还可以利用自己"第三方"的优势链接资源，促进村庄的发展。

（二）充分整合社会资源，合理配置服务资源

在当前的新农村建设中，国家由从农村汲取资源转为支持农村发展，大量的资源将输入农村，③ 要在新型的治理机制中有效传递资源、提供社会服务、促进农村社区发展，就离不开一批具有扎根本土精神、拥有专业能力和专业技术的新社会组织。④ 社会工作在有效传递资源及提供服务方面发

---

① 何芸、卫小将：《社会治理携手社会工作：刚柔相济治理技术与艺术的生成》，《浙江工商大学学报》2016 年第 4 期，第 113—116 页。

② 吴毅：《双重边缘化：村干部角色与行为的类型学分析》，《管理世界》2002 年第 4 期，第 78—85、155—156 页。

③ 孙涉：《新农村建设中的农村基层社会治理创新》，《中共南京市委党校学报》2008 年第 4 期，第 32—36 页。

④ 徐永祥、侯利文、徐选国：《新社会组织：内涵、特征以及发展原则》，《学习与实践》2015 年第 4 期，第 78—87 页。

挥着协调的作用，农村社会工作者可以通过整合各方资源为农村提供需要的服务。农村社会工作者可以挖掘农村社区的内部资源，引导村民利用社区的内部资源满足自己的需求。不仅如此，农村社会工作者还可以链接社区外部的资源，促进村庄发展及村民能力的提高。一方面，农村社会工作者通过与政府合作，可以获得政府提供的资源，为村民提供服务。其中，工作者需要合理配置服务资源，按照服务需求重新分配服务资源，① 使村民可以享受政府的服务，保障自身利益。另一方面，社会工作者（机构）要与各类主体建立联系，动员力量、协调关系、促进服务。② 因此，农村社会工作者应该将社会上各种积极因素吸纳到服务体系中，如与外界的慈善基金会、社会组织对接，以开放的态度欢迎这些主体参与农村服务，开展多形式合作。③ 通过对资源的整合及合理利用，可以满足农民的需求，促进农村的发展。

（三）发挥村民主体作用，提高村民自治能力

目前我国农村存在的问题主要是依靠政府解决，不仅缺乏其他主体的参与，村民的参与性也不足。④ 居民自主意识的缺乏，导致基层治理中社区行动的参与不足，从而影响了基层自治的质量和效果，⑤ 社区工作应该使人理解其自身社会如何运作，以及人如何可以被影响和塑造，这样才能增强个人的自主性，使自身不单是适应社会的客体，还要作为一个主体去参与社会、改造社会，因为每一项行动都可以是一种参与。⑥ 因此，农村社会工作者应该积极动员农村社区居民，加强对村民自主意识的培养，鼓励他们积极参与到农村基层社会治理中，提高其参与公共事务的热情。一方面，

---

① 何雪松：《基层社区治理与社会工作的专业回应》，《浙江工商大学学报》2016 年第 4 期，第 109—112 页。

② 王思斌：《社会工作参与社会治理的特点及其贡献——对服务型治理的再理解》，《社会治理》2015 年第 4 期，第 49—57 页。

③ 苏志豪、李健龙、甘建文：《基于内生社会组织的农村社会治理主体创新——以广州市中新镇农村社会工作服务为例》，《安徽农业科学》2016 年第 4 期，第 231—234 页。

④ 徐选国、杨絮：《农村社区发展、社会工作介入与整合性治理——兼论我国农村社会工作的范式转向》，《华东理工大学》（社会科学版）2016 年第 4 期，第 8—17 页。

⑤ 席晓丽：《基层治理视角下的社会工作与公民意识培养》，《哈尔滨工业大学学报》（社会科学版）2015 年第 4 期，第 63—68 页。

⑥ 张和清：《农村社会工作》，北京：高等教育出版社，2014，第 96—100、121 页。

农村社会工作可以培育村民的参与意识，发挥他们的主体作用。由于政府的过度干预，村民参与基层治理的空间不足，村民的需求往往容易被工作人员忽视，产生无力感，导致他们对乡村事务的参与度不够。增权理论强调社会工作者通过具体行动改变服务对象的无力感，增强权能。[①] 另一方面，社会工作者可以促进村民自治组织的建立，作为村民组织与政府之间的桥梁，促进两者之间的沟通与交流。村民自治意识的培养以及村级自治组织的建立，可以提高村民的自治能力，充分发挥村民在基层社会治理中的主体作用。

（四）缓解矛盾纠纷，提升村庄凝聚力

随着社会转型期问题的出现，农村社会发生翻天覆地的变化。每个人都关心自己的利益，干群矛盾突出、村民之间关系疏远、冲突不断、邻里关系不和谐。农村社会工作者可以作为中介缓解干部与村民之间的矛盾，重建村庄合作互助氛围，提升村庄凝聚力。农村社会工作者在缓解干群矛盾时起着"减压阀"的作用。如图 4-2 所示，乡镇政府通过购买服务，邀请农村社会工作参与社会治理。村民可以将自己的需求以及对村级治理的不满反映给农村社会工作者，社会工作者不仅可以为村民提供服务、解决困境，还可以成为沟通村干部和村民的桥梁。社会工作者可以将村民的需求和不满反映给村干部，通过与村干部的合作解决村民的问题。与此同时，

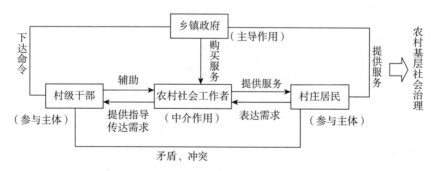

图 4-2　农村基层社会治理体系

---

① 聂玉梅、顾东辉：《增权理论在农村社会工作中的应用》，《理论探索》2011 年第 4 期，第 80—83 页。

农村社会工作者也承担着政策解读的作用，对即将推行的政策或村干部即将进行的工作对村民进行解释，获得村民的支持和理解。重新建构农村社区在社会治理中具有举足轻重的作用。重建村民的互动模式，能够增强村民之间的互助与合作；重建村民的责任感，能够提高村民建设和谐农村的使命感。农村社会工作者通过开展个案、小组、社区活动，在农村社区营造互助的氛围，提高村民的责任感，减少村民之间的冲突。

五 结论与讨论

目前，我国基层社会治理中出现的问题主要是由政府主导解决的，并取得了一定的成效。但是，由于在治理中对参与主体的忽略以及服务人员服务意识薄弱等原因，基层社会治理中存在的问题依然严峻。虽然我国已经有社会组织及机构介入农村社会工作，但大多数还是注重简单的物质层面工作，缺少对农村其他问题深层次的研究和介入。与国外机构参与农村社会工作相比，我国农村社会工作的发展较缺乏相关机构的支持及向纵深发展。[1] 传统的本土性社会工作在工作的过程中，往往忽略农村其他主体的参与意识和村庄居民的需求与不满，与农村社区中相关主体缺乏沟通，导致农村问题不能很好地解决。农村社会工作在参与基层社会治理时具有专业优势。一方面，农村社会工作者拥有利他主义的价值观以及助人自助的服务理念，拥有专业的工作方法与技巧，能够有效解决农村社会中出现的问题，发挥自己的功能。农村社会工作者可以深入农村地区，通过与当地村民沟通，了解当地村民的需求，从而使服务计划更具有针对性。另一方面，社会工作者能够协调多方资源。社会工作者通过政策性的服务或第三方介入的方式参与解决社会矛盾和冲突，通过多方沟通来协调政府、企业、社会部门与民众的关系，可以促进问题的良好解决。[2] 在基层社会治理中，在政府的主导下，农村社会工作者可以动员多方主体积极参与其中，并能够在社会治理中发挥关键作用。

---

① 王思斌：《社会治理结构的进化与社会工作的服务型治理》，《北京大学学报》（哲学社会科学版）2014年第6期，第30—37页。

② 张华、李小容：《试论我国农村社会工作的现状及其在新农村建设中的作用》，《西南农业大学学报》（社会科学版）2010年第4期，第88—91页。

但是目前农村社会工作的发展还比较缓慢。农村社会工作介入基层社会治理的路径依然是"机械嵌入"，因此，我们应该积极探索有效的介入途径，发挥农村社会工作的优势，使农村社会工作有效融入基层社会治理之中。第一，政府部门应该通过政策及资金支持促进农村社会工作的发展。第二，充分挖掘社会工作的优势，推进农村社会工作向纵深发展，将社会工作融入农村社会，利用专业优势发挥自己的作用。第三，社会工作介入农村社会时，不能是"脱嵌式"发展，应该融入当地社区发挥作用，改善"文化识盲"① 的现象，真正动员居民参与到社区治理中。

① 古学斌、张和清、杨锡聪：《专业限制与文化识盲：农村社会工作实践中的文化问题》，《社会学研究》2007 年第 6 期，第 161—179、244—245 页。

第五章　农村社会工作与精准扶贫

第一节　精准扶贫视角下农村社会工作的作用[*]

社会工作是一门新兴专业，涉及面广，而农村社会工作是社会工作的重要领域。近年来，农村社会工作非常关注贫困地区和贫困者，在农村社会工作者的支持下提供了众多的相关服务，积累了丰富的反贫困工作经验，推动着农村地区的可持续发展。精准扶贫一直强调"贵在精准、重在精准，成败之举在于精准"，[①] 而精准扶贫中的"精准"与"粗放"相对，强调用精细化的理念和方式进行扶贫。精准扶贫中的"准"指的是明确扶贫标准，瞄准贫困对象，提供有针对性的扶贫项目等。由此得出，精准扶贫的目的是反贫困，同时精准扶贫政策的制定和实施涉及农村地区的政策环境、发展状况等方面内容。精准扶贫工作与农村社会工作有很多契合点。[②] 文章是结合两者的相同点来展开的，将从以人为本的价值理念、去标签化的工作任务、反贫困中的精准扶贫模式和起到主要力量的多重服务角色这四个方面来阐述并认识精准扶贫，同时探索农村社会工作对精准扶贫起到的启示作用。

一　以人为本是扶贫工作的价值取向

农村社会工作强调以人为本的价值理念，以人为本只是农村社会工作价值观的一个理念，也是最基本的价值取向，价值观是社会工作的"灵

---

[*] 本节内容发表于《社会工作与管理》2017 年第 5 期，略有改动。

[①] 柳德新、周亚明：《扶贫开发　如何更精准》，《新湘评论》2015 年第 20 期。

[②] 潘帅：《新常态下我国精准扶贫工作机制研究》，博士学位论文，河北师范大学，2016。

魂",为农村社会工作指明了方向。① 而精准扶贫模式也坚持以人为本的工作理念,关注农民的需求,重视对农村贫困群体生存状态的了解,通过资金支持、教育培训等切实帮助解决农民最迫切的问题,以人为本思想贯穿扶贫工作整个过程。② 扶贫工作不仅帮助农民卸下思想包袱,调节其心态,还帮助提供技术指导、信息支持,提高农民的社会参与度。③ 为贫困者和贫困地区营造良好的社会环境也是扶贫工作的重点之一,动员尽可能多、范围更广的人参与到扶贫活动中来,起到完善扶贫社会关系网络和社会支持体系的作用。精准扶贫工作已不是政府单方面的行为,而是政府、贫困群体和整个社会的共同努力,贫困者由最初的被动接受帮助到主动参与扶贫工作,从传统的单纯救济式扶贫到"造血"式扶贫这一发展得益于扶贫工作以人为本的精神。④

精准扶贫工作的本质就是以人为本,为了体现它的价值,首先要接受平等、多元文化、人的潜能、参与权利、增权等原则,只有充分地理解了这些原则,才能更好地理解并运用以人为本的理念。⑤

(一) 以人为本构建平等关系

现实社会有很多不平等现象,有很多因素导致了此现象,包括性别、年龄、教育等,就是因为受到这些因素的影响,社会中的人总是把心中的农民形象与"知识缺乏""贫困落后"等联系到一起,僵化的思维造就了固有的认知,对农民有固有的刻板印象,实质体现了双方处于不平等状态,缺乏对农民的尊重,自我优越感扭曲了双方的平等关系。⑥ 以人为本则需要双方站在同一平等关系上来看待彼此,做出理性的认识,而不是闭上眼睛不看对方,就觉得对方是自己心目中的形象,这只会让自己陷入不良思维中,扶贫工作需要平等关系,只有平等的双方才会有共同的话语,才会达

---

① 张和清:《农村社会工作》,北京:高等教育出版社,2008,第118页。
② 李毅:《精准扶贫研究综述》,《昆明理工大学学报》(社会科学版) 2016年第4期。
③ 王国勇、邢溦:《我国精准扶贫工作机制问题探析》,《农村经济》2015年第9期。
④ 钟涨宝:《农村社会工作》,上海:复旦大学出版社,2011,第146—148页。
⑤ 张和清:《农村社会工作》,北京:高等教育出版社,2008,第119—122页。
⑥ 张和清:《农村社会工作》,北京:高等教育出版社,2008,第119页。

到扶贫的实际效果。① 倘若扶贫工作者站在高高的位置向下俯视受助者,给予同情与施舍,这只会让受助者感到不受尊重、被轻视等,不良情绪油然而生,造成心理和行为上的不接受,这样的扶贫工作是不可取的。

(二) 以人为本尊重多元文化

单一的价值标准已经在意识中根深蒂固了,人们会不同程度地排斥其他文化的存在,同时会限制多元文化的发展。② "贫穷"与"富裕"对立,"传统"与"科学"对立,这显然没有体现多元文化的价值。当文化出现"好"与"坏"二元的对立价值时,"贫穷""传统"就意味着低人一等,而"富裕""科学"就意味着高人一等。为了维护以人为本的价值观,必须消除这种不平等的关系,尊重并保护多元文化。③

(三) 以人为本注重强化个人潜能

在扶贫过程中,相信每个贫困居民都是独立的个体,都有尊重的价值,尽可能地激发他们的潜力,在激活他们的潜力之前需要给予支持或者机会。只有满足了他们的需求,才有信心和动力不断激励他们改变现状,在进步过程中体会到改变的力量,坚定信念,积极摆脱自身贫困处境。④

(四) 以人为本强调维护参与权利

贫困居民的平等体现在权利的平等上,特别是参与权利。参与能激发个人成长,提升意识,满足自身的需要等。扶贫工作需要向农村社会工作学习,号召贫困者积极参与扶贫工作,一起为自己量身定做扶贫计划与方案,按照"精准"两个字的标准来努力。贫困者参与精准扶贫工作有现实意义和作用,参与程度的高低直接决定了扶贫效果的大小,所以扶贫工作需要贫困者积极参与其中,实现权利的平等。⑤

(五) 以人为本突出增权能力

增权立足于贫困者的无力感和无权感,主要是协助贫困者重新获得或

---

① 虞崇胜、余扬:《提升可行能力:精准扶贫的政治哲学基础分析》,《行政论坛》2016年第1期,第22—25页。
② 张和清:《农村社会工作》,北京:高等教育出版社,2008,第120页。
③ 张和清:《农村社会工作》,北京:高等教育出版社,2008,第120—121页。
④ 陈成文、姚晓、廖欢:《社会工作:实施精准扶贫的推进器》,《社会工作》2016年第3期。
⑤ 顾东辉:《精准扶贫内涵与实务:社会工作视角的初步解读》,《社会工作》2016年第5期。

行使自己的权力。这一协助的过程需要扶贫工作者融入农村地区，与贫困者一起通过扶贫计划和方案来采取行动，提升贫困者的能力意识，消除无力感、无权感，达到增权的目的。[①] 增权的实质是赋予贫困者权力，缓解不平等现象，达到一定程度的平等。[②]

理解这五个原则后，便加深了对以人为本的理解与认识，正是以这五个原则为基础的以人为本才是完整的、全面的、科学的、实际的。以人为本理念注重每个人平等的权利，强调个人的参与权，赋予自身所弱化的权利，包容不同的合理的价值观念。[③] 以人为本是农村社会工作和精准扶贫工作所应坚持的价值理念。扶贫者与受助者是平等关系，这种关系要一直维持，就需要从实际出发，真诚友好地对待受助者，满足受助者的基本需求，建立良好的信任关系，让受助者信任扶贫工作和扶贫工作者，这一信任关系能帮助扶贫工作顺利进行。扶贫工作是一个复杂的过程，不是简单的扶持。例如，根据实际情况为贫困村修建通往外界的公路，或者根据当地教育现状为他们建立一所学校，这些基础设施扶持缓解了他们的贫困状况，但是还缺乏对他们的心理的扶持，只有自身想寻求改变并付诸行动，才能真正地有效脱贫。以人为本看重贫困居民的实际需求、自身能力建设等，是精准扶贫工作的本质。有了基本的价值理念后，精准扶贫工作才能顺利开展，前期最重要的任务就是要去标签化。

二　去标签化是精准扶贫工作的重要任务

标签理论认为许多人之所以成为"有问题的人"，是与周围环境中的社会成员对他及其行为的定义过程或标定过程密切相关。同时该理论指出社会工作的重要任务就是要通过一种重新定义或标定的过程来使那些原来被认为是有问题的人恢复成为"正常人"。[④] 农村贫困地区和贫困者往往打上"弱势群体""困难户"等烙印，农村社会工作的去标签化是精准扶贫工作

---

① 李迎生、徐向文：《社会工作助力精准扶贫：功能定位与实践探索》，《学海》2016 年第 4 期。

② 聂玉梅、顾东辉：《增权理论在农村社会工作中的应用》，《理论探索》2011 年第 3 期。

③ 罗广、冯秋珍：《用以人为本的思想推动社会工作发展》，《法制与社会》2007 年第 7 期。

④ 王思斌主编《社会工作概论》（第二版），北京：高等教育出版社，2006，第 323—325 页。

的重要任务，只有从认知和行为上去掉对他们的固定标签，改变思维定式，从赋权的角度去开展工作，才能得到农村地区群众的积极参与。农村社会工作的标签理论给扶贫工作带来启示，在开展扶贫工作时，首先，在对待精准扶贫对象时，要放下对贫困者的偏见，尊重贫困者，明确其行为选择权，理解其生活处境。其次，应该帮助贫困者正确认识自身的生活处境，正确对待贫困问题，不要给自己"贴标签"。再次，积极做好贫困者家庭、邻里等群体的引导工作，让与贫困者密切相关的群体意识到歧视的存在，帮助其消除思维偏见，营造良好的生活氛围。最后，积极鼓励引导贫困者融入社会这个大家庭，帮助他们自我认同，并得到他人的尊重。

（一）明确标签作用，摘掉负面标签

标签包括正面标签和负面标签，正面标签具有激励作用，负面标签具有消极导向。精准扶贫工作中去标签化指的是在对贫困者和贫困地区开展工作前，要摘掉负面标签，例如"弱势群体""弱势地区"，改变这种消极的思维定式，正确认识贫困者和贫困地区，不戴有色眼镜，先入为主。扶贫工作要顺利进行，去标签化是工作者首先应该重视的任务。精准扶贫的工作不是一蹴而就的，是要不断持续开展的。整个工作涉及地区范围广，涉及扶贫领域多，涉及贫困人口多，扶贫工作是中国的长期工作重点，而精准扶贫是"啃硬骨头、攻坚拔寨"的冲刺期，任务艰巨，目标明确，所以对整个社会来说，精准扶贫具有积极推动作用，不仅是贫困人口和贫困地区的福利，还是整个社会发展的福音。当然，在精准扶贫过程中，会有很多问题和困难存在。[1] 例如，扶贫对象识别不准，科学的动态管理缺乏，有些原来是贫困户，后经过创业脱贫，而没有及时推出贫困档案，有些原来不是贫困户，但是因病等原因致贫，而未及时进入贫困档案。[2] 在扶贫过程中要避免思维定式，不要以为贫困户一直就是贫困户，而是要实际走访，及时掌握信息。

（二）树立正确认知，关注心理状态

去标签化不仅强调修正思维，还强调树立正确的认知。农村社会工作

---

① 李石花：《关于精准扶贫实践困境的文献综述》，《现代国企研究》2016 年第 6 期。

② 段思佳：《新常态下的精准扶贫：困境与出路》，《合作经济与科技》2016 年第 12 期。

提倡认知行为理论，通过改变当事人思维、信念和行为方式来改变其不良认知。① 而认知理论是认知行为理论的另一个主要来源，艾利斯提到，人生来就具有理性和非理性思考的潜能。② 人的非理性思考带来的是消极的情绪，引发的是不良的适应力，贫困者难以适应所处的环境，甚至是带来不良的行为后果，积极地运用标签理论，能及时地把不良思想扼杀在摇篮里。帮助贫困者和贫困地区正视贫困现状，形成正确的认识，由积极的认知带动积极的行动，是扶贫工作要做好的准备工作，但是往往会被忽略，而精准扶贫看重贫困者的需求，提倡有针对性的扶贫，这是扶贫工作的进步。去标签化、树立正确认知是贫困者的需求之一，贫困者需要他人撕下"弱势群体"的印象标签，需要被尊重和被接纳。扶贫工作中提供政策支持和财政投入等只是一个方面，还要关注贫困者的心理层面，不然扶贫只能暂时缓解贫困者和贫困地区的经济、教育等状况。

（三）帮助激发潜能，推动助人自助

去标签化的背后是要给贫困者带来赋权和社会支持，在农村社会工作中赋权不管是被视作一种理论或专业实践，还是被当作一个服务目标或心理状态，它的最终目标都是激发个体的潜能。对待贫困者的时候，首先要相信他们的潜能，能看见他们的优势，例如他们拥有勤劳朴实、坚强的特征，展示出他们踏实苦干、不抱怨的精神。③ 其次要增强他们的权利感、能力感和自信心，贫困者也有自己的各项基本权利，扶贫中要帮助扶贫者增强自主、发展和参与的意识。最后要增强自我帮助的能力，扶贫涉及贫困者和贫困地区的众多方面，旨在全方位扶贫，让贫困地区经济、教育和卫生等领域都得到支持，从而使贫困者受益，使他们在获得扶贫帮助的过程中认识到脱贫的重要性，在社会的帮助下有自我脱贫的意识和行为，逐渐增强自我帮助的能力，这也是农村社会工作"助人自助"思想的体现。贫困地区和贫困者较缺乏社会支持，但是在扶贫工作和社会各界的支持下，完全有能力来完善自我的社会支持网络。首先，不能让贫困者自我否定，

---

① 陈彧：《标签理论对社会工作的启示》，《社会工作》2008年第1期。
② 何雪松：《社会工作理论》，上海：上海人民出版社，2007，第61—62页。
③ 〔英〕马尔科姆·派恩：《现代社会工作理论》，冯亚丽、叶鹏飞译，北京：中国人民大学出版社，2008，第312—316页。

给自己贴上"弱势群体"的标签，认为自己在社会中无收入、无社会地位，属于边缘人士。其次，科学地提供扶贫计划，为每户带来具体可行的脱贫方案，他们才有信心和动力积极参与到扶贫工作中来，才有勇气正视自己，与社会交流，形成良好社会交往方式，这一良好的氛围有利于构建多层次的现代社会关系支持网络，同时这一支持来源于身边的亲戚、朋友、同学等。最后，鼓励贫困者通过自身努力或从与他人的沟通互动中获取社会资源，自身的意识和行为的改变将给他们带来实质性的收获，最终由"弱"变"强"。① 这一过程较漫长，但是扶贫工作最终实现的目标。精准扶贫模式在扶贫工作目标实现过程中起积极推动作用，所以精准扶贫模式的完善具有现实意义。

三 精准扶贫模式是反贫困工作中的经验总结

农村社会工作涵盖的领域包括反贫困、能力建设、社会支持等。农村反贫困社会工作的发展是建立在中国农村反贫困策略变化发展的基础上的。新中国成立以来，农村反贫困历程经历了四个阶段，第一阶段是以传统的社会救济为主的农村扶贫，第二阶段是以体制改革推动经济增长来消除贫困，第三阶段是开发式扶贫，第四阶段是扶贫攻坚，现已进入扶贫攻坚阶段。②

精准扶贫实质是运用科学的方式进行反贫困，与农村反贫困社会工作有较多相似之处，所以农村反贫困社会工作能为精准扶贫模式带来启示，具体如下。

（一）从农村反贫困社会工作模式中学习科学方法

中国农村反贫困社会工作模式主要有两种，其一是政府主导型反贫困社会工作模式，其二是以资产为本的社区发展模式。而精准扶贫是现阶段政府大力倡导的模式，各省各地正运用此模式积极探索科学的管理方法和实施办法等，在扶贫过程中时刻以精准扶贫为导向。③ 精准扶贫

---

① 徐选国、杨絮：《农村社区发展、社会工作介入与整合性治理——兼论我国农村社会工作的范式转向》，《华东理工大学学报》（社会科学版）2016 年第 5 期。

② 钟涨宝：《农村社会工作》，上海：复旦大学出版社，2011，第 149 页。

③ 钟涨宝：《农村社会工作》，上海：复旦大学出版社，2011，第 148—149 页。

要学习以政府主导型反贫困社会工作模式中提倡的政策和思想上的扶持，光是政策放宽、实行优惠是不足以达到最好的扶贫效果的，只有把帮助扶贫对象树立脱贫信心的思想与行动结合起来才能把精准扶贫落到实处。① 以资产为本的社区发展模式注重关系网络的建立，即建立社区居民、社区组织之间及内部的关系网络。该模式的典型范例是农业合作社的发展。农业合作社在中国广大地区成功推广，得出的经验是以资产为本的社区发展模式立足于现有的资源来推动农村资源产业化，考虑的是贫困地区的发展，以农民本身的需求为指导，推动贫困居民自主组织的发展，使贫困地区和贫困人口自身成为反贫困的主体。② 而精准扶贫模式要学习该模式中的科学扶贫方法和管理办法，让精准扶贫工作更有针对性、更有效，同时要让扶贫对象自己成为反贫困的一员，积极摆脱贫困境况，真正实现助人自助。

（二）从农村反贫困社会工作策略中学会整合优势

根据不同的扶贫时期，中国制定了不同的扶贫策略，而中国的农村反贫困工作者的工作视角也随之转变。农村反贫困社会工作策略包括缺乏视角下农村反贫困和优势视角下的反贫困这两种策略。③ 缺乏视角往往只能暂时性地解决贫困地区贫困人口所面临的贫困问题，但是对于贫困地区的可持续帮助是很少的；而优势视角是从扶贫对象的优势、能力和资源出发的，不仅提供基础的服务，还使扶贫对象认识到自己是有优势、能力和资源的，认识到自己是有权利做选择和改变的。精准扶贫就是需要农村反贫困社会工作策略中的优势视角来激发扶贫对象的潜能，给予扶贫对象以未来的希望，通过扶持达到自我增能的效果。优势视角下的精准扶贫更具有针对性，能关注到贫困居民的实际才能与资源，帮助他们整合优势。当贫困居民能更好地认识自己、接纳自己、鼓励自己时，扶贫工作才能更好地开展，扶贫方案才切实可行，精准扶贫才能真正地让贫困地区可持续发展，精准扶

---

① 莫光辉：《精准扶贫：中国扶贫开发模式的内生变革与治理突破》，《中国特色社会主义研究》2016 年第 2 期。

② 钟涨宝：《农村社会工作》，上海：复旦大学出版社，2011，第 149—151 页。

③ 洪姗姗：《优势视角下的农村反贫困社会工作——以福建省厦门市为例》，《传承》2009 年第 10 期。

贫模式才会得到农村社会乃至整个社会的大力支持。[1]

（三）从农村反贫困社会工作中学会创造机会

反贫困的武器主要有福利制度和直接面对穷人的缓贫计划这两个方面，福利制度只是防止穷人更贫穷，而直接面对穷人的缓贫计划是为了消灭贫困，即反贫困。[2] 精准扶贫则是为了消灭贫困，达到可持续帮助，除了提供物质帮助外，还需为其提供机会。例如提供教育机会，提高贫困者的受教育程度，通过自身的努力改变贫困的境遇。农村反贫困社会工作中的教育扶贫是直接面对穷人提出的缓贫措施，教育的缺位、知识的贫乏导致了人们对于自身贫困的原因以及脱离贫困的途径缺少清楚的认识。[3] 教育扶贫提倡多层次、多形式的教育，它不仅包括义务教育、职业培训和高等教育等，还包括引导人们转变固有的僵化的思维观念。教育扶贫的宗旨是知识传递，从根本上改变农民传统思维模式，充分利用教育资源来丰富他们的头脑，增强他们的学习能力、理解能力、沟通能力等，从而帮助他们脱离贫困。教育扶贫是精准扶贫涉及的领域中最重要的扶贫工作，精准扶贫模式能帮助贫困学生有学上、有书读，改善他们的学习环境，同时激发他们用知识改变自己的命运，摆脱贫困的枷锁。[4]

反贫困领域中的精准扶贫模式对农村贫困地区和整个社会起到了积极的作用，全国各地都在大力实施精准扶贫，获得不少的成功经验，但是探索的道路是曲折的，还需要继续摸索正确的方式方法，为贫困地区和贫困者带来真正意义上的扶贫，达到可持续发展，同时还需要社会各界人士的共同努力。[5] 精准扶贫工作与农村反贫困社会工作的目标、要求等具有一致性，所以可以互相借鉴学习，精准扶贫模式能在农村反贫困社会工作模式基础上总结经验教训，促进该模式的完善。认识了精准扶贫模式后，需要明确扶贫工作者在扶贫中的角色，鼓励扶贫工作者勤用精准扶贫模式来推

---

[1] 李裕瑞、曹智、郑小玉、刘彦随：《我国实施精准扶贫的区域模式与可持续途径》，《中国科学院院刊》2016 年第 3 期。

[2] 王思斌主编《社会工作概论》（第二版），北京：高等教育出版社，2006，第 323—325 页。

[3] 王嘉毅、封清云、张金：《教育与精准扶贫精准脱贫》，《教育研究》2016 年第 7 期。

[4] 王玉思：《教育精准扶贫的综述研究》，《山西青年》2016 年第 17 期。

[5] 刘牧：《当代中国农村扶贫开发战略研究》，博士学位论文，吉林大学，2016。

动扶贫工作的发展。

四 服务型角色是扶贫开发中的主要力量

农村社会工作明确了农村社会工作者在服务中的角色,农村社会工作者的多重角色包括服务提供者、支持者、教育者、调控者、资源获取者和中间人等。① 而在精准扶贫工作中,扶贫工作者也扮演着至关重要的多重角色。

(一) 支持者

扶贫工作者是政策的支持者,精准扶贫政策需要落实在具体的工作中,而各级政府相关部门正扮演着这一角色。扶贫者不仅是政策的支持者,还是贫困居民的支持者。贫困居民所处的环境相对较艰苦,经济条件较落后,资源相对较匮乏,而政府相关部门可以根据当地的实际情况提供资金等扶持,给贫困居民和贫困地区以最大的支持帮助脱贫。

(二) 资源提供者

贫困者往往是缺乏资源的,扶贫工作者在开展扶贫工作过程中,需要做识别扶贫对象、明确扶贫类型等大量的工作来具体了解和分析贫困者所缺失的资源。前期的工作量大,只有明确认定了扶持对象,工作才能顺利进行,否则有悖于"精准"两字。政府各部门整合资源,为扶贫者尽可能地提供政策支持和相关资源,满足他们的需求。

(三) 宣传者

精准扶贫工作的对象是广大农村贫困户,当前农村地区和贫困者对精准扶贫有一定的了解,但是对精准扶贫的具体情况和工作了解不到位,对申请程序和要求了解不透彻、不全面。政府相关部门有责任和义务将精准扶贫政策传达到群众中,服务于群众,让更多的农村贫困居民了解精准扶贫政策的相关情况,结合自身现实情况申请帮助。②

(四) 执行人

乡镇干部是精准扶贫识别工作的执行人,他们担负着责任。乡镇干部

---

① 朱眉华、文军:《社会工作实务手册》,北京:社会科学文献出版社,2006,第31—33页。
② 罗凌:《关于精准扶贫的调查和思考》,《中国乡村发现》2014年第4期。

长期工作在一线，他们最了解村情、民情，与农民建立起深厚的感情，具有丰富的农村工作经验，乡镇干部能更好地执行精准扶贫识别工作。①

除了上述四个角色之外，政府还有政策制定者、政策落实者等角色。扶贫工作者要合理定位自己的角色，同时承担相应的责任。精准扶贫工作需要扶贫工作者的付出与努力，需要他们在精准扶贫中担任主要角色，带动社会中其他角色的行动。②

精准扶贫过程很艰难，但是前途是光明的，正是其复杂性和曲折性，决定了扶贫工作者角色的多重性。多重角色的最终落脚点是提供服务，所以扶贫工作者就是服务者，肩负着改善贫困地区和贫困者的贫困现状、激发贫困者自我意识和潜能、促进农村社会发展和社会进步等任务。不论是扮演哪一种或哪几种服务型角色，都意味着扶贫工作者在扶贫工作过程中起到主要的支持作用。

五 小结

当前各地都在大力推动精准扶贫工作的开展，精准扶贫是可以跨学科来认识的，通过精准扶贫视角看到了农村社会工作对精准扶贫的作用，围绕着"精准"两字分析后总结出精准扶贫与农村社会工作两者的相通之处，互相借鉴学习，达到互相促进的效果。精准扶贫正处于扶贫开发工作的攻坚阶段，也正处于积极探索的时期。通过专业角度去认识和剖析精准扶贫，才觉得精准扶贫离笔者不远，笔者能更好地运用专业知识和理论来理解精准扶贫的开展情况，关注国家动态，成为社会中的人。文章明确了以人为本是扶贫工作的价值取向，以人为本理念紧紧围绕整个扶贫过程，运用以人为本理念前要充分认识平等、多元文化、人的潜能、参与权利、增权等原则，注重准确把握贫困者的需求，帮助其进行能力建设；认识到去标签化是精准扶贫工作的重要任务，从思维和行为上消除负面影响，帮助贫困居民撕下"弱势群体"的标签，科学地为每户制订可行的扶贫计划，达到赋权和完善社会支持网络的目的；精准扶贫实质是在用科学的方法反贫困，通过对农村反

---

① 莫小峰：《完善精准识别工作机制　推进精准扶贫》，《广西经济》2015 年第 4 期。
② 莫光辉、凌晨：《政府职能转变视角下的精准扶贫绩效提升机制建构》，《党政研究》2016 年第 5 期。

贫困社会工作模式的学习，可以促进精准扶贫模式的完善，同时继续摸索正确的方式方法推动可持续发展；扶贫工作者具有多重服务型角色，包括支持者、资源提供者、宣传者和执行人等，在整个精准扶贫过程中担任主要角色、承担主要责任、起到主要力量，为"精准"付出了实践。

第二节　个别化原则在精准扶贫中的运用研究

一　引言

在精准扶贫攻坚战的浪潮推动下，农村贫困群体的需求日益显现并存在明显差异性。在借力"精准扶贫"政策解决农村贫困户的共同需求的同时，满足贫困地区贫困人口的个别化需求已成为当前扶贫的新难题和扶贫进程中不容忽视的挑战，而社会工作中个别化原则的运用则成为解决该实然之需的应然之举。2016 年，中国将"发展社会工作，助力扶贫济困"作为国际社工日的主题，借时代背景的契机倡导并推进社会工作专业介入精准扶贫领域，可见社会工作专业力量的重要价值。个别化原则不仅是应对精准扶贫过程中"精准"难题的关键之措，也是解决当前新挑战的创新之举。近年来，国家和各地政府纷纷出台了一系列关于支持"社会工作介入精准扶贫"的重要政策，希望将本土社会工作引入扶贫领域，使其特色的专业理念和专业技术被充分发挥到急需之域。而个别化原则在面对特殊的弱势群体开展服务时，往往具有较为准确的理念定位和服务举措，对开展贫困群体的服务具有极其重要的借鉴意义。个别化原则的运用对精准扶贫的影响和作用可见一斑，它不仅是中国扶贫中的一大特色和亮点，也是实现以本土社会工作专业理念解决中国本土社会的实际所需的重要助力。

截至目前，国内学者关于个别化原则运用于精准扶贫的具体研究仍较为鲜有，专门针对这方面内容提出较为丰富的相关论述或进行讨论的也并不多见。李迎生、徐向文提到精准扶贫实践中应该注重个别化、差别化的运用，这也是与倡导的"六个精准"理念不谋而合。[①] 邓小海提出了要做到

---

① 李迎生、徐向文：《社会工作助力精准扶贫：功能定位与实践探索》，《学海》2016 年第 4 期，第 114—123 页。

"因村施策、因户施策、因人施策"和确保"一村一策,一户一法"。① 有鉴于此,笔者在陕西省商洛市 F 村的调研经历,就个别化原则在精准扶贫中的运用做相关阐述。

二 个别化原则的内涵

(一) 个别化原则的含义

个别化,是社会工作领域中常被提及且较为常用的专业术语,尤其是在特殊群体服务方面,个别化原则的运用更为常态化,其存在价值不言而喻。个别化原则强调尊重人的价值和独特性,它不仅是社会工作价值观里的重要元素,同时也是社会工作者在服务过程中要坚持的必不可少的价值理念和价值准则,在理论和实务中负有不可替代的作用。

关于个别化,比斯泰克就曾提出自己的见解,他认为每个案主都有自己独特的性质和不同的特点,而这些独特的存在具有一定的价值,他们都应该被尊重、了解和认同,根据每个案主的不同特点运用不同的方法或原则进行介入,从而使案主能够得到较好的适应和发展。② 许莉娅在《个案工作》中提到,个别化原则就是将案主看成独特的个人,重视案主对待困难和问题的个人感受与看法。③ 王思斌在《社会工作概论》中认为:"个别化是一种分别逐一对待的方法。它体现了传统的社会工作价值,把每一个人看作唯一的、不同的实体,应该受到不同的对待,个别化体现了对个人的尊重。"④ 李同认为"个别化是建立在人类都有权利做'个人',不只是一个人,而是有不同特点的个人",每个人都有其独特性特点,也都有问题的特殊性,因此在服务过程中需要考虑个体面临的特殊背景和情景。⑤

个别化原则强调每个人都是独立的个体,不同的个体都有不同的需求,其在运用过程中必然要考虑到个体的特殊性。换言之,个体之间各有所异,

---

① 邓小海:《减贫摘帽 同步小康——贵州十个国家扶贫工作重点县减贫研究》,贵阳:贵州大学出版社,2017,第 89—90 页。

② 〔美〕比斯泰克:《社会个案工作的专业关系》,王仁雄译,台湾向上儿童福利基金会发行,圣城印刷厂,1979。

③ 许莉娅:《个案工作》(第二版),北京:高等教育出版社,2013。

④ 王思斌主编《社会工作概论》,北京:高等教育出版社,2003。

⑤ 李同:《本土社会工作实务中个别化原则的思考》,《社会工作》2010 年第 22 期,第 6—9 页。

各有所需。个别化原则不仅需要尊重个体差异性，还要适应差异，并在接受差异的基础上，各有所施。

（二）个别化原则的特点

第一，内容灵活性。个别化不是一种较为固定或单一的模式，具体来说，它具有灵活多样的特点，其所实施的举措因人而异、因环境而变，尤其是在面临互有差异的服务群体时，其灵活多样的特点尤为凸显，力求找到最佳切入点和介入手段。它是一种操守理念，但其内涵丰富性和外展性决定了它不是一种较为死板的固化方法。相反，不同的个体所接受到的个别化服务可能都各有所差也互有所别，比如扶贫过程中采用的"合作社"培育扶贫、"产业基地"扶贫和"直接输送型"物资扶贫等，无一不体现了个别化的扶贫方式。

第二，方法科学性。个别化不是简单的灌输和操作，它必须建立在案主的心理需求基础上去探索并裁定最优的介入手段和模式。在实施的前提下，它需要结合社会工作实务的通用过程去发现、预估并全面分析问题，从而设定方案，最后进行分析、总结和评估工作。它可以通过对焦、同理心、自我披露、主动倾听[1]等技术巧妙地建立与案主之间恰当友好的专业关系，其"助人自助、自助助人"的专业理念更深一步地为其自身的科学有效服务奠定了优势之力。如针对"重点关爱户"群体，社会工作者专业的精神扶持技术方法比非专业人员的精神介入更显科学多样和深入有效，更容易通过共情[2]打开服务对象的心扉。遇到尤为特殊的情况时，社会工作者需对服务对象进行及时转介，以通过他方介入来达到服务的预期目标和最佳效果，真正解决服务对象的问题。

第三，对象独特性。个别化针对的对象并不仅仅是单纯的个体或个人，[3]它所服务的往往是群体中有较为明显差异，需要单独介入的对象（可能是个人也可能是家庭），他们存在不同特征和不同本质，其外显特点可能

---

[1]　许莉娅：《个案工作》，北京：高等教育出版社，2004。
[2]　刘聪慧、王永梅、俞国良、王拥军：《共情的相关理论评述及动态模型探新》，《心理科学进展》2009 年第 5 期，第 964—972 页。
[3]　李同：《本土社会工作实务中个别化原则的思考》，《社会工作》2010 年第 22 期，第 6—9 页。

差别不大，但内在本质往往存在相当大的区别，抑或两者都存在明显差异。比斯泰克在对人的心理需求划分时提到案主"需要被视为独特的人，而非一个个案、一种类型或某类人"。[①] 个别化原则实施的服务对象都是独一无二的，这些对象不是另类群体或"奇葩"个体，他们都有存在价值与被尊重的资格和需求。

三　个别化原则对精准扶贫的意义

（一）个别化原则是适应新形势下政策取向的必然选择

习近平总书记在贵州考察时提出的"六个精准"中也谈到了要坚持"措施到户精准"。《中共中央、国务院关于打赢脱贫攻坚战的决定》（中发〔2015〕34 号）中明确提出了要"实施社会工作专业人才服务贫困地区计划",[②] 可见社会工作介入精准扶贫是社会发展使然，环境催生专业发展，专业促进社会维稳。而个别化原则是社会工作内生产物，在推动社会工作服务的过程中，实行个别化原则必然不可或缺。2017 年 6 月 27 日，民政部、财政部、国务院扶贫办联合印发《关于支持社会工作专业力量参与脱贫攻坚的指导意见》（下称《意见》）。从三部门联合发文的举措来看，社会工作专业力量介入精准扶贫的作用越来越得到重视和肯定，这也为个别化扶贫开启了政策大门；《意见》中明确提出"社会工作专业人才是为贫困群众提供心理疏导、精神关爱、关系调适、能力提升等社会服务的新兴力量"，同时也要求做到"坚持以人为本、精准服务，科学评估贫困群众服务需求，分类制定个性化扶贫方案，开展有针对性的个案服务，助力精准扶贫、精准脱贫"。[③] 而社会工作助人自助的价值理念和个别化原则与政策明文提倡的"以人为本，精准服务"等服务宗旨更是不谋而合。

在扶贫攻坚战中，依托国家扶持的贫困人口，其所需的物质资源得到了充分保障，为使贫困户的收入水平到贫困线以上，国家和政府投入了大

---

① 许莉娅：《个案工作》（第二版），北京：高等教育出版社，2013。
② 《中共中央、国务院关于打赢脱贫攻坚战的决定》，《老区建设》2015 年第 23 期，第 28—39 页。
③ 《中共中央、国务院关于打赢脱贫攻坚战的决定》，《老区建设》2015 年第 23 期，第 28—39 页。

量的专项扶持资金，采取了一系列扶贫政策措施。随着物质扶持力度的不断加大，愈发显现精神扶持不可或缺，而扶贫过程中出现的一系列现象和问题，也给个别化的介入开启了大门。个别化不仅迎合了政策需求和政策取向，同时也成为政策执行的重要方向舵。

（二）个别化原则是促进贫困人口自我增能的关键因素

精准扶贫政策主要针对的是贫困地区的贫困人口，符合贫困户标准或必备条件之一的是必须在贫困线以下，且一般存在"因贫"、"因残"或"因学"等特殊原因，所以这些被评上"贫困户"的群体大多存在老弱病残、无劳动能力或无经济来源等特征，但其需求和心理诉求并不尽相同。政府一直强调当前扶贫不仅要"扶智"还要"扶志"，但目前仍有不少贫困人口存在根深蒂固的"等、靠、要"思想，在自我增能方面略有不足甚至无视，以至于出现了所谓的"精神贫困"和"代际贫困"现象。而个别化原则在操作过程中必然会动用社会工作专业理念和其他专业技术，与专业方法相结合的举措对破除"等、靠、要"思想起到至关重要的作用。

利用优势视角让贫困群体在面临"物质贫困"的同时充盈"精神财富"，接受前期专业培训的社会工作者可通过发掘贫困群体自身的潜能和优势（比如，有些贫困对象拥有种植培育、养殖技术、工艺制作才能或其他技能），根据综合分析个人需求特点和实际情况来进行专业技术的介入选择，让贫困群体主动发现自身的能力和价值，并以其作为脱贫致富的突破口。马斯洛需求层次理论分析了每个个体是存在"生理需求、安全需求、社交需求、尊重需求和自我实现需求"五大需求的，[①] 而决定个体产生何种需求往往与其所处的环境和条件有关。针对不同的贫困对象，其所处的经济地位和生活能力可能会决定其想要获得何种需求，社会工作者必须在服务前充分了解每个受助者所处的真实环境和面临的真实困难，从而准确地界定和把握受助者的真实想法和内心需求。在坚持个别化原则的前提下采

---

① Wang'Eri T W, Tumuti S, Mugambi D K, et al. , "Extent to Which the African Men are Able to Meet Physiological, Safety, Belongingness, Esteem and Self Actualization Needs for themselves and Family in Daadab Refugee Camp, Garrisa County, Kenya." *Global Journals Human - Social Science Research* 14（2014）.

用个别化服务技术，充分调动社区资源真正做到为服务对象"赋权"，从而使贫困对象真正从精神上脱贫、行动上增能，促进自我发展。

（三）个别化原则是建构基层社会和谐稳定的重要手段

历史无数次证明，任何政治和社会想要获得良性发展无疑必须建立在人民利益之上，且我国是一个农业大国，尤为不能忽略农民群体的利益诉求。精准扶贫政策施行后，不少地区却出现了"真贫困被忽略"现象，笔者在 F 村进行问卷和访谈中也发现，仍有部分贫困家庭未受到扶贫政策的帮助，这些群体大多居住在高山或深山之林，常年不愿下山与人打交道或对政策一无所知。那些收入并不充裕且生活水平在贫困线之上一点点的临界贫困户出现的不满情绪最为严重，即所谓的"重点关爱户"。从村干部和村民口中得知，该村重点关爱户群体以精神慰藉和精神支持为主，但事实发现，只有精神慰藉和精神扶持并不能消减他们的抵触和不满情绪。或者说，驻村扶贫帮扶队和村干部对临界贫困户的关怀程度不够抑或关怀举措并不为这类群体所接纳，因此，干群关系疏远或干群矛盾的产生也就能够被理解了。

社会工作在人文关怀方面有不可替代的先天优势，个别化原则是社会工作实践中必不可少的价值理念。无论是个案工作的进行还是小组工作的实施，都不可避免地要坚持个别化原则：通过宏观视角去分析扶贫对象或与扶贫对象相关的环境和人，瞄准发展方向；通过微观角度去评估不同的服务对象或个体，力求精准定位。一个社会是由众多社会群体组成的，想要建立维稳的社会秩序必然离不开与社会群体的互动联系，而良好的干群关系是促进基层治理稳定和阶层社会和谐的重要抓手；个别化原则旨在坚持以人为本为核心，灵活运用个别化原则建构稳定的基层秩序亦是治理进程中的创新手段。

四　个别化原则在精准扶贫中的具体运用

个别化原则贯穿于精准识别、精准帮扶、精准管理、精准考核四个阶段的始终，其专业理念的深入运用和助力使其价值在这四个阶段中可被充分活用，个别化的具体运用主要体现在以下几个方面。

（一）精准识别阶段：个别化导向界定"真贫"需求

扶贫现状仍存在"普惠式"扶贫方式，[1] 遗漏贫困户的问题也时有出现，其导致扶贫低效且易造成扶贫初始轨道偏离，产生"错扶"贫困对象现象，亦违背了"扶真贫""真扶贫"的初衷，使"扶真贫""真扶贫"变成"扶假贫""扶错贫"。第一，个别化注入对象识别。[2] 要真正做到"对象精准"，必然离不开多维识别，而个别化原则的注入正是弥补多维视角的有效之措，个别化原则注重特殊性，谨防"一锅煮"解决识别工作。通过个别化原则的运用，实地探寻贫困人口真实生活现状，识别绝对贫困人口和相对贫困人口，认清特殊群体和弱势群体，从而识别真正贫困对象，防止"被脱靶"现象的产生。[3] 通过走访得知，F村在识别贫困户阶段，采用实地走访入户调查且通过个别调查和多方审核决策，以"70%的党员、村委会干部、驻村帮扶干部、小组组长和30%的村民代表"的民主形式确认贫困户人选。对村庄群体进行贫困户、重点关爱户、勤劳致富户、脱贫光荣户等的划分，真正实现群体多类，从而有针对性地选择扶贫措施。但贫困具有不稳定性和动态性，而贫困户的认定和建档立卡具有周期性，[4] 所以个别化原则的动态灵活跟进，有助于准确识别认定贫困户和非贫困户，及时关注弱势群体和贫困群体。第二，个别化深化程度识别。村庄人口的贫困程度和致贫原因都需要通过多种指标衡量，利用个别化原则，通过专业人员的介入调查，准确分析是同类致贫原因群体抑或是特殊原因致贫群体，进行准确定位，针对程度和类别"对症下药"，从而做好泛化措施和个别化服务。第三，个别化助力需求识别。贫困户存在普遍需求和特殊需求，而目前的扶贫政策大多以区域扶贫视角进行介入以达到整体脱贫目标，但贫困户特殊需求的满足仍是扶贫过程中较为棘手的问题，所以，特殊群体的

① 王尧：《基于精准扶贫视角的图书馆文化扶贫精准识别研究》，《图书馆工作与研究》2016年第5期，第38—42页。

② 崔赢一：《精准扶贫背景下的基层政府瞄准识别机制研究》，硕士学位论文，郑州大学，2016。

③ 赵和楠、侯石安、祁毓：《民族地区"精准扶贫"的实施难点与改进建议——基于四省民族贫困区的调查》，《学习与实践》2017年第2期，第51—60页。

④ 崔赢一：《精准扶贫背景下的基层政府瞄准识别机制研究》，硕士学位论文，郑州大学，2016。

特殊需求成为个别化原则实施的重要方向。个别化原则以特殊需求为导向，力求衡量和深挖贫困户的真问题和真需求，对于"临界贫困户"更需进一步了解和衡量，通过有效的个别指导，介入个别需求的领域，实施个别化手段，真正解决个别群体的特殊需求。

（二）精准帮扶阶段：个别化方式活化扶贫举措

如果说贫困人口的识别程序是"寻求支点的天平器"，那么精准帮扶的实施过程面临的多是"难啃的硬骨头"，[①] 对于这些贫困群体的物质、精神、文化等方面的扶贫方式仍需不断探索磨合。第一，个别化丰富扶贫手段和资源。扶贫要尊重对象的个体差异性，不应当使用统一的扶贫方法和标准，而应结合当地实际实施多元发展，并丰富可利用资源的外展性和持续性。我们在 F 村发现，扶贫举措多种多样，其施行的扶贫方式不仅有"养殖类合作社"、"产业扶贫"和"旅游脱贫"，还有"包村包户"和"三带四联"等。可以说，每一项措施都是以扶贫资源为载体，以精准脱贫为目标，这些共同的扶贫措施主要站在整个贫困村或贫困县甚至贫困地区整体脱贫角度来进行把控。

> 案例 1：朱某，男，43 岁，贫困户。收入来源主要是依靠 15 亩烤烟地的经济收入。从朱某口中得知，F 村成立了烤烟合作社和开辟了烤烟基地，村里的许多人就是靠着种植烤烟发家致富的，村委会也鼓励贫困户加入种植烤烟行列，同时为农户们联系了长期合作的烟草收购公司。由于地形崎岖、山路蜿蜒，山上又有成片种植烤烟的农户，烟草收购公司为顺利收购烟草进行了道路硬化，极大便利了农户们的出行。"如果有人家忙不过来烤烟活儿，村民们就可以去帮忙打烤烟，做临时工，一天也赚个百来块钱。"

F 村将具有烤烟种植经验与具有劳动力和劳动地的群体结合到一起，开辟烤烟合作社和烤烟基地，对外链接烟草收购公司资源，开拓销售渠道，解决后续销售困难，从而造福种植烤烟的农户和其他农户，真正做到定向

---

① 姜云茂、覃志立：《当前我国精准扶贫的实践困境及其破解》，《经贸实践》2017 年第 16 期。

施策、靶向施力，在共同困境中解决大方向难题。第二，个别化贴近真实诉求。精准扶贫不仅涵盖对象精准也包含措施精准，而脱贫目标力求达到不漏掉一个贫困者，不让一个贫困户掉队，这就要求在扶贫过程中要注重个别化原则，实现精准施力，在扶贫进程中瞄准并消灭个别难题。把握矛盾普遍性与特殊性的关系，充分考虑到贫困人口在性别、年龄、职业、社会地位、政治信仰、宗教、生理机制和残疾状况等方面不同的价值观念，同时也要考虑到不同个人、不同家庭、不同村庄的脱贫需求，对症下药、投其所需。

> 案例2：陈某，女，49岁，F村人，低保户，丈夫患有脑梗7年瘫痪在床，儿子患有先天心脏病，家中土地6亩，房屋倒塌，目前借住在姐姐山上的老房子里。据陈某口述，在医治儿子的先天心脏病过程中，村委会给了大力支持，不仅将募集到的7000元筹款全部送到自己手中，还通过与省红十字会联系，解决了大部分的医疗费用，为其申请了低保户，并通过各种不定期的探望和资金扶持进行帮扶，儿子在康复后也享受了免费义务教育政策和"两免一补"的政策照顾。陈某表示由于自己还年轻，想要通过自力更生解决生存之道，在与扶贫工作小组和村委会的商量下，自己主动提出了想要通过养殖脱贫，村委会就给了她6头猪并提供了1500元的饲料，陈某表示政策措施正合自己的需求。

通过该案例可以看出，准确把握贫困户的需求，以个别化原则助力扶贫，通过"因类施策"手段，规避"走形式化"作风，以"走心"的扶贫形式进行精准施策，在精准了解贫困人口需求的基础上采取有效的针对性服务，可以广泛调动个人和家庭积极参与，充分挖掘个人和家庭的脱贫致富潜能。第三，个别化深化"精神扶贫"。个别化帮扶的意义不仅仅是在于帮扶贫困人口获得多少物质和资源，也不只是单纯地短暂缓解其贫困压力，更重要的是在整个帮扶过程中调动了多少贫困人口参与扶贫的主观能动性，而调动人的主观能动性就不可避免地要坚持个别化原则。精准扶贫政策的实施确实解决了不少贫困人口的物质需求问题，在国家和政府大力投入资金和扶持下，贫困人口的生活受益有目共睹，但"精神贫困"方面仍需进一步解决，在了解扶贫政策对村民的影响时，笔者从村民口中也发现了一些问题。

> 案例3：村民方某说道："没有房的给你盖房，生病的给你治病，搞产业的给你扶持产业，有上学的给你免费义务教育，需要贷款的给你免息政策。整个帮扶过程中，所有的政策和物质扶持都倾斜到了贫困户手中。但如果只是单纯地通过物质扶贫，而没有在'扶志'方面加以引导和教育，有时候反倒容易引起贫困户的不良心态，加剧贫困人口的贫困程度，他们就会产生自己越穷得到的资源就越多的不端想法。"

精准扶贫政策助力脱贫的正面影响不言而喻，但部分贫困人口却滋生了非理性信念，认为越穷越能得到资源，反而不利于自主脱贫。在这种局势下，尤其是到了扶贫攻坚的决战期，"精神扶贫"成为最为关键的实施之域，培养贫困人口敢于脱贫和自主脱贫的能力势在必行。只有开对"药方子"，才能拔掉"穷根子"。[①] 从另一个角度而言，个别化可以通过将贫困人口脱贫的内在动力和潜能激发出来，使其真正做到扶能力、扶决心、扶动力。而面对那些"三留守"贫困户，尤其是心理较为脆弱或敏感的群体，可以进行个别互动和情感介入，采用恰当的心理社会治疗模式，调动社区有效资源，包括教育资源、志愿者资源等，通过建立健全多方联结机制，[②]确保其生理和心理健康得到有效保障，从而使其恢复对生活的信心和发展社会互动能力。

（三）精准管理阶段：个别化追踪助力管理机制

要使管理机制始终保持精准高效和常态化运作，需要保持不间断的走访和调查，与贫困地区和贫困家庭建立长期的联系机制。第一，个别化促建长效机制。个别化除了关注贫困人口的特殊性和价值性，其在追踪贫困人口动态发展中发挥着重要效用。

---

① 董峻、安蓓：《开对"药方子"拔掉"穷根子"〈"十三五"脱贫攻坚规划〉6大亮点》，《农民文摘》2017年第1期，第10—11页。
② 孟志华、李晓冬：《精准扶贫绩效的第三方评估：理论溯源、作用机理与优化路径》，《当代经济管理》2018年第3期，第1—14页。

　　在 F 村的实地走访中，居住在偏远高山上的贫困户陈某表示，自己虽成为贫困户，却难以与村委会保持长期有效联系，一来居住地在山上，村干部上山不易，二来自己也不常下山且家里通信设备信号不好，再者自身文化水平受限，无法及时关注政策动向或了解政策之意，不能建立有效常态化交流机制。

部分贫困户不愿下山或搬迁而选择久居山上的原因需要社会工作者深入了解，并与村干部或驻村帮扶干部共同做好贫困户搬迁事宜，链接科技资源和信息化手段，疏通、完善村庄信息服务交流，进行较为精准的电子立档并有效跟进，为未来村庄管理顺畅做足准备，社会工作者要充分发挥专业优势，接纳和鼓励这类贫困户群体，实施个案服务，真正深入贫困户的真实生活中，同时扮演好政策咨询者角色，及时为贫困户提供相关政策建议。在坚持个别化原则的基础上，分类统计位处偏远之地的贫困户的生活状态和对政策的知晓度，并将其列为重点关注对象，必要时将基层干部与偏远之地的贫困户召集在一起，进行有效的专业指导，让贫困群体以新的视野审视与基层扶贫干部之间的关系，从而构建与贫困群体之间融洽长效的沟通机制，以最佳契合点协助他们之间达成共识，建成稳定的常态化交流机制。第二，个别化调和干群关系。驻村帮扶干部、基层干部和贫困人口需要保持长期稳定的互动关系，但笔者在访谈中也发现了少数贫困人口在争取"贫困户"名额中大打出手甚至多次上访，与村干部形成敌对关系。

　　F 村的村干部朱某谈道："在退出考核工作中，哪家贫困户达到了脱贫标准，我们就会取消其贫困户资格，但取消贫困户资格的做法总会引起农户的不满，因为谁都不愿意脱贫，他们觉得只要脱贫了自己就一无所有了。尽管我们和农户解释了脱贫之后仍有政策照顾，他们也不愿意接受，就会骂我们做事不公平不公正。"

根据《关于支持社会工作专业力量参与脱贫攻坚的指导意见》中的指示，强化与社会工作服务机构的"牵手计划"，社会工作者及时了解易地搬迁工程的相关事宜并做好有效对接，同时强化对特殊群体的心理疏导和心理支持，调动他们的社会功能。① 针对基层干部和扶贫工作人员，社会工作者充分链接社区和社会资源，扮演监督者和服务者角色，严厉禁止在扶贫工作中出现吃拿卡要、贪污腐化现象。② 加大监督力度，防范基层出现"懒政"之风，并通过专业视角分析干群之间的融合点和交际点，推进干群之间的关系正向化发展。第三，个别化解决"权利贫困"。"阿马蒂亚·森认为权利贫困是能力贫困产生的根本原因，权利贫困指人在社会结构中所具有权利关系的缺乏或不平等。"③

　　在走访中，村民杨某告诉我们，贫困户事宜有很大部分村民没有发声的机会，会议往往周旋在村干部和贫困户之间，相关消息村民们有时也无从得知。杨某表示自己曾认为贫困户评选有失偏颇并提出意见却遭到了孤立，"谁得罪了干部，谁没有好果子吃"，由于自己也不懂得政策要求，吃了一次亏就再也不敢提什么意见了，以至于杨某一直认为扶贫没有公平之言。

扶贫需要"扶真贫"，但也需要做好村民的相关工作和贫困户的环境资源协调，才能达到扶贫之举得民心。解决精准扶贫难题的关键路径在于"如何扶"，如何在坚持个别化原则的基础上，做到"精扶到位"和"精准到人"。扶贫过程往往忽视贫困户乃至底层村民的主体地位，通过对贫困户和底层群体增能赋权的干预，④ 让他们发声，倾听他们的意见是对扶贫工作的鞭策和鼓劲，只有"群众说好，才是真的好"，如果只是"干部干，群众看"，⑤ 扶贫效果必然不尽如人意。解决最根本的问题是建牢富强民主文明

---

① 《关于支持社会工作专业力量参与脱贫攻坚的指导意见》，中华人民共和国民政部，http://www. mca. gov. cn/article/yw/shgzyzyfw/fgwj/201708/20170800005496. shtml，最后访问时间：2017 年 8 月 18 日。

② 刘博：《精准扶贫中帮扶类别精细化探析》，《兵团党校学报》2016 年第 4 期，第 41—45 页。

③ 王怡、段凯：《阿马蒂亚·森经济学思想对西部精准脱贫的启示》，《商洛学院学报》2017 年第 5 期，第 91—96 页。

④ 王卓、刘海燕：《社会工作与精准扶贫——老村个案工作的行动研究》，《天府新论》2016 年第 6 期，第 16—23 页。

⑤ 陈文：《主体缺位成为新农村建设的关键障碍》，《中国党政干部论坛》2008 年第 5 期，第 48—49 页。

和谐社会的根基。扶贫真正意义上是希望借政策之力促贫困人口自力更生的脱贫能力，这里谈及的个别化原则主要是希望扶贫主体能够重视底层群体的呼声，视贫困人口的实际所需发挥实际之力，这才是扶贫真正意义上的实现路径之一。

（四）精准考核阶段：个别化反馈创新评估体系

精准考核和评估是验收扶贫效果的重要依据，但当前的考核标准仍表现为单一化、"机械化"。衡量贫困户是否脱贫应该涉及多元视角，在考核量化指标的基础上关注质量指标的合理性。第一，个别化原则打破常规考核。"脱贫攻坚"时间紧迫、难度巨大，贫困人口数量的减少成为考核扶贫绩效的重要指标，但不免在偏远贫困地区会出现"被脱贫"现象。

> F村的李某谈到贫困户的脱贫退出机制主要是通过计算"脱贫明白卡"上的扶贫资金和资源，贫困户家里的粮食作物、家畜及工资收入等加起来达到3015元就算脱贫。但这个脱贫过程往往让村民们无法接受，对于有精神问题、丧失劳动能力的贫困户而言，还无法形成自主脱贫的能力。

而如此"简单的机械化相加"标准不能彻底达到真正脱贫的核心要义。所以，需坚持个别化的独特视角，改变GDP至上思维，[①] 有效监督扶贫干部将扶贫工作落到实处，正视失调性困境，改变"急脱贫"之风，杜绝干部因绩效压力而不切实际地做出浮夸脱贫的情况。以个别化视角关注贫困人口的脱贫能力和内生动力，使精准考核阶段的评估过程充满人性化和真实化，让评估主体不仅仅只有村委会或扶贫干部，评估行动不拘泥于政府或基层工作人员单方面的行政介入，而是需要调动村民和贫困户等群体参与到他评和自我评估当中，让整个评估程序具有说服力和可靠性，科学的评估流程加之专业社会工作的实务过程，精细化评估工作，促使脱贫成效具有可检验性。第二，个别化注重多维评估。2016年2月，中共中央办公厅、国务院办公厅印发的《省级党委和政府扶贫开发工作成效考核办法》中提及要在2016～2020年每年对精准扶贫工作成效进行一次第三方

---

① 文亦武：《精准考核助力精准扶贫》，《中国纪检监察报》2015年10月1日。

评估。① 精准扶贫落实到人，个别化原则是社会工作的一部分，其运用可以发挥社会工作专业的比较优势，从而对评估工作起到互补作用，通过对问题的精准定位和多维分析，使个别化原则介入可及之域深化评估路径选择，以专业理念突破理论之层，借专业实践打破"同体评估"再到提倡"异体评估"② 直到"多方评估"。有效拓宽评估内容，从资源评估、对象评估、服务主体评估和环境评估等一系列多元空间进行核查。第三，个别化筑构科学反馈机制。项目执行效果的精确评估仍是当前国际国内精准脱贫的最大难题，其不仅要彰显评估机制的科学性，还有较强的操作性、稳定性和持续性。③ 评估结果的科学性、有效性和真实性，必然不能离开重要的反馈机制，而个别化原则的"接地气"性可以深入真实贫困人口的生活领域，将真实情况还原于考核项目之中，在反馈过程中弥补贫困人口的结构性资源短缺问题。通过联合社会工作机构和管理机构，探索形成一套较为适合当地的反馈机制，虽"建档立卡"起到记录、反馈作用，但"统一立档"之人往往是村干部等基层干部，难免出现谎报、虚报数据等问题。针对这种情况，可逐渐引入信息检测化和实时动态化行动，④ 厘清个别问题和后果，对于贫困户家庭真实情况做相关电子信息追踪，进行不定期抽检和走访，通过直接介入与间接介入相结合，既关注贫困户的生存动向也观察其周围的环境资源流向，记录贫困家庭的真实变化和发展，形成系统完备的跟踪记录，以全方位反馈为瞄准方向，以便随时管控。

五　结论与建议

精准扶贫过程中如何动用社会力量和发挥专业优势是实现精准脱贫的重要着力点，当前的扶贫政策和扶贫措施更多的是以宏观视角介入到村和

---

① 孟志华、李晓冬：《精准扶贫绩效的第三方评估：理论溯源、作用机理与优化路径》，《当代经济管理》2018 年第 5 期，第 1—14 页。

② 高洪成、娄成武：《异体评估：我国政府绩效评估的路径选择及理论建构》，《中国行政管理》2012 年第 5 期，第 58—61 页。

③ 李延：《精准扶贫绩效考核机制的现实难点与应对》，《青海社会科学》2016 年第 5 期，第 132—137 页。

④ 张翼：《当前中国精准扶贫工作存在的主要问题及改进措施》，《国际经济评论》2016 年第 6 期，第 77—85 页。

实施到人。整体脱贫的大方向需要整体扶贫手段的促进，更需要考虑个别化扶贫的注入。贫困人口的现状与认知都有较大差异，而个别化原则的实施是以"人"的视角为出发点。若无个别化扶贫的实施和运用，将很容易造成部分贫困人口的脱贫能力不足，而我国倡导的"全民脱贫"目标就可能无法实现。个别化原则的运用是"精准发力"的基本导向，也是扶贫手段的重要创新，它不仅迎合了当前扶贫政策的需要，也有力地促进了社会工作专业力量参与扶贫攻坚过程的实现。但中国实际的扶贫过程，仍面临各种环境因素和人为因素的制约，政府购买社会工作扶贫项目也较为稀缺，个别化原则的运用在精准扶贫中仍是一个被大多数人忽略的重要视角。为此关于如何充分施展个别化原则的价值，有如下建议。

第一，扶贫手段破除"硬性"之风，以个别化手段诊疗贫困群体的个性难题，激发内生发展动力。个别化有其精准的个案服务手段，其实施具有"精准疗效"，易促成扶贫工作的可获得性和有效针对性。第二，扶贫主体从"政府主导、社会参与"向"政社联合，多方联动"转变。宏观方面由政府把控，微观方面由社会工作服务机构专业技术介入，同时调动多方资源，发挥贫困区域主体性优势，挖掘贫困主体潜能和技能，形成社会力量共助扶贫，激发贫困地区脱贫内生动力，充分将社会工作优势运用于贫困地区和贫困人群。第三，扶贫管理与资源以"单向型外征输入"向"多元性内展进生"发展。单一"输血"之举无法驱动生长活力，唯有"造血"之举方能造就破竹之势，个别化融合资源向贫困户输入不仅只是简单给予，还要借资源之力催生贫困主体自主发展内力，从而促进扶贫资源的可持续性，使更多的贫困人口可以汲取利用并不断"再生"资源。如何汲他方之力于扶贫之域，仍是当代扶贫中值得思考和探索的要领，要真正做到"有质量""有实力"的脱贫攻坚，任重而道远。

第三节　精准扶贫中的人本主义应用研究[*]

近年来，党和政府高度重视扶贫工作。经过不断的努力，我国扶贫政

---

[*] 本节内容发表于《广东经济》2017 年第 4 期，此处略有改动。

策取得了瞩目的成绩,极端贫困人口减少了 7 亿人。但是,在扶贫过程中仍然存在贫困人口具体情况不明、针对性不强、效率低等问题,因此国家提出了精准扶贫战略。① 为了进一步确保到 2020 年农村贫困人口全部脱贫,中共中央又做出《中共中央、国务院关于打赢脱贫攻坚战的决定》,使脱贫工作成为全国性的战略行动。扶贫开发、脱贫攻坚是系统工程,需要认真谋划和推动,需要各方有效参与。②

受历史地理、市场经济因素和贫困群体自身等问题制约,我国农村贫困问题仍十分严峻。三十多年来政府强调通过扶贫开发解决农村贫困问题,但在扶贫过程中还存在返贫、传统扶贫理念限制、忽视贫困者需求与管理等问题,因此精准扶贫作为一项系统工程,需要各方力量的融入和参与。③本文基于社会工作专业视角,将人本主义治疗模式与精准扶贫相结合,探讨精准扶贫中的人本主义理念与方法。

一　人本主义治疗模式的基本假设

人本主义治疗是由美国心理学家罗杰斯提出的以当事人为中心的治疗模式,注重当事人内在感受和反应的变化,强调人的主体性,尊重人的价值,推崇人的自我实现。④ 人本主义心理学是继心理分析和行为主义之后的第三思潮,其摒弃了心理分析的悲观主义与行为主义的机械主义,主张采取积极进取的乐观主义,⑤ 对于解决城乡贫困等问题具有指导意义。⑥

(一) 人性观

罗杰斯认为从根本上说,人是善良的、理智的、可信赖的,人有自我

---

① 李迎生、徐向文:《社会工作助力精准扶贫:功能定位与实践探索》,《学海》2016 年第 4 期。

② 王思斌:《精准扶贫的社会工作参与——兼论实践型精准扶贫》,《社会工作》2016 年第 3 期。

③ 王思斌:《精准扶贫的社会工作参与——兼论实践型精准扶贫》,《社会工作》2016 年第 3 期。

④ 王燕云:《马斯洛需求层次和自我实现》,《文学教育》2011 年第 8 期。

⑤ 朱眉华、文军:《社会工作实务手册》,北京:社会科学文献出版社,2006。

⑥ 王瑞华:《罗杰斯人本治疗模式的特色及启示》,《长沙大学学报》2005 年第 1 期。

实现的内在动力。① 人性本善是罗杰斯坚持的人性观之一,② 因此, 罗杰斯
的人本主义治疗模式以人性本善的基本观点为基础。人本主义治疗模式要
求社会工作者在看待人性问题上, 抱有积极的态度, 鼓励案主主动表达,
自由体会自己的各种感受变化, 促进和实现自我成长。③ 与其他治疗模式所
不同的是, 在人本主义治疗中, 案主不是有问题的人, 只是没有适当的环
境来发挥潜能, 只要处于适当情境, 案主便会不断地自我发展与成长。因
此, 人本主义治疗的一个主要原则是把人作为工作目标。罗杰斯认为人本
主义治疗模式的关键是以问题中的人为中心, 而不是以人的问题为中心,
这个原则的确立使案主成为工作或服务的中心, 工作的目标是提高人的潜
能, 包括解决问题的能力。④ 在精准扶贫中, 扶贫的目标即在既定时间, 不
但贫困家庭要达到或超过现行贫困标准, 而且其脱贫效果要持续。换言之,
对于那些完全丧失劳动能力的家庭来说精准扶贫就是使其进入最低生活保
障范围; 但是对于那些有劳动能力的贫困家庭来说精准扶贫就意味着要增
加他们的收入, 而且要提高他们走出贫困的能力。⑤ 由此可见, 精准扶贫的
工作目标还包括扶贫效果的精准性与持久性。不管有无劳动能力, 其目的
都是帮助贫困者摆脱贫困, 使其不再重返贫困状态。

（二）自我实现观

自我实现就是帮助受助者自我调整以实现自我发展与成长, 逐步摆脱
外在势力的帮助或抑制。自我实现是人本主义最基本的人生理想和生活目
标。此外, 这种乐观的人性论还强调人的建设性, 宣扬人的社会性, 主张
人的理想生活。⑥ "从能力视角辨别贫困, 贫困源于贫困主体缺少获得和享
有正常生活的可行能力。而可行能力, 是指一个人有能力实现各种功能性
生活, 从某种程度上讲, 这种可行能力也是实现不同生活方式的自由: 包
括免受困苦（如饥饿、可避免的疾病、过早死亡等）的基本可行能力、能

---

① 朱眉华、文军:《社会工作实务手册》, 北京: 社会科学文献出版社, 2006。
② 肖宏:《试析罗杰斯的人本主义科学观》, 硕士学位论文, 山东大学, 2006。
③ 王瑞华:《罗杰斯人本治疗模式的特色及启示》,《长沙大学学报》2005 年第 1 期。
④ 朱眉华、文军:《社会工作实务手册》, 北京: 社会科学文献出版社, 2006。
⑤ 王思斌:《精准扶贫的社会工作参与——兼论实践型精准扶贫》,《社会工作》2016 年第
　3 期。
⑥ 朱眉华、文军:《社会工作实务手册》, 北京: 社会科学文献出版社, 2006。

识字算数、享受政治参与等的自由。一个人的可行能力是由这个人可以选择的那些可相互替代的功能性的向量组成。"① 阿马蒂亚·森认为尽管收入与能力有必然联系，但收入低下并非导致贫困的真正原因；贫困的实质是可行能力的匮乏，即人们在上述能力与自由方面的匮乏；收入低下只是工具性价值，其工具性价值还取决于诸多社会和经济状况，可行能力被剥夺，是比收入低下更容易导致贫困的因素。② 因此，程萍认为社会工作介入精准扶贫的一条重要路径就是从"外力推动模式"渐次推进到"内力推动模式"，强调案主在赋权过程中的决定作用，旨在提高案主的主体性、主动性，充分释放自我潜能。赋权的目的也在于案主能够实现自我价值、找到良好的自我感觉、促进自我发展，也就是罗杰斯所说的自我实现。

（三）自我概念

自我概念（self‐concept）是一个人对自己经验和体验的知觉和认识，③最初是由大量的自我经验和体验积累而成。罗杰斯认为人的行为、情绪与心理是由自我概念决定的。也就是说，人的行为受自我以及他人评价、看法的影响。区别于以往的治疗模式给服务对象贴上"求助者""患者""弱势群体"的标签，人本主义治疗模式转而以"当事人"来定位服务对象，使辅导过程由"病态"转向"常态"，认为当事人只是暂时未能发挥自我的潜能而已，因此辅导目标也从以往的"心理疾病"转向当事人自我改变、发展的"成长模式"。④ 人本主义治疗认为，如果集中分析和解决服务对象的问题，可能会把社会工作者自己的价值标准强加给服务对象，反而妨碍服务对象的自我成长。⑤ 以社会学家勒麦特和贝克的理论为基础而形成的标签理论，认为许多人之所以成为"有问题的人"，与其他人对其行为的定义或标定过程密切相关。因此，社会工作的一个重要任务就是要通过一种重

---

① 程萍：《社会工作介入农村精准扶贫：阿马蒂亚·森的赋权增能视角》，《社会工作》2016年第5期。
② 程萍：《社会工作介入农村精准扶贫：阿马蒂亚·森的赋权增能视角》，《社会工作》2016年第5期。
③ 唐淑云、吴永胜：《罗杰斯人本主义心理学述介》，《哲学动态》2000年第9期。
④ 陈志霞主编《个案社会工作》，武汉：华中科技大学出版社，2006。
⑤ 王玉鑫：《人本治疗模式介入半失能老人适应机构养老的实务探究——以深圳市Q养老机构为例》，硕士学位论文，郑州大学，2016。

新定义或标定来使那些原来被认为是有问题的人恢复成为"正常人"。① 贫困者往往被人们贴上"弱势群体""无能"等的标签，从而忽略了他们作为独立个体而存在，将他们"病态化"。但是作为独立的人，贫困者同样具有自我发展的潜能，只是在帮扶过程中忽视了贫困者自身的优势和能力，致使他们被动地接受扶贫资源，压抑了他们的真实意愿与需求。这样就导致精准扶贫在实施中偏离贫困者的真实需求，无法做到扶贫的精准性。

二　精准扶贫中人本主义治疗的应用

（一）关注个体，以受助者为中心

人本主义治疗注重以人为本，认为人具有发展的潜力。以服务对象为中心，创造一种有利于服务对象自我发展的辅导环境是人本主义治疗的工作重点。② 精准扶贫旨在帮助贫困者摆脱贫困，其实质是为贫困者创造一个有利于发展的内部与外部环境。内部环境就是要关注受助者的需求，提高受助者的能力，外部环境的创造需要社会各界的协调与配合。以受助者为中心，给予受助者本身的生理、心理、情感等多方位关注，将一切方法措施都归结于受助者本身。精准扶贫政策实施要求精准识别贫困户、贫困者，着重体现了关注个体、以人为本的原则。此外，贫困者属于弱势群体，现实社会中仍然存在对贫困者的歧视行为，极易导致贫困者的自卑失落、自暴自弃，从而影响他们发挥潜能、走出困境。因此开展帮扶工作时需要关注贫困者的心理健康，及时疏导，解决心理问题，同时工作者需要以平等、尊重、真诚的态度对待每一位受助者。

近三十年来，"在发展中解决贫困"一直是中国农村扶贫的主导思想，其背后的假设是大量农村贫困者本身具有脱贫的潜能，政府通过基础设施建设、劳动力转移、农业产业化、金融支持和能力训练等方式可以使贫困者获得摆脱贫困的机会。③ 对于农村扶贫的基本假设就是以贫困者为中心，

---

① 王思斌主编《社会工作概论》（第二版），北京：高等教育出版社，2006。
② 王玉鑫：《人本治疗模式介入半失能老人适应机构养老的实务探究——以深圳市 Q 养老机构为例》，硕士学位论文，郑州大学，2016。
③ 李棉管：《技术难题、政治过程与文化结果——"瞄准偏差"的三种研究视角及其对中国"精准扶贫"的启示》，《社会学研究》2017 年第 1 期。

强调贫困者具有独立发展的潜能，通过外部力量的支持，实现自我发展，可以说精准扶贫的过程就是助人自助的过程。精准扶贫需要关注贫困者或贫困家庭个体，以受助者为中心，注重挖掘受助者自身的潜能，通过资金、技术、知识等外在资源的使用，最终促使贫困者自我发展、提高能力、摆脱贫困。

（二）注重能力建设，实施差别帮扶

李鸥和叶兴建认为，精准扶贫存在脱贫人口退出与返贫现象再生的矛盾和困境，因病返贫、因学返贫、因灾返贫等现象屡见不鲜，直接降低了前期帮扶成效，也延缓了精准扶贫总体进程。因此，建立一套精准扶贫的长效机制就成了精准扶贫研究的一个重要课题。扶贫方式逐步实现由"输血式"短期扶贫向"造血式"扶贫方式转化。扶贫并不是直接给予物质救济，而是注重贫困村和贫困户的内生转型。① 精准扶贫是一项长期的系统工程，除了结合当地的地理环境、经济状况等，逐步落实基础设施建设、特色产业项目开发等。除此以外，针对贫困者个人的长效脱贫机制便是开展根据劳动力市场需求以及贫困者对职业的兴趣爱好提供多种选择的职业培训以及能力建设，提高他们的文化素质、专业技能，提高就业竞争力，或者为有意愿创业的贫困者提供资金支持、技术支持与政策支持。只有这样，才能使他们真正摆脱贫困，不再返贫，实现永久性脱贫。

精准帮扶实施的关键是针对不同扶贫对象制定不同的帮扶措施，实现差别帮扶。对于多元化的致贫原因，扶贫措施、行动计划应该具有一定的弹性。② 精准扶贫要求通过进村入户，了解致贫原因，掌握贫困户和贫困者个人的基本信息，逐步落实帮扶责任人、帮扶项目、帮扶资金，按照"缺啥补啥"的原则，宜农则农、宜工则工、宜商则商。精准扶贫不仅要在资金上给予帮助，而且要根据贫困户和贫困者的真实需求与自身掌握的资源、能力开展帮扶工作。基于实际需求，因地制宜、因人而异，按照个别化原则，实施差别帮扶。这些帮扶计划都是在前期的调研与评估之后制订的，

---

① 李鸥、叶兴建：《农村精准扶贫：理论基础与实践情势探析——兼论复合型扶贫治理体系的建构》，《福建行政学院学报》2015 年第 2 期。
② 王思斌：《精准扶贫的社会工作参与——兼论实践型精准扶贫》，《社会工作》2016 年第 3 期。

具有个性化与科学化的特点。

（三）建档立卡，进行个案管理

人本主义治疗模式是一种个案工作模式，个案工作的服务对象是个人或家庭，与精准扶贫达到由村到户、到人的要求相契合。精准扶贫针对的主要是处于贫困状态，并由贫困而导致社会适应不良、社会功能受损以及情绪情感困惑的个人或家庭。因此个案工作方法是可以运用于精准扶贫的实施过程。个案工作是个别化的社会工作方法，遵循个别化原则。不同的服务对象之间有不同的性格、气质、经历、困难与需求，因此在开展扶贫服务时就需要"对症下药"，才能更加有效地解决问题，即有针对性地识别贫困者、贫困程度和致贫原因，这与人本主义治疗模式的基本理念相吻合。

个案管理源于个案工作，美国社会工作者协会于1992年将其定义为一种提供服务的方法，运用该方法，专业社会工作者评估当事人及其家庭的需要，并安排、协调、监管、评估及争取包括多种服务在内的一揽子服务，满足特定当事人的多种需要。[①] 个案管理包括六个步骤：发掘个案、评估和选择、制订计划、执行计划、监督和评估、结案。个案管理的方法和步骤可以运用于对贫困者的管理与帮扶。在精准扶贫中首先要发掘有受助意愿与受助需要的帮扶对象；然后收集与整理资料，评估受助对象的贫困程度、致贫原因、贫困类型及优势资源；为农户建立信息网络系统，将扶贫对象的基本资料、动态发展以数据或文字形式录入系统，实现一户一台账。这一过程为后期的帮扶活动提供事实依据与基础，同时可以实施动态监测，做到及时帮扶、及时退出，提高扶贫效率，节约扶贫资源。针对前期的评估选定帮扶的对象，基于受助者情况评估与资源评估，制订详细的评估计划，做到"一户一个脱贫计划，一人一个脱贫计划"。"量体裁衣、私人定制"，才能真正做到扶贫的精准性。

三　小结

精准扶贫是我国实现全面建成小康社会的系统工程，在帮助贫困人口

---

① 欧颖、李春凯：《危机介入与个案管理在失独群体中的应用探究》，《社会工作》2013年第
4期。

摆脱贫困，走向富裕之路中具有重要的指导意义。社会工作与精准扶贫的同构性表明社会工作在理论与实践的结合上能对精准扶贫做出自己的贡献，同时参与扶贫开发也是社会工作本土化、在地化的过程。① 人本主义治疗模式作为一种社会工作方法模式，在精准扶贫中的运用与尝试，不仅是对精准扶贫传统理念的一种转变，是社会工作本土化的一次创新也是对人本主义治疗模式的一次检验。精准扶贫中的人本主义是一种扶贫理念，其中以受助者为中心、注重贫困者能力建设、借助个案管理方法都是人本主义在精准扶贫中的运用。但是人本主义治疗模式在实际运用中还存在以下两方面问题。

一是主观色彩浓厚。人本主义治疗关注个体，注重个体的发展，其动力基础是相信每个人都有自我发展的潜能与自我实现的趋势。但在农村扶贫工作中，有些贫困者文化知识水平低，有的过于懒惰缺乏上进精神，对于这一类贫困者人本主义治疗的假设并不成立。

二是技术性差。人本主义治疗强调工作者与受助者工作关系的重要性和工作者的品格，要求工作者具有无条件的关注的能力，以及真诚、同感的社工特质，注重超越技术的治疗。但在精准扶贫过程中，实施扶贫计划的责任人并非专业社工，无法做到真正的真诚与同感，工作者与受助者也无法处于平等状态。人本主义治疗的非技术性，对工作者专业素养的较高要求成了在扶贫工作中运用这一模式的局限。

第四节　农村社会工作介入精准扶贫的路径探讨*

党的十八大以来，党中央、国务院高度重视精准扶贫工作的开展情况。精准扶贫政策的提出，为农村社会工作的发展提供了重要的机遇。农村社会工作也可以为精准扶贫注入力量。目前的精准扶贫工作存在部分缺陷，农村社会工作作为一项助人的活动，可以在精准扶贫中发挥重要作用。本节主要从社会工作优势入手，对社会工作介入精准扶贫的路径进行探讨。

---

① 王思斌：《精准扶贫的社会工作参与——兼论实践型精准扶贫》，《社会工作》2016 年第 3 期。

* 本节内容发表于《新西部》2018 年第 2 期，略有改动。

一　精准扶贫政策的提出

贫困问题是我国乃至世界都比较关注的问题。但是由于各地区历史、地理条件的差异（如我国东西部历史、地理环境的差异）以及市场化改革而导致的社会转型期问题（如贫富差距拉大、社会分层严重等）的出现，或由于贫困者自身动力不足等原因，我国存在比较严重的贫困问题。20世纪80年代以来，我国政府相继出台了很多有关扶贫的政策，并在一定程度上取得了不错的成效，解决了部分人口的贫困问题。从这一时期开始，我国扶贫开发基本以区域为瞄准单位，但随着经济社会发展和贫困人口呈现碎片化趋势，区域瞄准很难做到针对贫困农户的精准扶持。[1] 2013年，习近平总书记在湘西考察时第一次提出"实事求是、因地制宜、分类指导、精准扶贫"的思路，并在此后多次对这一思路做了进一步的阐释。[2]

关于精准扶贫的概念，汪磊、伍国勇使用《中共中央办公厅国务院办公厅印发〈关于创新机制扎实推进农村扶贫开发工作的意见的通知〉》（中办〔2013〕25号文件）给出的定义，即精准扶贫是粗放扶贫的对称，是指针对不同区域环境、不同贫困农户状况，运用科学有效程序对扶贫对象实施精准识别、精确帮扶、精确管理的治贫方式。[3] 汪三贵与郭子豪认为，精准扶贫是各项扶贫措施与贫困家庭人口之间的针对性帮扶关系，是可持续性脱贫的根本手段。[4] 对于如何开展精准扶贫工作，邓维杰重点分析了精准扶贫的难点及存在的困境，认为应采取自上而下和自下而上相结合的贫困户识别和帮扶机制。[5] 目前，我国的精准扶贫政策取得了不错的效果。国家统计局发布的《2015年国民经济和社会发展统计公报》显示，2015年我国

① 高飞、向德平：《专业社会工作参与精准扶贫的可能性和可及性》，《社会工作》2016年第3期，第17—24页。
② 顾东辉：《精准扶贫内涵与实务：社会工作视角的初步解读》，《社会工作》2016年第5期，第3—14页。
③ 汪磊、伍国勇：《精准扶贫视域下我国农村地区贫困人口识别机制研究》，《农村经济》2016年第7期，第112—117页。
④ 汪三贵、郭子豪：《论中国的精准扶贫》，《贵州社会科学》2015年第5期，第147—150页。
⑤ 邓维杰：《精准扶贫的难点、对策与路径选择》，《农村经济》2014年第6期，第78—81页。

农村贫困人口已经从 2014 年的 7017 万人减少到 5575 万人，减少了 1442 万人，贫困发生率从 2014 年的 7.2% 下降到 5.7%。[1]

二　精准扶贫过程中存在的困境

虽然我国的扶贫政策取得了一定成效，但在扶贫过程中依然存在不足与困境。在精准识别过程中面临识别对象困难的情况；在精准帮扶过程中由于工作人员不了解每个贫困者的需求而没有采取有针对性的措施，扶贫效果持续性不足；由于贫困对象对扶贫政策过度依赖，贫困者自身脱贫的能力及动力不足，影响扶贫政策的继续推进。

（一）精准识别缺乏监督，"识别排斥"现象严重

在目前的扶贫开发中，政府是唯一或支配性主体，反贫困的钱由政府投入，项目由政府确立，贫困对象由政府决定，钱和项目都由政府来落实，其他社会主体或者缺位，或者只是被动的参与者，没有发言权和监督权，更没有决策权，即使在执行过程中也只是顺从者。[2] 这种政府主导型的扶贫活动，由于缺少第三方的参与和其他组织的监督，在精准扶贫过程中存在很多不足与困境。由于政府的精准扶贫工作是自上而下发起的，因此行政化色彩浓厚。很多政策在执行过程中出现"变形""走样"，表现为"假扶贫"（对原本不贫困的对象实施扶贫）和"粗放扶贫"（扶贫标准模糊不清、方法不科学）。[3] 有些政府工作人员不负责任，出现贪污腐败及谋私利的情况。有些精准扶贫的人员为了自己的私利而将真正的贫困户排斥在救助的范围外，使真正的贫困户得不到救助，出现了"识别排斥"[4] 的现象。村干部在调查村民的情况时调查不够深入和全面，使很多村民都没有及时参加扶贫工作；有些村民认为扶贫对象早已确定好，自己即使参与基

---

① 《2015 年国民经济和社会发展统计公报》，国家统计局网站，http://www.stats.gov.cn/tjsj/zxfb/201602/t20160229_1323991.html。

② 王春光：《社会治理视角下的农村开发扶贫问题研究》，《中共福建省委党校学报》2015 年第 3 期，第 5—13 页。

③ 李鹍：《农村精准扶贫理论意蕴、实践路径与经验探寻——以湖北恩施龙凤镇扶贫实践为例》，《理论导刊》2015 年第 6 期，第 59—62 页。

④ 彭春凝：《当前我国农村精准扶贫的路径选择研究》，《农村经济》2016 年第 5 期，第 91—95 页。

本情况的调查也不可能被选上，从而在精准识别环节参与的积极性就不高。作为系统实践的精准扶贫应该是扶贫工作者与扶贫对象达成共识并在此基础上实现协力与精诚合作的过程，是反贫困参与者在反贫困行动推进中自我发展并在此基础上进行更高层次合作的过程。① 但是在目前的精准扶贫政策实施过程中，扶贫工作者与扶贫对象缺乏合作与沟通，扶贫对象的参与度不够。因此，第三方组织在扶贫过程中扮演着重要的角色。

（二）帮扶政策"一刀切"，扶贫针对性不足

因致贫原因不同，贫困户对帮扶有不同的需求，如生产救助、学业救助、大病救助、房屋改造、低保救助、农业实用技术、担保贷款等各有差异。② 在精准帮扶过程中，救助人员应该根据贫困区域或贫困户真实的需求制定并采取相应的帮扶措施。但是在实际的工作中，有些工作人员根本不去调查贫困家庭致贫原因或家庭需求，只是简单地为其提供一些补贴；对于贫困区域来说，扶贫人员也不会详细调查该贫困区域的环境，从而不够了解该区域的特色及资源，没有制定专业、科学的帮扶项目，造成资源的浪费。葛志军与邢成举在对宁夏银川的两个村庄的调查中也发现精准扶贫的一些政策不仅缺乏弹性，而且存在行政"一刀切"的现象。③ 由于扶贫者对贫困对象的调查不够深入，具体需求了解得不够，扶贫资源与贫困区域或贫困户的需求不吻合，出现严重的错位现象。而且，随着时间的变化，贫困对象的需求与困境会发生变化，但是我国的相应管理政策还不到位，缺乏"动态性"④ 的管理，导致扶贫资源有效利用率降低，从而使扶贫的效果没有达到最佳。因此，相关扶贫人员在帮扶过程中需要采取有针对性的帮扶政策或措施。

① 王思斌：《精准扶贫的社会工作参与——兼论实践型精准扶贫》，《社会工作》2016 年第 3 期，第 3—9 页。

② 朱云、吴春锋、黄斌琼：《精准扶贫方式方法研究》，《老区建设》2014 年第 15 期，第 41—44 页。

③ 葛志军、邢成举：《精准扶贫：内涵、实践困境及其原因阐释——基于宁夏银川的两个村庄的调查》，《贵州社会科学》2015 年第 5 期，第 157—163 页。

④ 庄天慧、陈光燕、蓝红星：《精准扶贫主体行为逻辑与作用机制研究》，《广西民族研究》2015 年第 6 期，第 138—146 页。

（三）过度依赖扶贫政策，贫困者自身动力不足

由于交通不便、信息不畅、资源匮乏，某些群体可能会陷入贫困的生活中，并缺乏改变现状的能力及动力，因此需要国家给予政策扶持，需要社会给予支持。有些贫困户在国家的帮扶下逐渐走出困境，并开始新的生活；但有些贫困户由于某些原因，仍然没能很好地解决面临的困境。一方面，随着国家扶贫政策的不断完善，某些贫困者对于扶贫政策的依赖现象越来越严重。由于过于依赖国家及社会的帮助，他们好吃懒做，进取心下降，不愿意脱掉贫困的帽子。更有甚者将政府的扶贫看作理所当然，过度依赖政府的扶贫政策。另一方面，政府的很多工作人员都存在"贫穷－发展经济"的逻辑，只关注贫困线以下有多少人口，认为只要创造生产和就业机会就能够解决贫穷问题等，农民逐渐也会内化"贫穷"、"生活困难"、"落后"、"不行"和"无能"等负面形象，而甘愿扮演被施予者的角色。① 由于知识水平不高，以及技能、信息和资源缺乏，贫困者认为自己没有能力改变现状，因此产生无力感，寄希望于国家的补助及相应的扶贫政策，而丧失了改变贫困生活的勇气。因此，在政府的扶贫过程中，贫困者会面临过度依赖政策而导致自身动力不足的困境。这类人群虽然所占比例不大，但对扶贫物资与资金的使用，给扶贫工作带来了极大的挑战。② 因此，在精准扶贫的过程中需要提高贫困者自身的能力。

三　农村社会工作参与精准扶贫的优势

在 2015 年中共中央公布的《中共中央、国务院关于打赢脱贫攻坚战的决定》中指出要实施志愿者行动计划与社会工作专业人才服务贫困地区计划，这表明政府要从制度上推进社会工作参与脱贫攻坚行动。③ 社会工作作为一项专业的助人活动，其宗旨为"助人自助"，帮助处于困境的弱势群体获得能力、走出困境。精准扶贫作为一项扶贫工作，不仅需要帮助处于贫

---

① 张和清：《农村社会工作》，北京：高等教育出版社，2014，第 118—119、183 页。
② 陈成文、姚晓、廖欢：《社会工作：实施精准扶贫的推进器》，《社会工作》2016 年第 3 期，第 10—16 页。
③ 王思斌：《精准扶贫的社会工作参与——兼论实践型精准扶贫》，《社会工作》2016 年第 3 期，第 3—9 页。

困中的人群走出贫困的泥沼，还要对他们进行能力建设，使他们真正能够摆脱贫困。相对于其他组织，农村社会工作参与精准扶贫具有价值观、工作方法、积极融入社区与贫困户等的优势。

（一）农村社会工作强调以人为本的价值观

农村社会工作强调以人为本的价值观，即扶贫者必须接受平等、多元文化、人的潜能、参与权利、增权等原则。① 有些政府的扶贫工作人员将扶贫对象看作没有能力的人群，以高姿态与扶贫对象沟通，因此在扶贫过程中应该由农村社会工作者参与其中。以人为本的价值观要求社会工作者平等地与受助者沟通交流，当我们把贫困户定性为"贫穷落后"时，不仅忽视了他们的能力和丰富多彩的生活现实，而且人为地制造了不对等的关系。② 因此在以人为本价值观的指导下，农村社会工作者在扶贫的过程中可以平等的姿态与受助者沟通，从而提升他们的能力，推进精准扶贫政策的实施。

（二）农村社会工作拥有系统科学的工作方法

社会工作是科学的助人服务活动，农村社会工作作为社会工作的重要领域，也十分注意工作方法的运用。农村社会工作者在具体的扶贫过程中不仅要遵循个案、小组、社区等专业的方法，还要注意各种方法的整合。农村社会工作者不仅重视贫困户物质困难的解决，还重视其心理及社会支持等方面的改变，强调要采用系统方式解决贫困户的问题。根据不同的贫困户面临的不同困境，农村社会工作者可以制定科学的解决方案，并及时提供服务。农村社会工作在评估贫困户需求时也有专业的方法，如参与式评估方法、口述史评估方法等；常用的评估工具有直接观察法、绘制大事表等。农村社会工作系统科学的方法可以在精准识别、精准帮扶等方面发挥作用，提高精准扶贫的效果。

（三）农村社会工作能够积极融入社区与贫困户

贫困户或贫困区域是农村社会工作者在精准扶贫过程中需要面对的对象，因此需要进入他们的生活并积极融入其中。社会工作者强调与服

① 张和清：《农村社会工作》，北京：高等教育出版社，2014，第 118—119、183 页。
② 张和清：《农村社会工作》，北京：高等教育出版社，2014，第 118—119、183 页。

务对象一起工作，即把服务对象看作有能力的主体，并关注和增强其能力发展，共识共进。当农村社会工作者积极融入社区时，可以获得社区中贫困户的信任，有利于解决问题。当精准扶贫政策下达时，农村社会工作者可以将政策信息（申报时间、需要的材料）传达给村民，提高精准识别的准确性；也可以将村民的需求传达给政策的制定者，提高政策的准确性。

四　农村社会工作介入精准扶贫的路径探讨

目前我国精准扶贫存在不足与困境，农村社会工作参与精准扶贫具有一定的优势，因此农村社会工作可以介入精准扶贫并扮演重要的角色。接下来，我们将对农村社会工作介入精准扶贫的路径进行探讨。

（一）以"第三方"为契机，精准识别扶贫对象

开展科学评估是社会工作的专业技能之一，社会工作机构在扶贫中能够有效履行第三方扶贫评估与监督职能。[1] 因此，农村社会工作可以利用其"第三方"的优势，精准识别扶贫对象。一方面，农村社会工作者可以在贫困户的评定工作中发挥监督的作用。在精准识别贫困对象的过程中，主要是由政府人员和村干部来完成，由于第三方组织的"缺位"，[2] 对贫困户的识别评定缺少有效的监督机制，很多需要帮助的对象没有得到及时的救助。因此，政府可以借助社会工作的中介功能，弥补自己在精准扶贫中的不足，从而更好地履行职能。[3] 可以建立由扶贫部门、社会、第三方组成的"三位一体"监督体系。[4] 如在贫困户的评定时，村委会可以邀请驻村干部、村民代表及农村社会工作者参与其中，由农村社会工作者监督评定的过程，并且及时公布贫困者名单。另一方面，农村社会工作者可以运用科学的方法

[1]　李迎生、徐向文：《社会工作助力精准扶贫：功能定位与实践探索》，《学海》2016 年第 4 期，第 114 —123 页。
[2]　王思斌：《精准扶贫的社会工作参与——兼论实践型精准扶贫》，《社会工作》2016 年第 3 期，第3—9 页。
[3]　庄天慧、陈光燕、蓝红星：《精准扶贫主体行为逻辑与作用机制研究》，《广西民族研究》2015 年第 6 期，第 138—146 页。
[4]　李爱民：《新时期扶贫开发总体思路研究》，载《第十一届全国区域经济学学科建设年会暨生态文明与区域经济发展学术研讨会论文集》，2012。

对贫困户进行评估，确保"建档立卡"① 工作的顺利完成。从社会工作"人在场境"视角审视，精准识别扶贫对象，需要科学分析贫穷原因和合理分析可控资源。② 因此，农村社会工作者应该深入农村地区，通过与当地村民建立平等信任的关系，了解当地的基本情况。在与村民聊天的只言片语中，获得村庄的相关信息（如了解村庄可利用的资源以及风俗习惯，了解村庄中的贫困情况等），从而掌握第一手资料，为后期"建档立卡"工作奠定基础。在"建档立卡"工作中，农村社会工作者对该村庄的贫困户的基本情况（如致贫原因、具体需求、目前身边拥有的资源，以及社会支持网络等）进行详细调查，从而判断该贫困户是否符合扶贫要求，提高扶贫对象识别的精准性。

（二）以"需求"为导向，实现个别化帮扶

致贫的原因很复杂，因此农村社会工作者应该从扶贫对象的需求出发来制订服务计划。个别化原则是精准扶贫注重的原则，精准帮扶应该个别化处理，采用因人因地不同而异的策略。③ 首先，社会工作者应该深入农村地区，针对不同的贫困户，评估其致贫的原因，从而为其提供适合自己的服务活动。扶贫对象不仅接受工作者为其设计的服务计划，同时也会理性选择自己所需要的服务行动。我们要相信即使身处困境之中的扶贫对象也有表达自己需求的意愿，不仅社会工作者是扶贫帮扶活动的主动参与者，扶贫对象也是服务的主动参与者。因此，在扶贫过程中需要扶贫对象积极参与活动，从而促进改变的发生。双方共同努力，达到脱贫及自助的目标。其次，农村社会工作者在进行扶贫服务时特别要强调文化敏感性，包括对服务对象的生活敏感、族群文化敏感、社会性别敏感等。④ 每个农村区域都有自己独特的文化，不同历史背景及文化背景会导致不同贫困户的想法、

---

① 葛志军、邢成举：《精准扶贫：内涵、实践困境及其原因阐释——基于宁夏银川的两个村庄的调查》，《贵州社会科学》2015 年第 5 期，第 157—163 页。
② 顾东辉：《精准扶贫内涵与实务：社会工作视角的初步解读》，《社会工作》2016 年第 5 期，第 3—14 页。
③ 顾东辉：《精准扶贫内涵与实务：社会工作视角的初步解读》，《社会工作》2016 年第 5 期，第 3—14 页。
④ 王思斌：《精准扶贫的社会工作参与——兼论实践型精准扶贫》，《社会工作》2016 年第 3 期，第 3—9 页。

感受不同,因此社会工作者要尊重不同地区的文化,了解每个地区的生活习惯及传统习俗,有利于进一步开展工作。最后,社会工作者可以根据不同贫困户致贫原因的差异,申请多样化与符合扶贫对象实际情况的活动和项目进行准确帮扶。依据贫困户的需求为其提供专门的服务,有利于提高精准帮扶的成效。

(三) 以"赋权"为目标,重视扶贫对象能力建设

精准扶贫不仅是要给予贫困地区、贫困户物质帮助,更重要的是要发展他们的能力。扶贫对象由于遭遇了经济上的困境或者是客观条件处于劣势时,自信心逐渐下降,直至丧失改变的动力。长期简单的物质帮扶,只是在一定条件下改变了他们的客观处境,减缓了经济压力,并没有提高他们面对问题的能力与自信,使他们更加依赖政府而不是自己主动寻求机会脱贫。因此,社会工作者应该把农村和农民看作发展的主体,以农民自身能力建设为核心,提升农民的内源发展动力,改善干群关系,消除新型贫困。① 农村社会工作者可以从以下方面着手贫困户的能力建设。

1. 挖掘优势,悦纳自我

从扶贫方式看,我国传统扶贫属于"输血式"扶贫,多以政府组织慰问团看望贫困户,发放生活必需品的方式进行,而社会工作强调淡化问题、突出优势、提升能力,重点运用优势视角,挖掘案主身上存在的潜能。② 优势视角发现如果只是关注服务对象的不足,就会以问题为中心组织服务活动;如果关注服务对象的能力和资源,就会在活动中注重挖掘服务对象的优势。③ 首先,农村社会工作者应该积极聆听扶贫对象面临的生活中的困扰,了解致贫的原因,帮助扶贫对象分析其客观及主观方面存在的问题,使其对自己的情况有透彻的了解,并使其明白贫困本身并不是问题,可以通过自身的努力来缓解贫困。其次,充分挖掘案主身上的潜能,帮助案主

---

① 闫伟、同春芬:《村庄的张力与挣扎:基变视角的农村社会工作》,《青岛农业大学学报》(社会科学版) 2011 年第 1 期,第 28—31 页。

② 陈成文、姚晓、廖欢:《社会工作:实施精准扶贫的推进器》,《社会工作》2016 年第 3 期,第 10—16 页。

③ D. Cowger, "Assessing Client Strengths: Clinical Assessment for Client Empowerment," *Social Work* 39 (1994): 262 – 268.

建立强大的自我,使其悦纳自我,并有信心和动力来改变目前的贫困情况。社会工作者要相信每个人都是平等的,都是有价值的,需要关怀与帮助;每个人都是独特的,要尊重每个人的独特性和个性,承认每个人都有价值和闪光点。①

2. 拒绝"标签",实现增能

由于经济困难,扶贫对象会产生失落感、无力感,即想要改变现状却无力改变,甚至产生绝望的感觉,丧失尊严与自信。精准识别通过对贫困者建档立卡、公示公告、信息录入等步骤,将经济收入低的农户从社区民众中区隔出来并标记为"贫困户",这本身就是对其贴上了社会耻辱性的标签,使其同社区正常的人相隔绝。② 增权视角立足于案主的压迫情境、无力感和无权感,聚焦于协助案主重新获得行使自己的权利,从而促进个人乃至社会层面的改变。③ 社会工作者需要从增权的视角出发,协助受歧视的群体对抗遭遇的不公平对待,减少案主的无能感与无权感,专注并相信案主具有一定的能力和优势,鼓励案主用自身优势解决问题。④ 社会工作者在介入农村精准扶贫的时候,应该重视对扶贫对象能力的建设,使其能够参与到社会的建设中来。"参与式扶贫模式"重点是增能,注重对扶贫对象能力的培养,关注"人"的问题,提高其参与组织项目的能力。⑤ 鼓励扶贫对象积极参与到社会工作的行动中,相信他们有改变的能力,使他们在行动中发挥自己的优势,从而获得能力的增加。在精准扶贫过程中需要扶贫对象的主动参与,只有当扶贫对象主动参与到扶贫工作中,才能缓解扶贫对象的无力感,激发其面对生活的勇气,才能够保持扶贫的有效性。

(四)以"社区"为纽带,构建社会支持系统

目前农村的社会支持网络是以非正式社会支持为主,正式社会支持严

---

① 杜立婕:《使用优势视角培养案主的抗逆力——一种社会工作实务的新模式》,《华东理工大学学报》(社会科学版)2007 年第 3 期,第 18—23 页。

② 左停、杨雨鑫、钟玲:《精准扶贫:技术靶向、理论解析和现实挑战》,《贵州社会科学》2015 年第 8 期,第 156—162 页。

③ 何雪松:《社会工作理论》,上海:上海人民出版社,2007,第 156 页。

④ 程萍:《社会工作介入农村精准扶贫——阿马蒂亚·森的赋权增能视角》,《社会工作》2016 年第 5 期,第 15—23 页。

⑤ 杨小柳:《参与式扶贫的中国实践和学术反思——基于西南少数民族地区的调查》,《思想战线》2010 年第 3 期,第 103—107 页。

重缺失。在农村社会变迁中,从微观看,农民个体所拥有的社会关系网络直接决定着其社会支持的实际状态,即社会网络的规模、关系构成和结构特点直接影响各类社会支持资源的存在形式和作用方式。① 在农村社会中,农民个人的社会支持网络以血缘关系为主,规模较小,关系构成较为简单,社会支持不足。对于贫困户来说,社会支持网络更加缺失。农村社会工作者作为连接贫困户、贫困区域与外界的桥梁,可以充分利用自身资源,构建社区与贫困户的社会支持网络。

1. 构建社区社会支持网络

社区存在的价值就是为本社区居民提供优良服务,社区参与精准扶贫,能够充分利用自身在机构协调和资源对接方面的优势,为社区居民带来诸多扶贫资源,提供更好的基本服务,促进社区贫困居民脱贫致富,实现社区治理目标。② 中国传统农村是"熟人社会",但现在农村社会也在悄无声息地发生变化。冷漠代替了合作与互助,陌生代替了熟知与交流。农村社会工作者应该把社会救助与社区关系重建整合起来,通过长期服务建立关系,尤其是对那些为市场竞争所排斥的脆弱群体,以社区产业再造、文化复兴、生计互助等手法,推动其社会参与,提升其社会适应能力、自我价值感和尊严感,促进其社会融合。③ 农村社会工作者可以通过发掘社区的优势资源与链接外部资源,构建社区的社会支持网络,促进社区发展。社区是社会的具体形式和基础,只有立足于社区发展,通过赋权和培育社区的社会资本,使其具有自我管理、自我治理、自我发展的能力,④ 这样才能更快地帮助社区脱贫,才能更好地帮助贫困群体脱贫。

2. 构建扶贫对象的社会支持体系

家人、亲戚、朋友、同事等都是个人可以利用的社会资本,每个人的社会支持网络越强大,个人就越容易走出困境。因此,社会工作者应该发

---

① 杨生勇:《农村社会支持结构的转型趋向:正式支持主导的多元系统》,《当代世界与社会主义》2010 年第 2 期,第 179—182 页。

② 庄天慧、陈光燕、蓝红星:《精准扶贫主体行为逻辑与作用机制研究》,《广西民族研究》2015 年第 6 期,第 138—146 页。

③ 陈锋:《营造温暖社区 让脆弱群体不孤单》,《中国社工时报》2016 年 9 月 23 日。

④ 钱宁:《农村发展中的新贫困与社区能力建设:社会工作视角》,《思想战线》2007 年第 1 期,第 20—26 页。

现贫困户所拥有的社会支持网络及资源，帮助他们构建属于自己的社会支持网络体系。社会工作服务的前提是进行资源系统分析，将正式资源系统与非正式资源系统连接起来，解决服务对象问题。[①] 社会工作者还可以为扶贫对象提供外部的资源。社会工作者通过改变某些社会成员的态度、价值观等，引导、发动和组织社会成员积极参与社会实践。[②] 非营利组织、非政府组织、社会企业或个人都是社会工作者可以链接的资源。邀请他们加入扶贫工作，可以为扶贫对象提供物质帮助或者就业方面的信息。在农村培养积极分子或村干部成为社会工作者，为他们提供社会工作相关的培训，使他们获得专业的社会工作方法与技巧，提高服务意识，为贫困者提供关怀与帮助。

本节从扶贫中出现的困境入手，对农村社会工作介入精准扶贫政策的路径进行研究。在精准识别的过程中，农村社会工作者可以深入农村地区对贫困对象进行监督与评估，从而使真正贫困的人群可以得到救助。在精准帮扶过程中，社会工作者扮演着资源提供者及倡导者的角色，帮助受助者获得能力的提升以及自我认知能力的提高，增加自信和面临困境的勇气。社会工作者也可以运用自身的资源来介入其中，通过对扶贫对象的致贫原因进行分析，可以了解受助者的需求，从而根据需求制定符合受助者意愿的专业活动，帮助贫困对象脱贫。因此，精准扶贫政策的顺利推进需要农村社会工作的积极参与，而农村社会工作的介入可以推动精准扶贫政策的完善与实施。

第五节　助人自助理念对精准扶贫工作的启示

贫困问题是我国乃至世界经济发展中无法回避的客观现象，在今天仍然是我国社会进步、全面实现小康社会的阻力。[③] 当前，我国贫困问题主要在农村地区，贫困人口大都集中在自然环境较为恶劣的山区、经济基础较

---

① 马凤芝：《社会工作导论》，北京：北京大学出版社，2011，第170—172页。

② 甘泉、骆郁廷：《社会动员的本质探析》，《学术探索》2011年第6期，第24—28页。

③ 徐龙顺、李婵、宋娜娜、黄森慰：《精准扶贫：理论内涵、实践困境与对策研究——基于山东菏泽两个村庄的调查》，《中南林业科技大学学报》（社会科学版）2016年第12期。

为薄弱的老区，居民的经济收入主要来自第一产业。此外，交通不便、劳动技能较为低下等又进一步加大了贫困地区的脱贫难度，解决农村贫困问题是我国全面建成小康社会的关键。社会工作参与农村精准扶贫具有其自身的专业方法优势，同时习近平总书记在党的十九大报告中提出注重扶贫同扶志、扶智相结合，做到真脱贫、脱真贫。王思斌教授指出社会工作与精准扶贫，两者在对待贫困的价值观、工作方法、工作过程、目标追求等方面都具有相似性或同构性。① 当前学者对社会工作与精准扶贫的研究较多，但大多侧重于工作方法、工作目标等方面的研究。因此，笔者结合习近平总书记在十九大报告中提出的新要求，从助人理念的角度分析社会工作对当前扶贫工作的启示。

一 助人自助的概念内涵

从某种程度上来说，社会工作源于工业革命带来的社会问题，正是由于社会问题的大量出现影响了社会稳定，社会工作才有了产生的需要并不断得到发展。在社会工作的发展前期，社会工作实践者们致力于解决实际的社会问题。随着实践工作的不断深入，社会工作者们发现单纯地解决问题难以为继，于是便向预防社会问题转变。在实践中，大量受助者经过帮助后又回到最初的状态。此时社会工作者开始思考，这种单纯的救济模式并不利于服务对象的长远发展。与其单纯地救济陷入困境中的人群，不如增强他们自身的能力，以提高他们应对社会风险的能力。社会工作的目标模式经历了这样的一个发展历程，助人自助的价值理念最终也得到确立。

专业价值理念是社会工作区别于其他专业的显著标志之一，这在很大程度上决定着社会工作者的工作态度和工作方法。助人自助的价值理念具有"助人"和"自助"两层不同的内涵。助人即指社会工作者利用专业方法，整合社会资源帮助案主走出困境，增强其与环境的适应性；同时，社会工作者在帮助案主走出困境的同时，也会分析其问题形成的原因，增强案主自身应对和解决问题的能力，即帮助案主实现自助。除此之外，社会

---

① 王思斌：《精准扶贫的社会工作参与——兼论实践性精准扶贫》，《社会工作》2016 年第 3 期。

工作强调用生命影响生命，在社会工作者影响案主、帮助案主走出困境的过程中，社会工作者也不可避免地被影响，并进一步得到成长，这是一个社会工作者和案主共同进步的过程。① 从受助者的角度来说，助人是方法，自助才是最终的目标，通过工作者的帮助，最终实现其自助，实现受助者的独立。

在助人自助社会工作价值理念的指引下，社会工作认为每一个人都是有尊严和值得帮助的，我们每个人都有接受他人帮助的权利和帮助他人走出困境的义务，社会也有义务和责任为每个人的发展提供良好的环境和所需的资源。同时社会工作相信受助者只是暂时处于不利的困境，每个人都有改变的意愿和需要，都有追求自我发展的潜能。② 在社会工作的价值理念中，尊重人的能力，以人为本，这是人文精神的体现；满足人的需要，更侧重于对人的发展的引导；注重工作的长期性和长效性，是增强人适应社会能力的体现。③

二　当前扶贫工作中存在的问题

助人是社会工作最基本的职能，在社会工作发展初期，工作者主要承担着补救者角色，随着社会工作实践的不断发展，社会问题愈加复杂，工作者逐渐承担起使能者角色。当前我国扶贫工作进展较为顺利，但也存在扶贫创新不足④、返贫现象突出⑤等问题，创新扶贫工作理念显得愈发重要。X 村位于陕南某国家级贫困县，耕地多为坡地。由于靠近某著名景区，X 村便借助独特的地理位置发展旅游业。同时 X 村实施移民搬迁工程，将贫困户搬迁至山下。根据我们的调查发现，X 村在当前的扶贫工作中主要存在以下问题。

---

① 熊凤水、牛信君：《社会工作教学"助人自助"中的"自助"要义——以高校贫困生资助工作为例》，《新余学院学报》2013 年第 1 期。

② 曾群：《助人自助：灾后社区社会服务的核心价值》，《杭州师范大学学报》（社会科学版）2009 年第 3 期。

③ 马益昌：《"助人自助"的社会工作理念对高校资助工作的启示》，《中国校外教育》2014 年第 10 期。

④ 李毅：《精准扶贫研究综述》，《昆明理工大学学报》（社会科学版）2016 年第 8 期。

⑤ 丁军、陈标平：《构建可持续扶贫模式 治理农村返贫顽疾》，《社会科学》2010 年第 1 期。

1. 扶贫止于助人的缺陷性

帮助社会弱势群体，是社会公平正义的体现，同时也是社会工作最基本的救济式助人行动。中山大学张和清教授认为，[①] 单纯从受助的角度从事社会工作，只会强化受助者的依赖性，弱化受助者的能力，增强社工的无力感。因此在农村扶贫工作中，扶贫工作如果止于助人，只会增加贫困者对政策资源的依赖，进而弱化受助者的脱贫意志。虽然国家给予贫困户一定物质上的帮扶，希望在短期内改善贫困户的生活状况，但这种直接的助人行动并不能帮助贫困户走上致富的道路，一旦离开政策的支持，个人和家庭也会重新陷入困境中。我们在 X 村走访时遇到蔡某，他对当前的扶贫政策有自己的理解。

> 案例 1：蔡某，男，59 岁，小学教师，高中毕业后留村任教，成为一名乡村教师，后来到师范学校进修，回村后成为正式教师，目前月收入在 3000～4000 元。蔡某认为要脱贫不能仅仅依靠国家的政策，因为根据他目前的了解，国家政策给予女儿、女婿一家直接的帮助并不能帮助家里脱贫。因此，在他的建议下，帮助女儿建了一个养猪场，建造养猪场的钱来自扶贫贷款。蔡某提出，扶贫不等于养懒汉，现在村里有的贫困户，享受国家政策兜底后，除了自家的田地会打理外，村上的人找他干些零活都被拒绝。

通过对蔡某的访谈我们可以看出，国家的脱贫资源本身十分有限，当前国家给予的直接帮助并不能帮助蔡某女儿、女婿一家实现脱贫，因此，扶贫工作如果止于助人，则难以真正帮助贫困户走出困境；当国家资源集中到某一弱势群体中时，又出现了"懒汉"现象。从蔡某所述的现象中可以看出，当前扶贫工作中加强扶志与扶智的必要性。

> 案例 2：姚某，女，45 岁，于 2016 年当选为贫困户。姚某解释，虽然自己当选为贫困户，但并没有享受国家的实质性政策，只是在前不久省人大的主任送来三头猪仔。这原本是件好事，却使姚某陷入困境。姚某家并不大面积种植粮食，自家的粮食还依靠购买，现在自己

---

① 张和清：《社会工作：通向能力建设的助人自助》，《中山大学学报》（社会科学版）2010年第 3 期。

不得不每天花时间上山打猪草。虽然耗费的时间不多，但自己也因此不能给别人打短工。村里也有其他贫困户把发放的扶贫物资低价出售的情况，他们认为给钱来得更加实惠。

案例 2 反映了部分贫困户脱贫致富的积极性不高的现象，我们对刚刚进驻 X 村的郭某访谈时，郭某也特别强调"扶贫先扶志"，不然扶贫工作很难开展；但同时体现出帮扶工作的实施措施并不能有效地满足贫困户需求，这不仅导致扶贫资源出现了一定程度的浪费，同时也在某种程度上增加了贫困户的负担。随着扶贫工作的不断推进，扶贫的难度也会不断加大，这也意味着对工作者的能力要求更高。如果单纯地采取输入政策、资源的助人方式，不仅会使原有的公共资源变得更加紧张，同时也会增加工作者的无力感，进一步加大后期扶贫工作的难度。自助既是提高受助者的能力，同时也是提高工作者工作技能的要求。

2. 被脱贫、"数字脱贫"等问题较为突出

精准扶贫政策实施的目的是实现精准脱贫，当前被脱贫、"数字脱贫"与这一宗旨背道而驰。所谓"数字脱贫"，是指扶贫工作人员迫于上级政府分配的工作指标，将一些未达到脱贫标准的贫困户强行脱贫。为了如期实现脱贫的目标，各级政府都立下了脱贫的军令状，不摘"贫困帽"就摘"乌纱帽"。在此压力下，少数干部玩起"数字脱贫"的游戏，[①] 一些贫困户在不知情的情况下就被脱贫。在 X 村调研时发现，由于村干部对扶贫政策宣传不到位，村民对扶贫政策了解较少，政策执行的透明度较低，一些家庭在不知情的情况下当选为贫困户，如案例 3 中的访谈对象。

案例 3：郑某，女，65 岁，家中共有 3 口人，丈夫今年 70 多岁，夫妻二人主要在家进行务农以获得基本的生活来源。儿子今年 30 多岁，未婚，家里在去年刚刚盖好楼房，欠下不少外债，家里的收入来源主要依靠儿子在西安打工。郑某是在今年实现脱贫的，但郑某说，自己并不知道什么时候被选为贫困户，也没有获得任何的帮助，后来村干部说自己被脱贫了，让自己签字就算脱贫了。郑某解释，不脱贫也没

---

① 南风：《别搞数字脱贫》，《云南日报》2016 年 3 月 27 日。

有任何政策照顾，还不如脱贫；是不是贫困户、是否脱贫以及给予什么样的政策资助都是村委会的人说了算。

从案例3中可以看出，从贫困户的识别、帮扶到最后的考核阶段，郑某始终处于被动地位；某些扶贫工作人员迫于扶贫的压力，将一些贫困户强制脱贫。这些都是不平等的助人关系的体现，贫困户作为扶贫政策帮扶的主体，仍然处于相对较低的弱势地位，主体的优越感没有得到凸显。

3. 扶贫队伍建设不足

扶贫队伍是扶贫工作的主体，扶贫队伍的建设将直接影响扶贫的效果和质量。在 X 村，农村扶贫工作主要是由村委会负责，虽然省人大的工作人员进驻村委会，但长期在机关单位工作，缺乏基层工作经验；村委会的主要工作人员学历基本以初中为主，年龄基本在 40 岁以上。村委会刘某也表示，目前村委会工作任务繁重，规定的上班时间是每天 7 小时，但加班后的时间基本都超过 10 小时。由此可以看出，该村的扶贫工作队伍不仅存在文化程度较低、工作能力不足等问题，还存在人手不足的问题。扶贫工作队伍建设不足，将会导致扶贫工作的主动性和积极性不高，只是简单按照政策的要求扶贫、脱贫。

三 启示

扶贫工作是一项长期艰苦的工作，随着扶贫工作难度不断加大，需要不断总结扶贫工作中的经验，针对问题改进扶贫策略和方法。在这一过程中，理念的指导则显得更加重要，在某种程度上，基层工作者的实践工作既有来自上层政策方针的指引，更有来自其工作中理念方法的指引。社会工作助人活动的科学性，既体现在以科学知识和专业方法为基础，更体现在其价值理念的指引。扶贫工作与社会工作同为助人活动，社会工作的价值理念对当下的扶贫工作也具有一定的启示。

1. "助人" 还需先 "自助"

加强扶贫工作队伍建设，提高扶贫专干的能力[①]是确保扶贫工作得到有

---

① 陈文文：《我国农村精准扶贫困境研究——以安徽 SC 县为例》，硕士学位论文，安徽大学，2017。

效实施的前提。助人自助的价值理念认为，社会工作者在帮助他人的同时，自己也在成长。可以加强扶贫工作人员对扶贫较为成功案例的学习，提高扶贫工作人员的实际执行能力，建立相应的扶贫工作督导机制，对扶贫过程中出现的问题及时予以指导和帮助。此外，扶贫是一项系统的工程，扶贫工作者需要有宏观思维和意识，处理好点和面的关系，面则是指整体全局、大政方针。[①] 要做好扶贫工作，工作者不仅需要对自己的工作范围和职责有一个清楚的认识，也需要建立大局意识，认识到扶贫工作对全面建成小康社会的重大意义和当前扶贫工作面临的严峻形势，从而提高扶贫工作者对当前扶贫工作的认知。

2. 明确扶贫工作目标，"自助"比"助人"更重要

贫困的直接表现是收入不足，但阿马蒂亚·森认为，贫困是能力不足而非收入不足，"能力贫困"常常导致"收入贫困"。[②] 基层扶贫虽然有促进社区经济发展的措施，但主要是依靠上级政府的政策推动，发展乡村产业；基层工作人员还是抱着让贫困者有最低生活保障的心态进行扶贫，以提供物质帮扶为主，缺乏对贫困对象的能力建设。向德平等人认为，扶贫不应仅仅是维持最低的生活水平，否则可能会形成永久性的贫困层。[③] 因此，扶贫工作如果止于助人，不仅不能帮助贫困户实现脱贫的目的，还会进一步加剧贫困户的依赖性。扶贫工作者在向贫困对象提供基本的生活资源的同时，应该更加注重贫困户的能力提升以及社会关系的重建。同时，激发贫困人口脱贫致富的自发主动性，[④] 是实现自助的前提。贫困地区因历史和社会因素，安于守旧的思想较为严重，因此出现了脱贫难度较大、贫困户脱贫不积极的现象。因此，要实现自助，不仅要加强能力建设，还要改变贫困户的认知，激发贫困户脱贫的意志，才能真正实现脱贫。

[①] 刘战旗：《内地民办社会工作机构的发展处境与经验启示——以 A 社会工作机构的发展为例》，《社会工作》2014 年第 3 期。

[②] 〔印度〕阿马蒂亚·森：《以自由看待发展》，任赜、余真译，北京：中国人民大学出版社，2002。

[③] 向德平、姚霞：《社会工作介入我国反贫困实践的空间与途径》，《教学与研究》2009 年第 6 期。

[④] 高飞：《能力开发在扶贫工作中的作用——以广西凭祥市为例》，硕士学位论文，广西大学，2013。

因此，基层扶贫工作者要明确扶贫工作的目标，帮助贫困者维持最低的生活需要，但更重要的是激发贫困户脱贫的意志，帮助贫困对象得到发展，从而摆脱贫困的状态，为我国全面建成小康社会打下坚实的基础。

3. 要注重发掘优势资源，而不是聚焦问题

助人自助的价值理念则认为，每个人都有改变的意愿和需要，都有追求自我发展的潜能。这与优势视角理论不谋而合，强调关注受助者所具有的资源，才能更好地调动资源，帮助其走出困境。贫困户在社会互动中处于不利地位，在传统的扶贫工作中，工作者往往关注贫困户的问题，而忽略贫困户自身所具有的优势资源，这在一定程度上会削弱贫困户的积极性。对于工作者来说，长期聚焦受助者的问题，也会失去对受助者帮扶的信心。因此无论是工作者还是受助者，都应本着助人自助的价值理念，相信并挖掘受助者的潜能和资源。

4. 转变扶贫理念，建立一种平等的帮扶关系

社会工作作为专业的助人活动，其助人自助的价值理念回答了工作者为什么要帮助他人的问题；扶贫同样是一项助人的活动，也需要回答这一问题。对于基层工作者来说，扶贫是一种工作职责，他们作为政策的执行者，承担着相应的工作任务。这种工作任务更直接来源于上级政府的分配，如脱贫指标的分配、扶贫物资的发放等。除此之外，扶贫工作者也会存在价值观上的指引。我国民间自古就有互帮互助的传统，帮助困境中的他人是一种社会美德，但在助人者与受助者的资源和地位相差较大的情况下，助人成为对弱者的同情和怜悯，这就不可避免地将助人关系放在不平等的天平中，弱化了受助者的自尊。我国扶贫工作者大都没有接受专业的社会工作培训，尚未建立起专业的社会工作价值观，其助人理念与传统的慈善助人行为相一致。在助人自助价值观的指引下，扶贫工作者帮助贫困户摆脱贫困的状态是出于社会责任和尊重他人权利的考虑。自助不仅对工作者提出了更高的要求，同时也对受助者提出了更高的期望。

在助人自助价值理念的指引下，助人既是社会正义的体现，也是每个人的责任，处于困境的人有权利享受社会和他人提供的帮助。贫困户属于社会弱势群体，加上在帮扶工作过程中，助人者与受助者之间往往是单向的资源流动，贫困户处于被动的地位，因此扶贫工作者难免会给贫困户贴

上问题标签。在这样一种不平等的助人关系中，助人的过程成了行使权力的过程，降低了受助者的自尊和信心。因此，与受助者之间建立一种平等的助人关系，既是责任要求，也是为了更好地帮助贫困对象实现自身的发展，从而进一步增加受助者在帮扶过程中的话语权。

四　小结

当前，扶贫工作进入攻坚阶段，要实现真脱贫、脱真贫，全面建成小康社会的目标，不仅要在扶贫制度和方法上做出创新，还要在理念上做出改变。这既需要扶贫工作者对当前的扶贫工作有更为全面的认识，理解精准扶贫对国家和社会的重大意义，同时也要求工作者不断改进扶贫工作方法，转变扶贫工作思路，提高工作效率。从社会工作的角度来看，扶贫工作是一项特殊的助人活动，在这个过程中，既要运用科学的方法进行精准扶贫，同时也应注意价值观念对扶贫工作产生的影响。扶贫过程是一个双方互动的过程，因此无论是工作者还是受助者，都应在加强其能力建设的同时，树立正确的理念，从而避免扶贫工作在实践中陷入困境。

后　记

随着我国城镇化进程加快以及脱贫攻坚工程的推进，农村发展问题不断凸显并受到各界人士的广泛关注，让农村振兴起来是整个国家的共同心愿。目前，虽然农村社会工作发展进程较为缓慢，但是颇有责任感的社会工作者逐渐在农村地区开始了艰难的探索实践，涌现的"万载模式""绿耕模式""湘西模式"等都是农村社会工作发展进程中的成功尝试与探索。

随着我国经济水平的发展和人民物质文化需求的多元，三部门联合发文的"'三区'社会工作专业人才支持计划"进入实施阶段，从民政部、财政部、国务院扶贫办《关于支持社会工作专业力量参与脱贫攻坚的指导意见》以及党的十九大报告中关于乡村振兴战略的提出，可见农村社会工作的地位逐渐显现，也给农村社会工作的发展开启了政策大门。当前，农村社会工作介入农村发展处于多元境遇：在实践地域上，既有经济欠发达地区，又有经济发展水平较高地区；在实践方向上，既有传统的农村发展实践，又有在工业化转型及"村改居"方面的服务探索……促进中国农村社会工作系统地适应本土需求并充分发挥作用，仍需不断努力。

本书主要梳理了民国时期晏阳初、梁漱溟、陶行知、李安宅、卢作孚、朱友渔、雷洁琼等名家对农村社会工作发展的思想贡献和实践经验；同时结合中国农村发展实际，通过自己的研究团队亲历大量的实践研究以及相关农村社会工作议题的介入探索，找寻适合当前农村发展的介入路径与方法，以期对中国农村社会工作本土化落地有所启发并提供借鉴意义。探寻农村社会工作方法本土化研究，期望最终能够对中国农村社会工作深度发展有所裨益是此书的意义所在。农村社会工作何以作为仍是一个值得不断思考的问题，而我也将继续行走于农村社会工作研究领域，时刻关注农村社会发展，不断形成更为成熟的理论研究。农村振兴之路与社工发展介入是密不可分的，它们之间的关系值得被发掘、被关注，期待未来农村社会工作大有作为。

在此，感谢西北农林科技大学领导们的大力支持，同时也感谢各位专家、同人提出的宝贵建议，让我不断提升理论水平。同时也感谢李卓、杨萍、吴媚、张央央、王如月、杨思颖、张和荣、许静、谭雅君、李娜、黄雯娇、祝必康等研究生参与实地调查及论文撰写相关工作。最后，还要感谢积极配合调查的各位农民朋友和基层干部等。

"士不可以不弘毅，任重而道远。"作为中国高等农业院校的教师，关注"三农"问题更是应尽职责。因此，对于中国农村社会工作如何有效促进乡村振兴与农村发展是我们要继续研究的课题，这是一个漫长而又艰巨的过程，而此书仅仅迈出了第一步。承蒙各位同人批评指正！

本书的出版离不开各编辑的认真校对和修改，在此向他（她）们表示感谢，对于书中各章节的作者也一一表示感谢。其中，第一章内容主要由郭占锋、李卓撰写；第二章内容主要由郭占锋、李卓、王如月撰写；第三章内容主要由郭占锋、杨萍、李卓、张央央、谭雅君、许静、李娜、吴媚、王如月撰写；第四章内容主要由张央央、郭占锋、杨思颖、李卓、吴媚、王如月、张和荣、许静撰写；第五章内容主要由谭雅君、黄雯娇、李娜、郭占锋、许静、祝必康撰写。在此感谢所有为本书付出的作者和工作人员。

郭占锋

中国杨凌农大嘉园

2018/1/23

图书在版编目（CIP）数据

思想与行动：中国农村社会工作探索性研究／郭占
锋等著. —— 北京：社会科学文献出版社，2018.12
（西北农林科技大学农业与农村社会发展研究丛书）
ISBN 978 - 7 - 5201 - 3023 - 3

Ⅰ.①思…　Ⅱ.①郭…　Ⅲ.①农村 - 社会工作 - 研究
- 中国　Ⅳ.①F323.89

中国版本图书馆 CIP 数据核字（2018）第 146914 号

西北农林科技大学农业与农村社会发展研究丛书
思想与行动
　　——中国农村社会工作探索性研究

著　　者／郭占锋 等

出 版 人／谢寿光
项目统筹／任晓霞
责任编辑／任晓霞　马甜甜

出　　版／社会科学文献出版社·社会学出版中心（010）59367159
　　　　　　地址：北京市北三环中路甲 29 号院华龙大厦　邮编：100029
　　　　　　网址：www. ssap. com. cn
发　　行／市场营销中心（010）59367081　59367083
印　　装／三河市尚艺印装有限公司

规　　格／开　本：787mm × 1092mm　1/16
　　　　　　印　张：18.5　字　数：295 千字
版　　次／2018 年 12 月第 1 版　2018 年 12 月第 1 次印刷
书　　号／ISBN 978 - 7 - 5201 - 3023 - 3
定　　价／89.00 元

本书如有印装质量问题，请与读者服务中心（010 - 59367028）联系